口絵1　樹脂サッシの外観および構成
（写真提供：YKK AP）
第8章参照.

口絵2　防火戸の例
第1章参照.

口絵3　階段室の防火シャッター
第1章参照.

口絵4　RC屋根庇の凍害
第1章参照.

口絵5　雨漏りによる屋根裏木材の腐朽
第1章参照.

口絵6　塩害による鉄筋の錆汁（左）とコンクリートのひび割れ（右）
第1章参照.

口絵7　硫酸塩による束石コンクリートの膨張破壊
第1章参照.

口絵8　中性化により
さびた鉄筋の露出
第1章参照.

口絵9　網入りガラス端部の網のさびと，これにより生じた割れ
第1章参照.

口絵10 石材のテクスチャー（写真提供：神奈川県平塚市博物館）
各写真右下の黒線は左右1 cm．(c) 右下の円は10円玉（直径23.5 mm）．第2章参照．

口絵11 すり板ガラス（写真提供：AGC旭硝子）
第3章参照．

口絵12 優れた耐震性を有しわが国において構造体として認められた新工法の乾式れんが造実験住宅
第4章参照．

シリーズ〈建築工学〉
6

建築材料 第3版

小山智幸　原田志津男　高巣幸二
本田　悟　白川敏夫　陶山裕樹
高村正彦　伊藤是清　山田義智
船本憲治　小山田英弘　孫　玉平
大谷俊浩　位田達哉　　　　　著

朝倉書店

執筆者

小山智幸　九州大学大学院人間環境学研究院都市・建築学部門　[1,10章]

原田志津男　都城工業高等専門学校建築学科　[2,3章]

高巣幸二　北九州市立大学国際環境工学部建築デザイン学科　[4章]

本田悟　福岡大学工学部建築学科　[5,6章]

白川敏夫　九州産業大学建築都市工学部住居・インテリア学科　[7章]

陶山裕樹　北九州市立大学国際環境工学部建築デザイン学科　[8章]

高村正彦　塩ビ工業・環境協会　[8章]

伊藤是清　東海大学現代教養センター　[9章]

山田義智　琉球大学工学部工学科　[10章]

船本憲治　西日本工業大学デザイン学部建築学科　[10章]

小山田英弘　北九州市立大学国際環境工学部建築デザイン学科　[11章]

孫玉平　神戸大学大学院工学研究科建築学専攻　[12章]

大谷俊浩　大分大学理工学部創生工学科　[13章]

位田達哉　国士舘大学理工学部理工学科　[14章]

はじめに

　衣食住という言葉があるように居住は人の根源的な行為の一つである．建築はそのための空間を提供するものであり，古くより人とともにあった．住居を作るための材料として石や日干しれんが，木などの身近な素材がごく自然に利用されるようになり，使い方の工夫や新たな材料の開発により，ピラミッドや神殿から近代建築まで，より高度な建築が実現されてきた．現代では，強靭で軽量な鋼を構造材料として用いることにより，高さ数百ｍもの超高層ビルや，大スパンの室内競技場など巨大な空間を構成することができる．また，ガラスを用いることにより，外気と室内の空気を遮断しながら明るく開放的な空間を実現することが可能である．鋼，ガラスともに古くから使われてきた材料であるが，近代に入り大量生産が可能となって急速に普及し，建築の造形をそれ以前と以後で大きく変えることとなった．コンクリートを加えて近代建築の三大材料と呼ばれる理由がここにある．このように建築は材料を用いてつくられるので，使用される建築材料の性質が建築に大きな影響を及ぼし，新たな材料の出現が建築そのものを変えることさえある．

　建築材料学を学ぶ目的を一言で言えば，上記のように建築を構成しそれに大きな影響を及ぼす材料を適材適所に用いる能力を習得することにある．そのためには，種々の材料のさまざまな性質（必ず長所と短所がある）を正確に理解しなければならない．また建築の部位や部材（柱・梁などの構造部材や，屋根，表面の仕上げなど）ごとに要求される性能を的確に把握する必要がある．そして両者をマッチングさせることにより，材料の性能が最も活かされるよう，材料を使いこなせるようになることである．一口に材料の性質といっても，強度，剛性，変形能力といった力学的性質や，防水性，防火性，遮音性，断熱性，…，美しさや安心感といった主観的なものまで，きわめて多岐にわたる．またこれらの性能が長期にわたり維持される耐久性，さらには経済性などといった性質も重要である．建築物の部位・部材に要求される性能も同様に複雑である．

　本書は，大学や工業高等専門学校などで建築学を学ぶ学生を対象に執筆したものである．初学者には，上で述べた適材適所の考えをできるだけ簡易に理解できるよう努めた．加えて一級ならびに二級建築士試験の問題に解答できるレベルになることを目標とした．すなわち近年の出題に関連した記述が随所になされている．本書が，読者の方々にいささかでも益するところがあれば，筆者等の望外の喜びである．

2018 年 2 月

小 山 智 幸

目　　次

1.　概　　論　*1*

1.1　材料の性質と建築への影響　1
1.2　材料の性質　3
　1.2.1　密度・比重，吸水率　3
　1.2.2　実積率，空隙率　5
　1.2.3　力学的性質　6
　1.2.4　熱に関連する性質　12
　1.2.5　音に関する性質　14
　1.2.6　耐久性　15
　1.2.7　燃焼，高温に対する性質　17

1.3　部位ごとに要求される性質　19
　1.3.1　構造部材に要求される性質　19
　1.3.2　構造部材以外の部材に要求される性質　20
1.4　建築材料と健康・日常安全　20
1.5　建築材料に関連する法規・規格・仕様書など　21
1.6　循環型社会における建築材料　23

2.　石　　材　*24*

2.1　建築材料としての長所・短所　24
2.2　組　成　24
2.3　分　類　25
　2.3.1　岩石学的区分　25
　2.3.2　圧縮強度による分類　25
2.4　性　質　25

　2.4.1　物理的性質　25
　2.4.2　化学的性質　25
2.5　石材の用途　26
2.6　岩石製品　26
■演習問題　27

3.　ガ　ラ　ス　*28*

3.1　ガラスの成分と製法　28
　3.1.1　成　分　28
　3.1.2　製　法　28
3.2　性　質　28
　3.2.1　物理的性質　28

　3.2.2　化学的性質　28
　3.2.3　光学的性質　29
　3.2.4　熱的性質　29
3.3　建築用ガラス製品　29
■演習問題　31

4.　粘　土　焼　成　品　*33*

4.1　れんが　33
　4.1.1　歴　史　33
　4.1.2　特徴と種類　34
4.2　タイル　35

　4.2.1　歴　史　35
　4.2.2　特　徴　36
　4.2.3　種　類　36
　4.2.4　形　状　36

4.3　粘土がわら　37
4.3.1　歴　史　37
4.3.2　特　徴　37
4.3.3　製法（材質）　37
4.3.4　形　状　38
4.3.5　寸　法　38
4.3.6　品　質　39
■演習問題　39

5. 鉄　鋼　*41*

5.1　鉄鋼の種類　41
5.2　鉄鋼の製造　41
5.2.1　製　銑　41
5.2.2　製　鋼　42
5.2.3　鋳　造　42
5.2.4　圧　延　42
5.2.5　熱処理　42
5.3　鋼の諸性質　42
5.3.1　物理的性質　42
5.3.2　力学的性質　43
5.4　鉄鋼製品　45
5.4.1　線材・棒鋼　45
5.4.2　形　鋼　46
5.4.3　鋼　管　47
5.4.4　特殊鋼　48
5.4.5　その他　49
■演習問題　49

6. 非 鉄 金 属　*51*

6.1　アルミニウム　51
6.1.1　概　要　51
6.1.2　性　質　51
6.1.3　用　途　51
6.2　銅　52
6.2.1　概　要　52
6.2.2　性　質　52
6.2.3　銅合金　52
6.3　亜鉛，鉛　52
■演習問題　52

7. 木　材　*54*

7.1　一般的性質　54
7.2　木材の種類　54
7.2.1　針葉樹　54
7.2.2　広葉樹　55
7.2.3　輸入材　55
7.3　木材の構成　55
7.4　木材の諸性質　56
7.4.1　密　度　56
7.4.2　含水状態　56
7.4.3　含水率と寸法変化　57
7.4.4　強度および弾性係数　58
7.4.5　欠点と強度　58
7.4.6　応力の種類と基準強度　59
7.4.7　クリープ　59
7.4.8　燃　焼　59
7.4.9　腐朽（腐れ）　59
7.4.10　虫害（食害）　60
7.5　木材製品　60
7.5.1　集成材　60
7.5.2　直交集成板　60
7.5.3　合　板　61
7.5.4　繊維板（ファイバーボード）　61
7.5.5　木毛セメント板　61
7.5.6　木片セメント板　62
7.5.7　フローリング（フローリングブロック）
　　　　62
■演習問題　62

8. 高 分 子 材 料　*63*

8.1　合成樹脂　63
　8.1.1　一般的性質　63
　8.1.2　製品・種類　63
8.2　繊　維　65
8.3　ゴ　ム　65
8.4　アスファルト　65
8.5　塗　料　66
　8.5.1　油性塗料　66
　8.5.2　合成樹脂塗料　66
　8.5.3　その他　67

8.6　接着剤　67
　8.6.1　天然高分子系接着剤　67
　8.6.2　合成高分子系接着剤　68
8.7　樹脂サッシ　68
　8.7.1　歴　史　68
　8.7.2　構　成　68
　8.7.3　性　能　68
　8.7.4　今後の展開　69
　■演習問題　69

9.　セメント・せっこう・石灰系材料　*71*

9.1　水硬性セメントと気硬性セメント　71
9.2　セメント　71
　9.2.1　製　法　71
　9.2.2　成分および水和反応　72
　9.2.3　種　類　74
　9.2.4　物理的性質　76

9.3　せっこう・石灰　77
　9.3.1　左官用消石灰　77
　9.3.2　ドロマイトプラスター　78
　9.3.3　せっこう　78
　■演習問題　79

10.　コンクリート　*81*

10.1　コンクリートの概要　81
　10.1.1　一般的性質　81
　10.1.2　用　途　81
　10.1.3　コンクリートと鋼　81
　10.1.4　コンクリートの三要素　82
　10.1.5　コンクリート工事のプロセス　82
10.2　コンクリートを構成する材料　83
　10.2.1　水　84
　10.2.2　セメント　84
　10.2.3　骨　材　85
　10.2.4　混和材料　90
10.3　フレッシュコンクリート　93
　10.3.1　スランプ　94
　10.3.2　ブリーディング　94
10.4　硬化したコンクリート　94
　10.4.1　単位容積質量　94
　10.4.2　力学的性質　95

10.5　耐久性　98
　10.5.1　中性化　98
　10.5.2　乾燥収縮　99
　10.5.3　凍　害　100
　10.5.4　塩　害　100
　10.5.5　アルカリシリカ反応　100
　10.5.6　高温性状　101
　10.5.7　化学抵抗性　101
10.6　特殊なコンクリート　101
　10.6.1　要求性能　101
　10.6.2　施工条件　102
10.7　コンクリート製品　103
　10.7.1　特　徴　103
　10.7.2　成形・締固め　103
　10.7.3　養生方法　104
　10.7.4　製　品　104
　■演習問題　104

COLUMN　産業副産物起源の混和材　106

11.　コンクリートの調合設計　107

11.1　調合と調合設計　107
11.2　調合設計の手順　107
　11.2.1　調合設計の概要　107
11.2.2　調合設計手順の実際　109
11.3　計算例　113
■演習問題　116

12.　材料の強度と許容応力度　118

12.1　建築材料の強度　118
12.2　鋼材の強度と許容応力度　119
　12.2.1　鋼材の力学的特性　119
　12.2.2　鋼材の基準強度　121
　12.2.3　鋼材の上限強度　124
　12.2.4　鋼材の許容応力度　124
12.3　コンクリートの強度と許容応力度　125
　12.3.1　コンクリートの力学的特性　126
　12.3.2　コンクリートの設計基準強度　128
　12.3.3　コンクリートの許容応力度　128
12.4　コンファインドコンクリートの力学的特性　130
　12.4.1　コンクリートの超高強度化　130
　12.4.2　コンクリートの拘束形態　131
　12.4.3　コンファインドコンクリートの応力-ひずみ関係　132
　12.4.4　拘束効果の評価方法　133
　12.4.5　拘束工法の選定基準　136
■演習問題　136

13.　材料の耐久設計　138

13.1　耐久設計の考え方　138
13.2　JASS 5における一般的な劣化作用環境下の耐久設計　139
　13.2.1　中性化について　139
　13.2.2　表面仕上について　140
13.3　JASS 5における特殊な劣化作用環境下の耐久設計　141
　13.3.1　海水の作用を受ける場合　141
13.3.2　凍結融解作用を受ける場合　142
13.4　耐久設計指針における耐久設計　143
　13.4.1　限界状態の設定　143
　13.4.2　コンクリートの材料および調合に関する条件　144
13.5　コンクリート構造物を長く使用していくために　145

14.　材　料　試　験　146

14.1　材料試験の考え方　146
14.2　試験を実施するにあたっての準備　146
14.3　各種材料の試験　147
　14.3.1　鉄鋼材料　147
14.3.2　木　材　148
14.3.3　セメント・コンクリート　150
14.4　耐久性能試験　153
14.5　報告書のまとめ　155

索　　引　157

1. 概論

1.1 材料の性質と建築への影響

人類は古来，木材，石材，粘土など，身近に大量に存在する入手しやすい材料（経済的にも低コストであることが多い）の中から使用に適したものを切り出しあるいは掘り出して加工し，建築に用いてきた．そして使用する材料の性質は，その時代の建築の構造や形態に大きく影響を及ぼしてきた．たとえば，梁に用いる材料として石材だけしか得られない時代・地域では，柱どうしの間隔（スパン）を大きくすることが困難であった．少し説明を加えると，多くの建物では屋根や床の重さを梁が支え，その梁を柱が支える構造となっており，主として梁には曲げ荷重が，柱には圧縮荷重が作用することになる．室内の空間を広くするためには柱を少なく，言い換えるとスパンを大きくすればよいが，スパンを大きくすると1本の梁に作用する曲げ荷重は大きく，柱に働く圧縮力は大きくなる．梁に曲げ荷重が加わると，図1.1のように，梁の上半分には圧縮力が，下半分には引張力が作用することになる．石材は，圧縮強度は大きいが引張強度は小さいため（表1.3参照），下側から折れやすく，折れるときも瞬間的（脆性破壊）であり危険なため，大理石を用いた古代ギリシャの神殿などでは，柱が多く間隔の狭い建築となっている（第2章の図2.2参照）．もちろん荘厳さを表現するために柱を密に配置している面もある

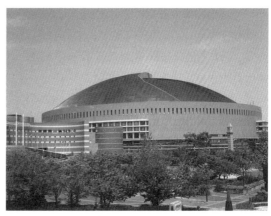

図1.2　ドーム球場

が，アーチやドーム構造としない限りスパンをあまり大きくできないことに変わりはない．このように梁に用いる材料には高い曲げ強度が必要となるが，梁に作用する荷重には梁自身の重量も含まれるので，梁自体が軽いことも大切である．要するに軽くて強い（＝比強度の高い）材料を用いることによりスパンの大きい建物をつくることができる．言い換えると材料の比強度という性質が，内部空間の大きさを決定づけ，入手可能な材料によってその時代・地域の建築の形態が左右されてきたのである．

鋼材は，密度は大理石の3倍程度と重いが，引張強度が100倍程度も大きいため，結果として比強度が大きくなり，長大なスパンの建物を構成することができる．スパンが100mを超えるドーム球場（図1.2）や，建築物ではないが1000mを超える橋梁なども主として鉄骨構造（鋼構造）でつくられる．さらに比強度が高いということは，軽い骨組みを形成することができ，下の階の柱にかかる重量も小さく，結果として地震時の水平力も小さくなるので，高さ数百mにおよぶ高層の建物を鋼構造により安全につくることができる．な

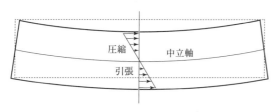

図1.1　梁に曲げが生じたときの応力
純曲げ＝上半分は圧縮，下半分は引張．

お中世ヨーロッパでは高さ100 m を超える教会建築が石造で建設されているが，これはヨーロッパでは地震が少ないからである．近代になって鋼が建築材料として大量に使用できるようになると，その靱性と信頼性の高さから高層建築のほとんどは鋼構造で建てられるようになり，さらなる高層化が可能となった．またわが国のような地震国でも，大きな揺れを生じても破壊しない性質（柔構造）から，鉄骨構造が高層建築に用いられている．ただし鋼材は耐火性が低いため，火災に対する対策が必要である（5.3.2 項 h 参照）．

コンクリートは，石材と同様に引張や曲げに弱く脆い（もろい）ため，そのままでは構造材料として適さないが，鉄筋で補強して鉄筋コンクリート（RC）構造とすることにより，構造体に使用することができる．鋼材は錆びる（さびる）ことが欠点であるが，コンクリートはアルカリ性であるため，中の鉄筋は錆びない．また，鉄筋の周りのコンクリートが，鉄筋が直接火炎に接することを防ぐことにより耐火被覆の役割をするため，RC構造の耐火性は高い．近代以来，中低層の集合住宅などを経済的に建築するのに使われている．鉄筋とコンクリートは線膨張係数（1.2.4 項参照）がほぼ等しいため，温度が変化しても両者の間に無理な力が生じないし，またコンクリートは遮音性が高いため隣室の音が漏れにくく，地震力や強風が作用しても揺れにくい性質（剛構造）がある．これらのメリットもあって，従来鉄骨造が主流であった超高層マンションにも近年は鉄筋コンクリート構造が採用されるようになっている（図1.3）．そのために用いられるコンクリートの圧縮強度は 200 N/mm² を超えている（一般に用いられるコンクリートの圧縮強度は 30 N/mm² 前後である）．

ガラスは，外気を遮断しながら室内に光を取り入れることのできる材料である．中世以前の建物は，冷気を室内に入れないことを優先して開口部が小さくなることが多く，室内は暗く換気の悪いものであったが，ガラスの量産化と普及に伴って，建築の形態が一変した．この意味でガラスは，鋼やコンクリートとともに「近代建築の三大材料」と称されることがある．最近ではガラスの大型化により開口部はさらに大きくなり，全面がガラスで覆われたビルも多く建設されている（図1.4）．

このほかにも，新しい材料の普及は建築や都市に大きな影響を与えてきた．たとえば瓦の普及により江戸時代に都市の防火性能は大きく向上し，耐候性が高く加工しやすいアルミニウムが利用されるようになると，アルミサッシが普及した．

一方で，古来より変わらず用いられてきた材料も多い．木材やれんがはその代表である．木材は鋼材にも優る比強度を有し，ヒノキに代表されるように耐久性が高いものも多く，城郭や宗教建築などの大規模，高層の建物にも用いられてきた（図1.5）．断熱性や室内の調湿効果を有する優れた材料であり，生理的・心理的にも好ましい効果を発揮する．しかし可燃性の材料であり，火災に対する安全性の観点から，現在は戸建て住宅を中

図1.3　RC造などのマンション群

図1.4　全面ガラスの福岡タワー

図 1.5 松江城（左：17 世紀築城）と法隆寺（右：7 世紀建立）
高さはいずれも約 30 m．

心とする小規模な建築に限って用いられている．

建築に用いられる材料には，人体に対する安全性も求められる．たとえばアスベストは天然の鉱物繊維であり，これを用いたボード類などの建材は強度や耐火性などが向上し，軽量化でき，しかも安価であるため広く用いられたが，人体に深刻な健康被害をもたらすことが明らかになり，現在は使用が禁止されている．

このように，材料はそれぞれ固有の性質を持ち，それが建築の構造・形態・その他の性能に大きな影響を及ぼしてきた．これを理解しながら人類は，材料の性能が最大限に活かされるよう，「適材適所」に材料を使用してきた．建築材料学では，材料の性質を理解し，これをいかに合理的に用いるかを学ぶ（図 1.6）．そのためには使用される部位ごとの要求性能を理解することも不可欠であり，また場合によっては材料どうしを組み合わせて使用することも必要となる．まず，材料の性質について次節以降で簡単にまとめる．

なお本章では，記述にあたって厳密さよりも初学者のわかりやすさを優先し，あえて工学的ではない，あいまいな表現も用いている．同様に，完全に網羅するのではなく優先的に理解してもらいたい事項の例示にとどめている．より詳細な解説は講義を担当する先生方にお任せするが，学生諸君の継続的な研鑽を期待するものである．

1.2 材料の性質

1.2.1 密度・比重，吸水率

a. 密度と比重

前節にも述べたように材料が重いか軽いかは，重力や地震力の作用する建築物において重要な性質である．材料の本質的な軽重を比較するのであれば，体積を等しくして比べるべきであり，単位体積あたりの質量を**密度**（density）と呼ぶ．密度の単位は，式（1.1）からもわかるように，g/cm^3，

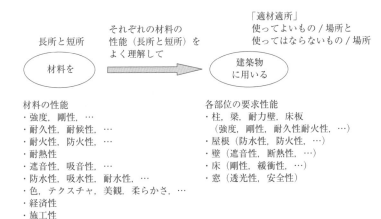

図 1.6 建築材料学で学ぶこと

t/m³ などである.

$$密度：\rho = \frac{m}{V} \qquad (1.1)$$

ここに, ρ：密度[g/cm³, kg/L, t/m³], m：質量 [g, kg, t], V：体積[cm³, L, m³].

例1) 体積が 2.0 cm³ で質量が 3.0 g の物体の密度＝3.0 g/2.0 cm³＝1.5 g/cm³

コンクリートや木材は内部に微細な空隙を多数含んでいるが, 式 (1.1) においてこの空隙も体積に含んで密度を計算したものが**見かけの密度** (apparent density), または**見かけ密度**である. これに対して, 空隙を除いた部分の体積で質量を除して求めたものは**真密度** (true density) と呼ばれる. たとえば木材の場合, 見かけ密度は樹種によって異なり, ヒノキなどの針葉樹は 0.4 g/cm³ 程度と軽く, カシのような広葉樹は 0.9 g/cm³ と重いが, 真密度はどちらも約 1.5 g/cm³ で, 樹種によらず一定である. 水の密度はほぼ 1.0 g/cm³ であり, 木材が水に浮くのは, (真密度ではなく) 見かけ密度が水の密度よりも小さいからである. このように材料の性質は, 見かけの密度で決まることが多い. なお建築に用いられる金属やガラスなどは, 内部に空隙をほとんど含んでいないため, 見かけの密度と真密度は同じ値となる. 表1.1 に, 主な建築材料の密度を示す.

比重 (specific gravity) は, ある材料の重量と, その材料と同じ体積の水の重量との比である. 水の密度が 1.0 g/cm³ であるため, 比重の値は密度と同じになる. 重量どうしの比であるため, 比重に単位はない.

$$比重 = \frac{その物質の重量}{その物質と同体積の水の重量} \qquad (1.2)$$

例2) 体積が 2.0 cm³ で質量が 3.0 g の物体の比重＝3.0 g/2.0 g＝1.5
(2.0 g は, 体積が 2.0 cm³ の水の質量)

建築で用いる材料, たとえば木材は通常, 内部に水を含んだ状態になっている. コンクリートに用いる砂利を例にとると, 砂利も粒子内部の空隙に水を含んでいることが多いが, この水分の割合

表1.1 主な建築材料の密度の例

材　料		密度[g/cm³]	
		見かけ密度	真密度
鋼		7.9*	
アルミニウム		2.7*	
銅		8.9	
金		19.3	
ガラス		2.5(普通板ガラス)	
コンクリート	普通コンクリート	2.2～2.3*～2.4	
	軽量コンクリート	1.4～2.1	－
	気泡コンクリート	0.4～0.9	
石　材	花崗岩	2.6～2.9	
	大理石	2.6～2.8	－
	砂　岩	2.0～2.5	
	凝灰岩	1.4～2.6	
木　材	ス　ギ	0.3～0.4*	
	ヒノキ	0.4～0.5	
	マ　ツ	0.4～0.6	1.5*
	ケヤキ	0.6～0.8	
	カ　シ	0.8～0.9	
プラスチック	塩化ビニル	1.10～1.40	
	ポリスチレン	1.04～1.07	－
	ポリスチレンフォーム	0.03	

＊：覚えておいたほうがよい値.

が空気中の湿度と平衡状態になっているとき, これを**気乾状態** (air-dried condition) という. 実験室などで強制的に乾燥させて内部に水分をまったく含まない状態にしたとき, これを**絶乾状態** (absolute dry condition, oven-dry state of aggregate) という. 木材の場合には全乾状態ということもある. 逆に内部を完全に水で飽和させ, かつ表面に水滴がついていない状態を, **表乾状態** (表面乾燥飽水状態, saturated and surface-dried condition) という.

絶乾状態や表乾状態は材料ごとに, ある特別な状態であるため, 先述の密度は, 絶乾状態または表乾状態のときに表すと, 各材料に固有の値となる. それぞれ**絶乾密度** (density in absolute dry (oven-dry) condition), **表乾密度** (density in saturated surface-dry condition) と呼び, 骨材の品質を評価するために用いられる. 一方, 木材は, 建物の部材として使用されているときには通常, 気乾状態となっているため, **気乾密度**が用いられる. 表1.1 中の木材の見かけ密度は気乾状態での値である.

b. 吸水率と密度

木材 A と木材 B があり, 木材 A は B よりも見

かけ密度が小さかったとしよう．先述のように木材の真密度は樹種によらず等しい．このことは，木材を構成する成分は樹種によらず同一であり，樹種による密度の違いは空隙量の差により生じていることを意味する．したがって，木材 A は B よりも内部に空隙を多く含んでいることになる．空隙が多いと壊れやすくなるので，木材 A のほうが B よりも強度は小さくなる．第 7 章の図 7.4 が示しているように，木材の強度は見かけの密度と強い相関があり，見かけの密度が大きいほど強度が高い．またタイルなどの空隙の中に雨水などが浸入し，夜間に水が凍結して膨張し，昼間に融解することを繰り返すと，タイルが割れることがある．これを**凍害**（frost damage, freezing damage）という．材質が同じであれば空隙の少ない材料（＝見かけ密度の大きい材料）ほど吸水性が小さく，凍害に対する耐久性は大きくなる．また見かけ密度が大きいと，後述するように遮音性は大きく，断熱性は小さくなることが多い．このように見かけ密度はその材料の性能に大きく関わるため，見かけ密度の大小で，その材料の良否を判断することがある．たとえばコンクリートに使用できる骨材は絶乾密度が $2.5\,\mathrm{g/cm^3}$ 以上のものに限定されている（表 10.7 参照）．これは，絶乾密度がこの値を下回る骨材を使用したコンクリートは強度や耐久性が低くなるためである．

なお，材料の吸水性は式 (1.3) のように**吸水率**（percentage of water absorption）で表され，吸水率の大小から，凍害をはじめとする劣化に対する材料の耐久性を判断することができる．たとえばコンクリートに使用できる砂利は吸水率が 3.0% 以下のものに限定されている．

$$吸水率[\%] = \frac{吸水量}{絶乾質量} \times 100 \qquad (1.3)$$

ここに，吸水量：表乾状態のときの含水量 [g]（含水量：材料の内部に含まれている水の量），絶乾質量：絶乾状態の材料の質量 [g]．

表 1.2 に，建築に用いられる材料の吸水率の例を示す．金属やガラスはほとんど吸水しない．これらの材料は，内部に空隙を持たないためであり，したがって表 1.1 において見かけの密度と真

表 1.2 主な建築材料の吸水率の例

材　料		吸水率 [%]
金　属		0
ガ ラ ス		0
石　材	花崗岩	0.1〜0.5
	大理石	0.05〜0.3
	砂　岩	5〜15
	凝灰岩	17〜30
タイル（JIS 規格値）	磁器質	〜1
	せっ器質	〜5
	陶器質	〜22
かわら	いぶし	5〜10
	ゆう薬	2〜6（石州瓦）
れ ん が		8〜15

密度は等しい．石材は，種類によって吸水率が大きく異なり，吸水率の大きい砂岩や凝灰岩は耐久性が花崗岩よりも低い．タイルは，吸水率の大きい陶器質のものは用途が屋内での使用に限定されるのに対し，磁器質タイルは屋外に使用できる．瓦は施ゆう（施釉），つまりゆう薬（釉薬）で表面をコーティングすることによって吸水率を小さくすることができ，凍害の生じやすい多雪地帯でも使用可能となる．

このように材料の性質の一つ（ここでは見かけ密度や吸水率）が，他の性質（強度や耐久性など）に影響を及ぼすことが多いため，これらの相関関係を理解しておくことが大切である．

なお，材料がどれだけ水を含んでいるかは**含水率**（percentage of water content）で表される（式 (1.4)）．先の吸水率は，表乾状態のときの含水率である．吸水率が材料の性能を表すのに対し，含水率は材料が今どれだけ水を含んでいるかという，材料の状態を表している．

$$含水率[\%] = \frac{含水量[\mathrm{g}]}{絶乾質量[\mathrm{g}]} \times 100 \qquad (1.4)$$

1.2.2　実積率，空隙率

a．実積率

コンクリートに用いる砂利や砂など，多数の粉体や粒体の集まりとして用いられる材料において，これらが隙間なく詰まった状態（最密）にできるかどうかはコンクリートにとって重要な性質である（10.2.3 項 f 参照）．これを表す尺度が**実**

積率（ratio of absolute volume, 実績率ではない）である．

$$実積率 = \frac{容器に最密に充填した粉粒体の体積}{容器の容積} \times 100 [\%] \quad (1.5)$$

粒の形や大きさの分布（粒度）のよい骨材の実積率は大きくなり，性能のよいコンクリートをつくることができる．

隙間なく詰まった状態での見かけの密度を，**単位容積質量**（weight of unit volume）という．単位は密度と同じであるが，粒子どうしの間の空隙部分を含んだ密度であり，同じ材質の骨材であれば実積率が大きいほど単位容積質量（kg/L, t/m³ など）も大きくなる．

$$単位容積質量 = \frac{容器に最密に充填した粉粒体の質量}{容器の容積} \quad (1.6)$$

なお，実積率と単位容積質量の関係は，

$$実積率 = \frac{単位容積質量}{密度} \times 100 \quad (1.7)$$

または，

$$単位容積質量 = \frac{実積率}{100} \times 密度 \quad (1.8)$$

で表すことができる．

b. 空隙率

固体中に占める空隙の割合を**空隙率**（percentage of void）という．骨材における空隙率は，先述のようにコンクリートの性能に大きく影響を及ぼす．なお式(1.5)の状態のように骨材を最密に充填したときの空隙率は，

$$空隙率 = 100 - 実積率 [\%] \quad (1.9)$$

で求めることができる．

1.2.3 力学的性質

材料の**力学的性質**（mechanical property）とは，材料に力が加わったときの変形，破壊などの挙動に関連する性質である．材料を柱や梁などの構造部材に用いるときに，特に重要な性質である．強度（地震や台風で壊れにくい）や剛性（有害な変形を生じない），脆い壊れ方をしないことなどが求められる．

a. 応力と強度

物体は，外から力が作用すると変形する．力が大きくなると変形も大きくなり，最終的には破壊に至る．例として，図1.7のような材料に引張力を加える場合を考えてみよう．材料の断面には外力と釣り合うために**応力**（stress, ストレス）が生じている．応力は，外力に抵抗して破壊を生じないよう，材料の中に生じている力である．材料に図1.7のように荷重が作用している場合，上の図のように同じ太さ（断面積）の二つの材料に異なる大きさの荷重が作用した場合には，感覚的にも荷重の大きい右側のほうがストレスは大きいと判断できるであろう．下の図ではどうだろうか．ストレスの大きさ（材料の苦しさ？）を比較するには，同じ断面積あたりで比べるべきである．

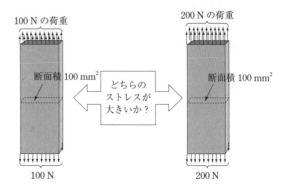

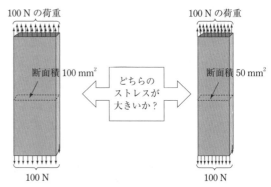

図1.7 引張荷重と応力（stress）

図1.7に示した面に生じている引張応力 σ（シグマ）は次式で求めることができる．

$$応力\ \sigma = \frac{P[\text{N}]}{A[\text{mm}^2]} = \frac{P}{A} [\text{N/mm}^2] \quad (1.10)$$

ここに，σ：応力[N/mm²]，P：荷重[N]，A：断面積[mm²]．

例1) 上の図
　　左側：100 N/100 mm² = 1.00 N/mm²
　　右側：200 N/100 mm² = 2.00 N/mm²
　　（やはり右側のほうが大きい）

例2) 下の図
　　左側：100 N/100 mm² = 1.00 N/mm²
　　右側：100 N/50 mm² = 2.00 N/mm²
　　（右側のほうが大きい）

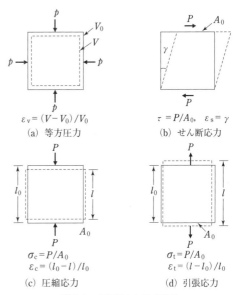

図1.8　各種応力とひずみ度

　応力 σ の単位は面積あたりの力となる．外力が大きくなると，これに応じて応力も大きくなり，破壊の少し前に最大となる．物体が大きく（図1.7の場合には断面積が大きく）なると，これを破壊するのに必要な外力は大きくなるが，応力は（断面積で割算するため）同じである．材料が破壊するときの応力は，その材料が発揮することのできる最大の応力であり，この値を，その材料の**強度**（strength）とみなすことができる．したがって強度の単位は応力と同じ N/mm² である．強度はその材料固有の性能であり，力の種類（図1.8や図1.1参照）に応じて，**引張強度**（tensile strength），**圧縮強度**（compressive strength），**曲げ強度**（flexural strength, bending strength），**せん断強度**（shear strength）がある．主な建築材料の強度の一覧を表1.3に示す．鋼の引張強度は非常に大きい．圧縮強度も同程度である．コンクリートや石材，ガラスは引張強度が圧縮強度に比べて極端に小さいことがわかる．一般にこれらの材料は，脆い破壊を生じるため**脆性**（ぜいせい）**材料**（brittle materials）と呼ばれる．木材は，天然の樹脂であるリグニンなどを，植物繊維であるセルロースが「繊維補強」した形となっており（複合材料），引張強度が圧縮強度よりも大きくなっている（繊維補強は圧縮よりも引張に対して補強効果が高い）．

表1.3　主な建築材料の強度の例

材料		強度[N/mm²]			
		圧縮	引張	曲げ	せん断
金属	鋼	（引張に同じ）	300〜600	—	—
	アルミニウム		80〜300		
	チタン		290〜700		
コンクリート	普通コンクリート	15〜30*〜40	1.5〜3	2〜5	—
ガラス		600〜1200	30〜80	50〜70	
石材	花崗岩	120〜180	4〜8	10〜18	
	大理石	80〜150	—	10〜15	
	石灰岩	50〜150			
	砂岩	20〜120	2.6〜2.8	8〜10	
	凝灰岩	6〜15	0.8〜1.5	1〜3.5	
れんが		20〜80	—	—	—
木材	スギ	36	44	57	5
	ヒノキ	40	57	73	6
	アカマツ	45	57	70	6
	ケヤキ	50	130	90	9
プラスチック	塩化ビニル樹脂	55〜90	35〜63	90〜105	—
	フェノール樹脂	68〜215	48〜55	—	

*：覚えておいたほうがよい値．

b. ひずみと変形能力

図 1.9 で，もとの長さ 2 m（= 2000 mm）の材料が引張荷重によって 2 mm 伸びて 2002 mm になった場合と，長さ 1 m の材料が 2 mm 伸びた場合を比較してみよう．材質など他の条件は同じとする．伸びた量は同じであるが，ダメージはどちらの場合が大きいだろうか．これらの材料の変形の状態を比較するには，もとの長さに対する伸びの割合 = **ひずみ** (strain) が適している．

表 1.4 主な建築材料の変形能力の例

材料	変形能 圧縮	変形能 引張
鋼	—	20〜30 [%]
アルミニウム	—	10〜70 [%]
コンクリート	1500〜3000×10⁻⁶ (0.15〜0.3%)	200 (×10⁻⁶)
合成ゴム	—	100〜1000 [%]

る．このときのひずみは**引張ひずみ能力**（引張限界ひずみ）と呼ばれ，材料が変形することのできる能力（**変形能力**）の一つである．強度と同様に材料は，圧縮，せん断，曲げのそれぞれに対して固有の変形能力を有している．これらの一例を表 1.4 に示す．鋼材は 20%（200000×10^{-6}）を超える引張ひずみ能力を有している．つまり，長さ 1 m の鋼材が引張られて 1 m 20 cm の長さになったときに破断する．一方，コンクリートの引張ひずみ能力は（200×10^{-6}）程度であり，1 m のコンクリートが 0.2 mm 伸びたときには（肉眼ではまったくわからないが）破壊することになる．このように脆性材料の引張ひずみ能力は非常に小さい．

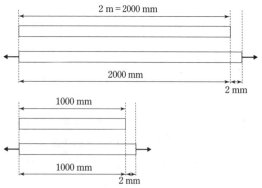

図 1.9 引張荷重とひずみ (strain)
伸びはどちらも 2 mm．同じ材質の場合，ダメージは同じか．

$$\varepsilon = \frac{\Delta l}{l} \quad (1.11)$$

ここに，l：変形前の長さ [mm]，Δl：伸び [mm]．

例 1) 上の図：2 mm/2000 mm = 0.001
　　　下の図：2 mm/1000 mm = 0.002
　　　　（下の図のほうが大きい）

ひずみ ε（イプシロン）は，もとの寸法に対する変形の大きさの割合であり，式 (1.11) をみるとわかるように単位はない．引張力が大きくなると，ひずみも大きくなり，破壊の直前に最大とな

c. 剛性と弾性

図 1.7 や図 1.9 のような材料に，引張力を作用させたときに生じる応力を縦軸に，ひずみを横軸にとり，両者の関係を図 1.10 のように表すことができる．図では引張を例にしているが，圧縮やせん断でも同様の図を描くことができる．また，図のように完全な直線関係にならない材料も多い．応力 σ とひずみ ε が直線関係になる場合，両者は以下の式で表される．

$$\sigma = E\varepsilon \quad (1.12)$$

ここに，σ：応力 [N/mm²]，ε：ひずみ（単位なし），E：弾性係数 [N/mm²]．

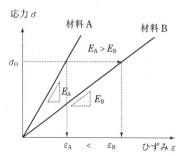
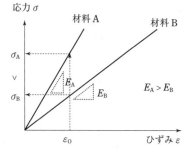

図 1.10 応力とひずみの関係に及ぼす剛性の影響

応力とひずみが比例することを**フックの法則**（Hooke's law）という．図1.10の左図で，材料Aと，材料Aよりも直線の傾きの小さい材料Bを想定すると（それぞれの直線の傾きをE_A, E_Bとすると，$E_A>E_B$），同じ応力σ_0が生じているときのひずみは，材料Aのほうが材料Bよりも小さい（$\varepsilon_A<\varepsilon_B$）ことがわかる．このように，フックの法則における係数Eは，同じ応力に対する変形のしにくさ，すなわち**剛性**（rigidity, stiffness）を表している．先述の変形能力が破壊時までの最大変形であるのに対し，ここでいう変形は同じ応力のときの変形であることに注意されたい．同様に図1.10の右図でわかるように，剛性が大きい材料は，同じひずみε_0のときの応力が大きい（$\sigma_A>\sigma_B$）．剛性は強度などと同様，引張や圧縮，曲げやせん断など，力の種類に応じて定義することができるが，引張や圧縮に対する剛性を**ヤング率**（ヤング係数，Young's modulus），あるいは**弾性係数**（elastic modulus, modulus of elasticity）という．表1.5に，主な建築材料の弾性係数などの例を示す．鋼のヤング率（弾性係数）は，他の材料と比較して非常に大きい．断面の等しい鋼とコンクリートに同じ応力が生じた場合，鋼はコンクリートの1/10のひずみしか生じないことになる．ただし鋼を破断させるにはコンクリートの1000倍程度の変形を生じさせる必要があり，鋼を破断させるのがいかに大変か理解できるであろう．

図1.11は応力-ひずみ関係において，材料の強度と剛性と変形能力の関係を概念的に示している．この例の場合，強度が最も大きいのは材料B，剛性

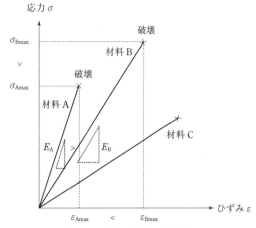

図1.11　強度と剛性と変形能力
強　度：材料C＜材料A＜材料B
剛　性：材料A＞材料B＞材料C
変形能力：材料A＜材料B＜材料C

は材料A，変形能力は材料Cが大きい．このように本来，強度と剛性と変形能力は，それぞれ独立した物性である．日常の会話で「強い」という言葉がよく使われる．上記3者に加えて硬度（硬さ）も含めて非常にあいまいに用いられることが多いが，工学的には明確に使い分ける必要がある．ちなみに硬度は，キズのつきにくさを表す物性であり，上記と同様，剛性が高いから硬度が高いとは限らない．

d． ポアソン比

図1.12において物体は，圧縮力が作用する方向には縮むが，それと直交する方向には伸びる．載荷方向の圧縮ひずみをε，直交方向の伸びひずみをε'とすると，両者の比は材料によって一定の値となり，**ポアソン比**（Poisson's ratio）と呼ばれる．ポアソン比ν（ニュー）は式（1.13）で表されるが，ε'とεは伸びと縮みなので，一方が正なら他方は負となる．したがってポアソン比が

表1.5　主な建築材料の弾性係数の例

材料	弾性係数[N/mm²] 圧縮・引張	せん断	ポアソン比
鋼	2.1×10^5	$7.8\sim8.4\times10^4$	$0.28\sim0.30$
アルミニウム	7×10^4	2.61×10^4	0.345
コンクリート	$1.5\sim2.1\sim4\times10^4$	(9×10^3)	$0.16\sim0.20$
ス ギ	$7\sim8\times10^3$	(2.5×10^3)	0.4
塩化ビニル樹脂	$2.5\sim4.1\times10^3$	—	—
花崗岩	5.2×10^4	—	0.20
大理石	7.7×10^4	—	0.27
砂 岩	1.7×10^4	—	0.19
ガラス	$5\sim8\times10^4$	—	$0.22\sim0.25$

（　）内の値は計算値．
下線部は覚えておいたほうがよい値．

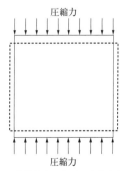

図1.12　載荷方向の変形と直交方向の変形

正の数となるよう，式の右辺にはマイナスが付いている．なおポアソン比は（自分で計算してみるとよくわかるが），体積変化のない液体で0.5となる．また，通常の固体の材料では0.5より小さい値となる．表1.5に，主要な建築材料のポアソン比を示している．多くの建築材料のポアソン比は0.2〜0.3前後の値となっているが，これらの材料も破壊する直前には0.5に近い値となる．

$$\nu = - \frac{\varepsilon'}{\varepsilon} \qquad (1.13)$$

ここに，ν：ポアソン比，ε：載荷方向のひずみ，ε'：載荷方向と直交する方向のひずみ．

図1.8に示したように，材料には種々の力が作用するが，たとえばせん断変形に対するフックの法則は，下式のように表される．

$$\tau = G\gamma \qquad (1.14)$$

ここに，τ：せん断応力$[N/mm^2]$，γ：せん断ひずみ，G：せん断弾性係数（剛性率）$[N/mm^2]$．

G（**剛性率，せん断弾性係数**，modulus of rigidity, shear modulus）は，せん断変形における剛性を表しており，この値が大きいほど同じせん断応力τ（タウ）のときのひずみγ（ガンマ）が小さくなる．

体積変形に対する剛性を表す体積弾性係数Kを含めると，剛性を表す係数は，E，G，K，νの四つが存在するが，これらのうち独立なものは2個である．つまり2個の係数で他の1個を表すことができる．その例を以下に示す．

$$G = \frac{E}{2(1+\nu)} \qquad (1.15)$$

$$K = \frac{E}{3(1-2\nu)} \qquad (1.16)$$

たとえばコンクリートのせん断弾性係数を実験により求めるのは難しいが，ヤング率やポアソン比は比較的容易に測定できるので，式（1.15）を用いてGの値を算定することができる．表1.5に示したせん断弾性係数のうち，（　）内の数値はそのようにして求めた値である．

e.　弾性と塑性

材料に荷重を載荷すると，その力に応じた変形を生じ，荷重を除荷すると，もとの形状・寸法に戻ろうとする．本来，**弾性**（elasticity）という性質はこのような性質のことであり，剛性とは異なるものであるが，剛性を表すファクターを弾性係数と呼ぶように，両者は必ずしも明確に使い分けられていない．材料が弾性を示すときにフックの法則が成立することも，その理由の一つであると思われる．

たとえば鋼材は，応力が小さい領域では完全に弾性的な（elastic な）性質を示すが，ある限度を超えると，荷重を除荷しても変形が完全にはもとに戻らなくなる（図5.2参照）．このような性質を**塑性**（plasticity）という．針金を軽く曲げてももとに戻るが，大きく曲げると戻らなくなる．前者は弾性域における変形の回復であり，後者は塑性域に入ったことにより残留ひずみが生じたものである．なお，元来 plastic な材料の総称である plastics は，現在は固体の合成樹脂を指す．

f.　粘性とクリープ

固体は荷重（外力）が作用すると，その大きさに応じた応力を内力として生じながら釣り合い，荷重が除荷されるともとの形に戻ろうとする．このとき力と変形の間にはフックの法則が成り立ち，応力が大きくなるほどひずみも大きくなる．また，弾性域では完全にもとの形状・寸法に戻るが，塑性域に入るともはや完全にはもとに戻らない．

一方で流体（液体や気体）は，外力が生じると変形（流動）するが，力と変形ではなく，力と変形速度（流れる速さ）が釣り合う．したがって，釣り合っても変形は一定速度で生じ続ける．また力がなくなったら変形は止まるが，もとに戻ることはない．前者の釣り合いは下記の式（1.17）で表され，ニュートンの法則と呼ばれる．

$$\tau = \eta \frac{d\gamma}{dt} \qquad (1.17)$$

ここに，τ：せん断応力$[N/mm^2]$，$d\gamma/dt$：せん断ひずみ速度$[1/s]$，η：粘性係数$[N/mm^2 \cdot s]$．

比例定数のη（イータ）は，同じ大きさの応力に対する，変形速度の生じにくさを表している．液体の場合，粘りが大きいほどηは大きくなるため，ηを**粘性係数**（coefficient of viscosity）と呼ぶ．また，先に示した流体の性質を**粘性**（viscosity）という．

固体である建築材料に外力が継続的に作用し続けたときに，荷重の大きさは変化しないのに，荷重と釣り合ったはずの変形が徐々に増加し続ける現象を**クリープ**（creep）という．前段で述べたように，流体は釣り合い後も変形し続けるが，固体では，荷重と釣り合った変形量は変化しないはずである．しかし固体は，流体のような性質を示すことがある．固体が載荷直後には弾性的な変形を生じ，その後に粘性的な変形を続ける性質を粘弾性と呼ぶ．ただし流体の変形と違い，固体のクリープ変形は数十年，場合によっては100年以上の時間をかけて生じる．

通常，材料の強度試験では，数分から数十分程度の時間をかけて載荷を行うが，クリープ変形が生じるような長期間の持続荷重が作用する場合は，強度試験で得られる強度よりも小さい応力のときに材料が破壊することがある．この現象を**クリープ破壊**という．

建築物では建物の自重や，家具などの積載荷重が長期間部材に作用し続けるので，構造設計でクリープに対する考慮が必要となる場合がある．建築材料の中で問題となるのは，木材とコンクリートである．特に木材は弾性変形の数倍のクリープ変形を生じる（木造住宅が古くなるにしたがい，床のたわみが徐々に大きくなるといった現象を経験した人も多いと思う）ため，設計においてクリープ変形に対する配慮が不可欠である．また，コンクリートや木材では，強度試験で得られた「強度」の値よりも小さい力でクリープ破壊を生じるおそれがあるので，「強度」の値そのものを設計において許容値として用いることは危険である．コンクリートの場合，最大でも圧縮強度の1/3までしか力が作用しないように設計する（この値を許容応力度，この場合の安全率は3，このような設計方法が許容応力度設計である）．これらに対し，鋼材は常温ではほとんどクリープを生じないため，クリープに対する配慮は不要である．

クリープと同様の現象で，ひずみが一定値で継続するときに，応力が時間とともに徐々に小さくなっていく現象を，**応力緩和，緩和，リラクセーション**（stress relaxation）という．

材料の強度に関する補足

強度と剛性の違いについて，まず解説しよう．強度は材料が破壊を生じる直前の極限状態で得られる値なのに対して，剛性はそれよりも比較的低応力の領域で得られる値である．強度と破壊は表裏一体の物性と現象であり，破壊を考慮せずに強度は議論できない．破壊により生じた破断面は，面全体で同時に破壊したのではなく，ある箇所の局部的な破壊が全体に広がって生じたものである．この局部的な破壊は，材料の中で最も弱い箇所から始まる．したがって材料の強度は，最も弱い場所で決まると考えてよい．これに対して剛性は，基本的に破壊を伴わない領域における現象であり，複数の材料を複合させて新たな材料をつくった場合には，全体の剛性は各要素の平均値となる．

どのような材料にも内部に必ず欠陥（微小なひび割れなど）が存在し，そこから破壊が進んでいく．材料が大きくなるほど欠陥の数は多くなる．数が多いと深刻な欠陥を含む確率も高くなるため，一般に大きな物体ほど強度は小さくなる．これを寸法効果（scale effect）という．柱の強度を，同じ材質の小さなテストピースの強度から単純に推定できないことが理解できるであろう．逆に材料を小さくしていくと，内部にほとんど欠陥を含まない状態になり，強度は飛躍的に高くなる．このときの強度は，もとの強度の1000倍にもなり，理論的に計算される強度（理論強度，理想強度）に近い値となる．要するに材料の強度は欠陥の存在のため，本来の強度よりもはるかに小さい（1/1000くらいの）値となっているのである．このように強度は，組織の性状に大きく影響を受けるため「組織敏感性」の高い物性に位置づけられる．一方，剛性は組織の影響を受けにくく，欠陥による低下を生じていないため，種々の方法により強度を飛躍的に向上できたときでも，剛性はあまり増加しない．

なお次に述べる疲労は，載荷が繰り返されることにより，内部の欠陥が少しずつ大きくなっていく現象と考えると理解しやすい．

---

g. 疲　労

通常，材料の強度試験では1回の載荷で試験体を破壊し，強度を測定する．同じ材料に，同じ大きさの力を繰り返し載荷することを考えてみよう．たとえば，ちょうど10回で破壊するときの荷重は，1回で破壊するときの値を100とすると90，100回でちょうど破壊するときの荷重は80，

…というふうに載荷の繰り返し回数が多くなるほど，ちょうど破壊させるために必要な荷重の大きさは小さくなっていく．この現象を**疲労**（fatigue），疲労による材料の破壊を**疲労破壊**という．当然のことながら建築部材には，荷重は1回ではなく繰り返し作用することになるので，「強度」に達しないような小さい荷重で破壊が生じる可能性がある．このため，設計においては疲労に対する考慮が必要となる．

図1.13は，鋼材などの金属材料とコンクリートの疲労特性を示している．横軸は繰り返し回数を 10^N としたときの N の値（対数表示），縦軸は繰り返し回数 10^N のときにちょうど破壊する応力を表している．載荷の繰り返し回数が多くなると破壊に必要な力は小さくなっていくが，鋼材などの場合には，ある一定の応力比以下では何回繰り返しても疲労破壊が起きなくなる．これを**疲労限度**（fatigue limit），または耐久限（endurance limit）という．特に機械などのように繰り返し荷重が載荷し続ける場合の設計に考慮される．

一方，コンクリートでは疲労限度の存在は確認されていない．このことは，どのような小さい荷重であっても繰り返し載荷し続ければコンクリートの破壊されることを意味し，設計上，大きな支障が生じる．しかし実際にはコンクリート構造物の供用期間は数十年程度であり，その間に作用する載荷の回数も有限である．通常は，実際の回数を反映して200万回の繰り返し載荷でちょうど破壊するときの値を，便宜的に疲労限度（時間強度）として用いている．疲労限度と時間強度を合わせて**疲労強度**（fatigue strength）ということがある．

1.2.4 熱に関連する性質

暑さや寒さから人を守ることは建築の大きな役割の一つである．快適な室内空間を生み出すためには，用いる材料の断熱性が重要である．また，日常的な温度変化による変形や破損を生じないことも大切である．

a. 断熱性

建築において快適な室内空間を実現するためには，材料の断熱性は重要な特性である．夏期などで，外気の温度が室内の気温よりも高い場合を考えると，外気の熱は外壁を通って室内に伝わる．このとき熱は，図1.14のように，

① 外気（流体）から壁体（固体）への**熱伝達**
② 壁体内部での**熱伝導**
③ 壁体から室内の空気への熱伝達

により伝わる（冬期は逆になる）．ここで熱伝達（heat transfer）とは流体と固体の界面での熱の移動であり，熱伝導（heat conduction）は固体内部での熱の移動である．それぞれにおいて移動のしやすさを定義する物性値が存在し，それぞれ**熱伝達率**（heat transfer rate），**熱伝導率**（heat conductivity, thermal conductivity）と呼ばれる．熱伝達率は式（1.18）で表される．

$$\text{熱伝達率 } \alpha = \frac{Q}{At(t_1 - \theta_1)} \ [\text{W/m}^2/\text{K}] \quad (1.18)$$

ここに，Q：空気から壁に伝わる熱量 [J]，A：壁

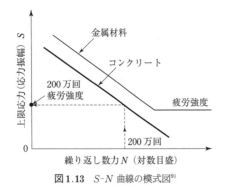

図1.13 S-N 曲線の模式図[9]

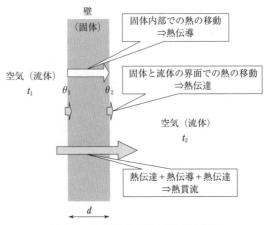

図1.14 熱伝導と熱伝達と熱貫流の関係

1.2 材料の性質

表1.6 熱伝達率

表面の位置		対流熱伝達率 [W/m²・K]
室内用	垂　直	9.3
	水平（上向き）	11.6
	水平（下向き）	7.0
	隅角部	5.8
外気用	3 m/s の風	23.3
	6 m/s の風	34.9
	微風時	11.6

表1.7 主な建築材料の熱伝導率の例

材　料		熱伝導率[W/m・K]
木　材	ス　ギ	0.12
	カ　シ	0.23
金　属	軟　鋼	36〜60
	アルミニウム	204
	銅	370
コンクリート	普通コンクリート	1.6
	軽量コンクリート	0.5〜0.8
	ALC	0.17
石　材	花崗岩，安山岩，粘板岩，石灰岩	2.0
	大理石	2.3
	砂　岩	0.8
	凝灰岩	0.8
ガラス	板ガラス	0.8〜1
	グラスウール	0.04
プラスチック	塩化ビニル	0.15〜0.20
	ポリスチレン	0.09〜0.14
	ポリスチレンフォーム	0.028〜0.043
粘土焼成品	れんが	0.6
	タイル	1.6
その他	空　気	0.022
	水	0.60
	氷	2.2

の面積 [m²]，t：時間 [h]，t_1：空気の温度 [K]，（室内側では t_2），θ_1：壁体表面の温度 [K]，（室内側では θ_2）．いずれも図1.14参照．

表1.6に空気と固体の間の熱伝達率を示す．熱伝達率の単位はW/m²/Kである（混乱しやすいがW/m²/KをW/m²・Kと表記することが多い）．国際単位系に統一されるまではkcal/m²/h/℃（同じくkcal/m²・h・℃）が用いられた．

熱伝達率は固体である建築材料の物性とは無関係であり，流体の速度や流体と壁面の関係のみで決まることがわかる．

熱伝導率は式（1.19）で表される．

$$\text{熱伝導率} \quad \lambda = \frac{Qd}{At(\theta_1 - \theta_2)} \qquad (1.19)$$

ここに，Q：壁体内を移動する熱量，d：壁体の厚さ[m]，A：壁の断面積[m²]，t：時間[h]，θ_1，θ_2：壁体表面の温度[K]．いずれも図1.14参照．

物体の中での熱の伝わりやすさを表し，材料に固有の値となる．熱伝導率の単位はW/m/Kである（必ずしも適切ではないと思われるが，W/m/KをW/m・Kと表記することが多い）．国際単位系に統一されるまではkcal/m/h/℃（同じくkcal/m・h・℃）が用いられた（1 kcal/m・h・℃＝1.16 W/m・K）．

表1.7に主な材料の常温における熱伝導率を示す．金属材料で大きく，有機系材料で小さい．また，表中で最も熱伝導率が小さい，つまり熱を伝えにくいのは空気である（0.022 W/m・K）．空気は単独では建築材料とはいえないが，たとえば発泡スチロールや複層ガラス（3.3節i参照）のように，狭い空間に閉じ込めることにより，空気の断熱性を利用することができる．表中のポリスチ

レンの熱伝導率は0.1 W/m・K程度であるが，発泡させて内部に空気を包含させることにより（ポリスチレンフォーム），空気に近い断熱性（熱伝導率0.028 W/m・K）を実現している．グラスウールや，建材ではないが衣服なども，空気を断熱材として利用しているのである．

壁体を介して，外気からの熱が流入する，または室内の熱が流出する場合には，図1.14に示したように，熱伝達と熱伝導が連続して生じている．この一連の熱の移動を**熱貫流**（thermal transmission）という．このとき，壁体が熱を伝えやすいかどうか，すなわち壁体の断熱性は**熱貫流率**（thermal transmittance）で表される．熱貫流率は式（1.20）で表される．熱貫流率は材料固有の性能ではなく，壁体の性能であり，同じ材質であれば壁厚が大きいほど小さくなる．

$$\text{熱貫流率} \quad K = \frac{1}{\dfrac{1}{\alpha_1} + \displaystyle\sum_{i=1}^{n} \dfrac{d_i}{\lambda_i} + \dfrac{1}{\alpha_2}} \qquad (1.20)$$

冬期などに，外気に接する壁や窓の室内側に水滴が多数生じることがある．これを**結露**（condensation）という．結露は不快であるばかりでなく，

カビや木材・金属などの腐食の原因となり，建築物の耐久性において悪影響を及ぼす．結露を防止するには，室内の湿度が高くならないよう，室内側の壁面やガラス面などの温度が低くならないようにする必要がある．アルミサッシは外気の熱を伝えやすく，結露を生じやすい面があるため，海外では塩化ビニル製のサッシが広く普及している（第8章参照）．ガラスでは，2枚のガラスの間に空気層を持つ複層ガラスが効果的で，近年，国内でも住宅を中心に広く普及している．

b. 比熱と熱容量

外部から同じ量の熱が入ってきたとき，温度の上がりやすい材料とそうでない材料が存在する．単位質量の材料の温度を1K上昇させるのに必要な熱量を**比熱**（specific heat）という．比熱は同じ熱量に対する温度の上がりにくさを表しており，材料に固有の性質である．比熱の単位はJ/g・K（正確にはJ/g/K，旧単位系ではcal/g・℃）あるいはJ/kg・Kが用いられる．表1.8に主な建築材料の比熱を示している．

比熱に質量を乗じたものを**熱容量**（heat capacity, thermal capacity）という．材料の固有の性質ではないが，ある量の（大きさの）材料の温度変化のしにくさを表す．表1.8に示すようにコンクリートの比熱は鋼材の2倍程度であるが，鉄筋コンクリート構造の部材は，鉄骨構造の部材に比べて重量が大きくなるため，熱容量の差はさらに大きくなる．火災時に温度が上がりにくいというメリットがある半面，夏期の夜間に温度が下がりにくい．

c. 熱変形・温度応力

建築物は年間を通じて50℃を超える温度変化に曝される．一方，建築用に限らず材料は，温度が高くなると膨張し，低くなると収縮する．材料内の温度がどの場所でも等しく，かつ自由に熱変形できる場合には，材料に無理な力は作用しない．しかし材料の内部と表面部で温度が異なる場合や，外部から拘束を受ける場合には，材料に**温度応力**（thermal stress）が生じることになる．ガラスの熱割れは前者の例であり（3.2.4項参照），マスコンクリートの温度ひび割れは両者を原因として生じる（10.6.2項a参照）．異なる材料が一体となっている場合，各材料の温度が同じように上昇（または下降）したとしても，温度変化1℃あたりの熱変形の量が両者で異なると，両者の間に応力が作用することになる．この1℃あたりの熱変形を表す係数を**線膨張係数**（linear coefficient of expansion）あるいは**熱膨張率**（coefficient of thermal expansion）という．主な建築材料の常温における線膨張係数の例を表1.9に示す．たとえばコンクリート表面を磁器質タイル仕上げとした場合，両者の線膨張係数は倍以上異なる場合があるため，界面に熱応力が生じ，タイルの剥落や割れの原因となりうる．一方，鋼材とコンクリートの線膨張係数は同程度であるため，鉄筋コンクリート構造において両者に大きな温度応力は生じにくい．

表1.9　主な建築材料の線膨張係数の例

材　料	線膨張係数 [$\times 10^{-6}$/K]
炭素鋼	11*
18-8 ステンレス	15
アルミニウム	16
板ガラス	8〜10
磁　器	2〜6
コンクリート	7〜14(10)
花崗岩	4〜6
木材（繊維に平行）	3〜6
木材（繊維に直角）	35〜60
ポリエチレン	100〜200

＊：覚えておいたほうがよい値．

1.2.5　音に関する性質

遮音性（sound insulation performance）は，隣室や屋外からの音を遮断する性質である．次に述べる**吸音性**（sound absorption performance）と異なり，一般に遮音性は大きいほどよい．コンクリートやれんがなど，密度の大きい材料は遮音

表1.8　主な建築材料の比熱の例

材　料	比熱 [J/kg・K]
鋼	427〜452
アルミニウム	933
銅	385
ガラス	752
普通コンクリート	880
花崗岩	880
スギ	1260
塩化ビニル	950

性が大きい．遮音性の大きさは**透過損失**（transmission loss）で表される．

吸音性は，室内で発生した音が壁や天井などで吸収されて小さくなるときの吸収されやすさを表す．吸音が大きすぎると反射のない，不自然な音場の空間となる．一方，小さすぎると洞窟内のように音がいつまでも反響して，声が聞き取りにくい状態となる．これらは**残響時間**（reverberation time）により表される．適度な音の広がりのある空間をつくるためには，吸音性は大きすぎても小さすぎてもよくない．遮音性の高いコンクリートやれんがなどでは吸音性は小さく，表面が柔らかく，穴の多い部材では吸音性は大きい．コンサートホールなどでは音の反射と吸収を調整して最適な音響空間を実現するために，反射板や吸音板について，その形状などにも多くの工夫がなされている（図1.15）．

1.2.6 耐久性

耐久性（durability）は種々の**劣化**（degradation）に対して材料が耐えることのできる能力である．通常は主として自然環境下に曝されたときの化学的・物理的な劣化に対する抵抗性を指すことが多いが，荷重やその繰り返しによっても劣化は生じるので，これらとの違いを意識して使う場合，**耐候性**（weather resistance）と呼ぶことがある．いずれの場合も，劣化を生じさせる自然環境や荷重などの要因を劣化外力という．ここでは相互の比較をするために，種々の劣化について簡単に例示する．詳細は各材料に関する章で述べる．また，第13章で建築材料の耐久設計について基本的な考え方を示す．

a．凍害（石材，粘土焼成品，コンクリート）

材料の中に染み込んだ雨水などが夜間に凍結し，日中に融解すること（**凍結融解**）を冬期の間中繰り返すことによって生じる物理的劣化である．水が凍るときに体積が9％程度増加することによる膨張圧が主因であり，亀裂や表面の剥落，角落ちなどが生じる．脆性材料は引張に弱いため，凍害を生じやすい（図1.16(a)）．

対策のない場合，東北，北陸，北海道では低地でも，九州も山間部では凍害を生じる．一度凍結すると夏期まで融けることのない極地では凍害は発生しない．部位としては，滞水しやすく（水分を含みやすい），日射の当たる（融解も生じる）場所で生じやすい．屋外で使用されるれんが，タイル，瓦，石材などで吸水率が大きい場合に凍害を生じる．吸水率は耐凍結融解性（耐凍害性）を表す重要な指標である．コンクリートの耐凍害性については10.5.3項を参照されたい．

図1.15 コンサートホールの内部

b. 腐朽・虫害（木材）

菌類などにより木材の成分が分解されていくことを**腐朽**という．腐朽は森林においては生態系維持のための重要な働きであるが，建築物を構成する部材で生じると，当然のことながら種々の問題を生じる．菌類の活動しやすい，暖かく高湿度な環境下で進行しやすく，浴室や台所周辺は注意が必要である．また屋根裏は雨漏りにより腐朽しやすい（図1.16(b)）．戸建て木造住宅の土台は，柱を介して上部構造を支える重要な部材であるが，地面に近く腐朽が生じやすい．交換することが困難なので，腐朽しにくい樹種（ヒバやヒノキ）の心材を用いるか，防腐剤を塗布あるいは含浸させて使用することが多い．住宅の密閉度・断熱性能の向上とともに，従来は腐朽の生じにくかった地域でも多発するようになり問題となった．

シロアリなどによる食害を**虫害**と呼ぶ．シロアリは暖かくて湿気の多い場所を好むため，腐朽の生じやすい場所はシロアリの害も受けやすい．

c. さび（金属）

金属が酸化する現象である．金属を電極とする電池が形成されることにより生じ，水や酸素が供給され，塩分などが存在すると顕著に進行する．たとえば異なる金属どうしを直接，あるいは液体を介して接触させると両者の間に電池が形成され（ボルタの電池を思い出すとよい），イオン化傾向の大きいほうの金属がイオン化（腐食）することになる．塩分があると腐食が進むのは，電池における電解液として電子を運ぶためである．異なる金属が接するとイオン化傾向が大きい側が腐食するため（**接触腐食**または**電食**），このような用い方をしてはならない．単一の金属でも回路を形成するのは，微量に含まれる成分の分布が金属内で均一ではないため，あたかも別の金属であるかのように電池を形成するためである．

鉄は条件によって「赤さび」と「黒さび」を生じる．前者が進行性のさびであるのに対し，後者はさびが緻密であるために，かえって腐食が進行しない．このような状態を不動態，生じている緻密な酸化皮膜を不動態皮膜と呼ぶ．鉄筋は強アルカリ性のコンクリート中では不動態を生じ，塩化物が存在しない限り腐食することはない（図1.16(c)は塩化物による鉄筋腐食の例）．一方，アルミニウムは中性の環境では緻密な酸化皮膜（Al_2O_3）を生じ腐食しにくいが，酸性やアルカリ性の環境では腐食しやすい．ステンレスはいずれの環境においても不動態を生じ腐食が生じにくい．これらの関係を表1.10に示している．

表1.10　建築で用いる金属の腐食と環境

	酸性	中性	アルカリ性
アルミニウム	×	○	×
鋼	×	×	○
ステンレス	○	○	○

○：腐食しにくい（不動態），×：腐食しやすい

d. 中性化・炭酸化（コンクリート）

c項で述べたようにコンクリートの内部は強アルカリ性であり鉄筋の腐食を防ぐが，このアルカリ性は空気中の炭酸ガスによって外側からしだいに中和される．コンクリート中の成分が炭酸と反応することを**炭酸化**（carbonation），これによりアルカリ性が低下することを**中性化**（neutralization）という．鉄筋の外側のコンクリート（かぶりコンクリート）が中性化すると鉄筋がさび始めるので（図1.16(e)），鉄筋コンクリートの寿命は中性化に左右される．

e. 紫外線による劣化（有機系材料）

紫外線は化学反応を促進する効果があるため，これを含む日光が材料に当たると劣化を生じる．プラスチックは紫外線により脆くなったり，一部が液体化（粘凋化）したりする．木材の表面は灰色になり強度が徐々に低下していく（木材の風化）．

f. 特殊な化学物質による劣化

代表的な化学劣化としては，酸やアルカリによる劣化が挙げられる．温泉や火山地帯でコンクリートの劣化が問題となることがある．酸性雨などによる劣化も懸念されている．大理石は酸に対する耐久性が低く，外壁などに使用することは望ましくない．特殊な建築物として，下水処理場や化学工場などでコンクリートの劣化が生じる場合がある．また近年，下水管の中で，下水に含まれる硫黄がバクテリアの働きによって硫酸となり，コンクリート管を激しく劣化させる事例が多く報

告されている．

　海水や土壌中に含まれる硫酸塩も劣化因子として作用する．海外では砂漠地帯，国内では床下などで地下水に微量に溶解していた硫酸塩が，水分のみが蒸発することにより地表に取り残され，塩分の濃集が生じる．この硫酸塩によってコンクリートに著しい膨張破壊が生じることがある（図1.16(f)）．

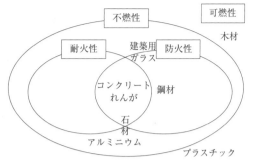

図1.17　不燃性と耐火性と防火性の関係

1.2.7　燃焼, 高温に対する性質
a. 可燃性と不燃性

建築に用いられる材料の中で，木材やプラスチックのほとんどは**可燃性**（combustibility）の材料である（図1.17）．石材やコンクリートなどは不燃性である．鉄やアルミニウムなどの金属は，粉体にして表面積を大きくすると激しく燃焼するが，通常の状態では燃焼することはない．

木材は240〜270℃になると口火があると燃焼し始める（**引火点**）．260℃を木材の**火災危険温度（出火危険温度）**という．さらに高温になると木材は口火がなくても燃焼するようになる．この温度

図1.16　種々の劣化
(a)RC屋根庇の凍害，(b)雨漏りによる屋根裏木材の腐朽，(c)塩害による鉄筋の錆汁（左）とコンクリートのひび割れ（右），(d)網入りガラス端部の網のさびと，これにより生じた割れ，(e)中性化によりさびた鉄筋の露出，(f)硫酸塩による束石コンクリートの膨張破壊．口絵4〜9参照．

図1.18 耐火被覆の例

を**発火点**と呼び，木材では約450℃である．

プラスチックは種類によって異なるが，引火点は300〜400℃，発火点は300〜500℃であり，引火点と発火点が近接していることも多い．

b. 耐火性と防火性

耐火性（fire resistance）は，火災などによる高温によって，材料が性能（強度や美観など）を低下させない性質をいう．特に温度だけを問題にする場合は**耐熱性**（heat resistance）が用いられることが多い．石材は，花崗岩や大理石など一部の例外を除くと，耐火性が高い．アルミニウムは融点が低く（約660℃），耐火性は低い．鋼材は，融点は約1500℃と高いものの，500℃で強度や剛性が半分程度まで低下する．さらに高温になり火災時の最高温度である1000℃程度の温度になると強度や剛性がほとんど失われるため，耐火性が高いとはいえない．鋼材は熱を伝えやすく，また比較的細い，あるいは薄い形状で用いられるため，部材の広い範囲が高温になりやすい．そのため鉄骨構造においては**耐火被覆**（図1.18）などによる対策が不可欠である（5.3.2項h参照）．コンクリートも500℃あたりから性能低下を生じるが，熱を伝えにくく，太い材として用いられるため内

火災と建築材料

建築物における火災では，内部の温度は1000℃を超えることもある．これに対してアルミニウムの融点は660℃，木材の発火点は450℃である．花崗岩や大理石は600℃あたりから崩壊し始める．プラスチックは有害なガスを発生し，また煙により視界を遮るなど，避難を困難にする．

火災が拡がる速度は下から上に向かうときが最も大きく，次いで水平方向に拡がる速度が速い．したがって縦方向に連続する空間，たとえば階段やエレベーターシャフトなどを通じて火炎や煙が拡がる危険性が高い．よってこれらの空間は火災時には防火シャッターによって遮断される．シャッターは防火性や，日常は開放する必要があることも考慮して，鋼でつくられている（図1.19）．商業施設のエスカレーター部分も，縦穴が複数の階につながっているため，火災時にはエスカレーターの周囲を丸ごと覆うように防火シャッターが降りてくる仕掛けになっているので確認してほしい．複数の棟を渡り廊下でつなぐような構造では，一方の棟から他方に，連絡通路などを通じて火煙が拡がるのを防ぐ必要がある．図1.20の例では，防火戸が用いられている．手前の棟側が割れても穴があかない網入りガラスを用いた「防火設備」（旧呼称の「乙種防火戸」のほうがわかりやすい），向こう側が鋼製の「特定防火設備」（同じく「甲種防火戸」）である．

1.3 部位ごとに要求される性質

建築物において構造的に主要な部分を，く体（軀体）という．く体は，基礎，柱，梁，床スラブ，耐力壁などの**構造部材**により構成される．それ以外の部分として**造作**や**設備**，**仕上げ**などがあり，これらによって機能性や快適性が向上する．構造部材に用いられる材料を**構造材料**，それ以外の場所に用いられる材料を非構造材料，あるいは**仕上げ材料**と呼ぶ．本節では，これらに要求される性能について考察する．

1.3.1 構造部材に要求される性質

柱・梁・床スラブ・耐力壁・基礎などの構造部材に用いられる材料を構造材料という．構造材料には力学的性質（強度，剛性，変形能力，破壊性状など）のほか，耐久性，耐火性，経済性，施工性などが求められる．

コンクリートは圧縮強度が大きく，耐久性や耐火性が高く，経済性に優れる材料である．一方で引張に弱く，脆い壊れ方（脆性破壊）をする脆性材料であり，単独で構造体に用いられることはほとんどない（「コンクリート構造」としては用いられない）．通常は鉄筋で補強して，鉄筋コンクリート構造として使用される．

鋼材は強度や剛性が非常に大きく，かつ変形能力も大きい，きわめて強靱な材料である．理想的な力学的性質を有する鋼材であるが，さびやすいため塗装などの防食対策が不可欠であり，耐久性は高いとはいえない．また耐火性に問題があり，耐火被覆で保護して用いる必要がある．

木材は比強度が鋼材と同程度以上であり，力学的には高層や大スパンの建物をつくることが十分可能である（図1.5，図1.21）．耐久性や経済性に富み，人に対しては生理的・心理的によい影響を与える優れた材料である．しかし可燃性の材料であり，火災の危険が大きいため，通常は戸建住宅など3階建以下でなければならないなど，規模の制限のもとに用いられる．

このように構造材料に要求される性質は，仕上げ材料と比較すると少ないが，これらを完全に満

図1.19 階段室の防火シャッター
口絵3参照．

図1.20 防火戸の例
口絵2参照．

部まで高温になることは少なく，火災による性能低下は比較的小さいといえる．鉄筋コンクリート構造においては，コンクリートが鉄筋に対する耐火被覆の役割をする．

防火性（fire protection）は，火災が隣室や周囲の建物に延焼することを防ぐ性質を指す．鋼は火炎により強度などの性能は低下させるが，火炎を遮断し煙の拡散も防ぐことができるので，防火シャッターとして用いることができる．要するに鋼材は，耐火性は低いが，防火性は高いといえる．れんがやコンクリートなどは防火性と耐火性を併せ持つ材料である．

図1.21 木造の大規模建築の例

足する材料は存在しない．他の材料との組合わせなどにより弱点を補って用いる，一定の制限の下で用いるなど，何らかの対策を施して使用されている．

1.3.2 構造部材以外の部材に要求される性質

構造部材以外の部材に要求される性質は，構造部材と比較して多岐にわたる．以下はほんの一例である．

内壁には，遮音性や吸音性，防火性，緩衝性のほか，美観や耐久性，無害性などが要求される．一方，外壁の屋外側では，耐候性，防火性，防水性，断熱性や遮音性，強度や耐衝撃性に加え，美観も求められる．これらの内・外壁が耐力壁である場合は，先の構造部材としての性能も要求される．屋根では防水性，防火性，耐候性，耐衝撃性が，床材料では適度な緩衝性と剛性，耐摩耗性，滑りにくさといった性能が要求される．

このように構造以外の部材に要求される性能は部位によって異なり，かつ多岐にわたる．したがって構造部材以上に，単一の材料でこれらの要求性能のすべてを満足させることは困難であり，種々の仕上げ材料を組み合わせて対処しているのである．これも広い意味での「適材適所」である．

1.4 建築材料と健康・日常安全

本来建築は，人を危険から守るシェルターであり，内部に健康で快適な空間をつくるためのものである．しかし材料の使用や管理が適切でないと，人の健康や安全を損なうことになる．本節ではこれらについて簡単に触れる．

a. 健康

建築に用いられる材料には，人体に対する安全性が求められるが，健康被害をもたらす材料としてアスベストが挙げられる．アスベストは天然の鉱物繊維であり，これを用いたボード類などの建材は強度が向上するため，薄く軽量なものが製造できる．またアスベストは耐火性，断熱性を有し，しかも安価であるため，「奇跡の素材」として広く用いられたが，人体に深刻な健康被害をもたらすことが明らかになり，現在は国際的に使用が禁止されている．既存建物の解体時には飛散防止の対策が施される（2.6節参照）．

合板や集成材，フローリングなどの木材製品，壁紙の貼付けなどには接着剤が多用される．また塗料やシーラントなども用いられる．これらから

有機溶剤やホルムアルデヒド（formaldehyde）などの化学成分が長期にわたり室内に放出され続け，シックハウス（シックビル）と呼ばれる，皮膚や呼吸器などへの健康被害が生じることがある．1990年代に新築住宅を中心に問題となったが，症例はそれ以前から報告されている．原因としてはこれ以外にも，防腐・防蟻剤，カビやバクテリアなどによる影響が指摘されているが，法律などによる規制や，原因物質の放出の少ない材料の開発が進み，問題は改善される方向にある．たとえばJIS規格などにおいては，内装に使用される合板・接着剤・塗料などの材料からのホルムアルデヒドの放散量の性能区分が「F☆☆☆☆」のように☆の数で四つに等級分けされている（☆の数が多いほうが放散量は少ない）．また，防腐剤として使われてきたCCAは現在使用されておらず，クロルピリホス（防蟻剤）を含んだ建材の使用が建築基準法で禁止された．

水道管として鉛管を用いた時期があった．鉛が飲料水中に溶出して鉛中毒を引き起こす危険があり，現在は新規に使用されることはない．しかし既存住宅の一部では現在も使用されているので，早期の交換が望まれる．

b. 日常安全

近年は大型のガラスが多用されている．ガラスは優れた建築材料であるが，割れると破片が危険である．ガラスの存在に気づかずに衝突し，重大な事故になった例も少なくない．また，2005年の福岡西方沖地震の際に，割れたガラスが高所から歩道に多数落下した事例は記憶に新しい．ガラスの取り付けでは適度な「遊び」（「逃げ」）を設けて割れにくくする必要がある．また，合わせガラスや網入りガラスは割れても飛散しないため安全である．

1990年前後に，全国的に外壁のタイルや仕上げモルタルが剝落し，下を通行中の歩行者に当たって死傷者が出る事故が多発した．当初は施工不良が原因と考えられたが，施工管理が適切な場合にも生じたため，構造的な問題が指摘され，温度変化や乾湿による寸法変化の繰り返し，経年劣化などが原因とされた．タイルの裏足の工夫，モルタルの材料や施工方法の改善，適切な維持保全など

の対策がとられ，事故は減少している．なお石材は，以前から金具やボルト類によって取り付ける乾式工法が普及しており，モルタルで貼り付ける湿式工法と違って適度な「遊び」を有するので落下の心配は少ない．

このほか，床仕上げには滑りにくいものを用いるなど，安全に対する配慮が必要である．

1.5 建築材料に関連する法規・規格・仕様書など

国内において，建築材料に関連する多くの法律，規格，仕様書などが定められている．建築基準法を頂点とする関連法規では，建築における最低限の基準が定められており，これに反すると当然のことながら違法行為となる．JIS（日本工業規格）やJAS（日本農林規格）といった規格類は法律ではないが，法律がこれらの規格に適合する材料の使用を求めた場合，これらの規格が法律の一部として機能することになる．たとえば建築基準法第37条で**指定建築材料**として指定された木材製品，鋼材，コンクリートなどは，いずれも該当するJISやJASなどの規格に適合するか，または技術的基準に適合することを国土交通大臣に認定（いわゆる大臣認定）されたものでなければ建築に使用できない．仕様書は本来，建築工事の請負契約のときに契約図書の一部として，施主と施工者が取り交わす書類である．用いる材料の仕様（スペック）や施工方法が指定されており，発注者と受注者が話し合いの上で自由に（もちろん法律の範囲内で）取り決める性質のものである．しかし工事のたびに作成するのも煩雑であり，学会などがその標準版を標準仕様書あるいは共通仕様書として作成し公表している．これらの標準仕様書などの適用は当然のことながら任意であるが，標準的な仕様として基準とされることも多い．なお，これらの法規や規格，仕様書などは建築士試験の出題の対象ともなっている．

近年は国際化に伴い，これらの規格類を国際的に統一化しようという方向にあり，ISO（国際標準化機構，International Organization for Standardization）が中心になって，国際規格の作

成が進められている．単位の統一もその一環であり，kgf/cm^2 → N/mm^{2}や，Cal/g・℃ → J/g・K などの変更，統一がなされた．JIS 規格も国際規格への整合化が図られている．

a. 法 規

(1) 建築基準法，同施行令，同施行規則：建築基準法第 1 条に，「この法律は，建築物の敷地，構造，設備及び用途に関する最低の基準を定めて，国民の生命，健康及び財産の保護を図り，もつて公共の福祉の増進に資することを目的とする」と明記されている．建築基準法の下に，建築基準法施行令，建築基準法施行規則，およびこれらに関連する省令や告示などがあり，上位の法令ほど原則的，概念的な記述が，下位になるほど具体的な規定がなされている．

(2) 品確法（住宅の品質確保の促進等に関する法律）：目的は，第 1 条に明記されているように，「住宅の性能に関する表示基準及びこれに基づく評価の制度を設け，住宅に係る紛争の処理体制を整備するとともに，新築住宅の請負契約又は売買契約における瑕疵担保責任について特別の定めをすることにより，住宅の品質確保の促進，住宅購入者等の利益の保護及び住宅に係る紛争の迅速かつ適正な解決を図り，もって国民生活の安定向上と国民経済の健全な発展に寄与すること」である．住宅の耐震性に関する等級などのほか，建築材料に関連するものとして，く体の劣化対策についての等級分けと評価基準が示されている．また，ホルムアルデヒド対策の等級と評価基準が示されている．

(3) 建設リサイクル法（建設工事に係る資材の再資源化等に関する法律）：「この法律は，特定の建設資材について，その分別解体等及び再資源化等を促進するための措置を講ずるとともに，解体工事業者について登録制度を実施すること等により，再生資源の十分な利用及び廃棄物の減量等を通じて，資源の有効な利用の確保及び廃棄物の適正な処理を図り，もって生活環境の保全及び国民経済の健全な発展に寄与することを目的とする」．一定規模以上の工事を対象に，登録された解体業者に，新築工事や解体工事で発生するコンク

リートがらやアスファルト，木材などの**特定建設資材**廃棄物の分別と再資源化を義務づけたものである．国土交通省は本法律をもとに建設工事での廃棄物の発生抑制と再利用化を進め，上記材料のリサイクル率は飛躍的に向上した．

b. 規 格

(1) JIS（Japanese Industrial Standards，日本工業規格）：主として工場生産される製品に対する規格である．製品の品質や製造方法，試験方法などが規定され，また適宜更新されている．JIS A 5308（レディーミクストコンクリート）に生コンの製造に関する規定がなされている．また，JIS R 5210（ポルトランドセメント）などにセメントの品質が，JIS G 3112（鉄筋コンクリート用棒鋼）に鉄筋の品質が，JIS G 3136（建築構造用圧延鋼材）などに鉄骨構造用の鋼材の品質が規定されている．試験方法に関しては，JIS A 1108（コンクリートの圧縮強度試験方法），JIS Z 2101（木材の試験方法）など建築材料に関するものが多数規定されている．

(2) JAS（Japanese Agricultural Standard，日本農林規格）：主として農林水産品に適用される規格である．建築では主に木材や木材製品についての規格類が関連する．

c. 標準仕様書など

(1) JASS：日本建築学会建築工事標準仕様書（Japanese Architectural Standard Specification）の略称である（JAS 規格と紛らわしいので注意）．先に述べたように，請負工事の契約図書の一つである共通仕様書の標準的な例を建築学会が作成し公表しているものである．工事の仕様書であり，施工に関する記述が中心であるが，材料に関する規定も多い．特に JASS の第 5 章にあたる JASS 5（鉄筋コンクリート工事）では，建築材料の中で建築技術者が製造から施工まで関わる唯一の材料であるコンクリート（たとえば鋼材は建築技術者が製造するわけではない）に関する詳細な記述がなされている．早いうちに通読されたい．

また JASS は，先述のように本来は共通仕様書の一例であるが，施工標準として用いられることも多い．

1.6 循環型社会における建築材料

　建設産業から排出される廃棄物の量は，全産業の約2割を占める．使用する資材の量が膨大であるため，廃棄物の発生量が多くなる．しかしその半面，使用する膨大な資材の製造過程で副産物が原料や燃料として大量に利用されており，今後も質・量の両面で向上することが期待される．本節では建設生産における資源循環の現状と課題について述べる．

　有価物である鋼材や他の金属と比較して，コンクリートや木材のリサイクルはあまり活発ではなかったが，先述の建設リサイクル法の制定とともに改善し，コンクリートやアスファルトのリサイクルの割合は90％を超えている．木材も施行前に比べると高いレベルにあるが，混合廃棄物などのリサイクル率は未だに低い水準にある．

　以下に建築材料に関する資源循環の例を簡単に示す．

　ポルトランドセメントを1t製造するために，約800kgのCO_2が排出される．セメント業界では早くより他産業からの副産物を原料として利用し，またわが国のセメント生産におけるエネルギー効率は先進国の中でも高い水準にある．たとえばセメントの原料として，粘土の代わりに産業副産物であるフライアッシュが用いられている．また混合セメントとしてフライアッシュセメント，高炉セメントなどがあり，近年はごみ焼却灰や汚泥などを原料とするエコセメントも生産されている．また，燃料として木くずや廃油などが，原料かつ燃料として廃タイヤや肉骨粉などが有効利用されている．

　鋼材を生産する過程で生じるスラグはセメント・コンクリート分野で広く使用されている．高炉で生じるスラグを急冷したものは，先の高炉セメントやコンクリート用混和材である高炉スラグ微粉末として再利用されている．徐冷したものは塊状となり（徐冷スラグ），コンクリート用骨材として JIS 化されているほか，道路の路盤材や埋立材として用いられている．また，近年アスベストの代替材として岩綿（ロックウール）が使用されているが，わが国では岩綿の原料として岩石ではなく高炉スラグが用いられることが多い（スラグウール）．

　一方，転炉で発生する転炉スラグはほとんどが道路工事や土木工事に用いられている．また電気炉酸化スラグもコンクリート用骨材として JIS 化された．

　鉄鋼以外にも銅の精錬では銅スラグが，ステンレス鋼を製造する過程ではフェロニッケルスラグが副産される．これらもコンクリート用細骨材として JIS 化されている．

　製紙業などでは，木材からパルプを得るときに，木材の中に天然樹脂として含まれていたリグニンがスルホン化物として大量に発生する．一方，コンクリートは，施工時に型枠の隅々まで充填しやすくするため，および硬化後の耐凍害性を付与するために，AE 減水剤と呼ばれる混和剤が使用される（10.2.4項b参照）．この原料として上記のリグニンスルホン酸塩（LSA）が有効利用されてきた．

　工場で発生する排気ガスにはさまざまな有害成分が含まれており，大気中に排出しないよう，種々の方法で回収されている．このうち硫黄酸化物である SO_2 は，煙道の脱硫装置で水酸化カルシウムと反応させ硫酸カルシウム（せっこう）として回収する．この排煙脱硫せっこう（副産せっこう）は，主にせっこうボードとして建築内装下地材に使用されている．

　以上，リサイクルの事例を示した．循環型社会の形成のためには長寿命であることも大切であり，材料の製造・建設から解体までのライフサイクル全体で評価（LCA）する必要がある．

■参考文献
1)　小野博宣 ほか：建築材料，理工図書（1994）．

2. 石　　材

2.1　建築材料としての長所・短所

　石材は美しい色調や，光沢，重量感を有するものが多く，床や壁面などの仕上げ材として使用されることが多い．たとえば，わが国の国会議事堂や最高裁判所の壁面には花崗岩が張付けられている．また，古代エジプト時代のピラミッドの石灰岩，ギリシャ時代のパルテノン神殿の大理石のように，古くから石材は構造体としても使用されてきた（図2.1，図2.2）．しかし，石材はきわめて脆い破壊形式を示し，接合や補強が困難であるため，今日では一般の構造材としての石材の使用はほとんどない．石材の建築用材料としての長所・短所をまとめると以下のようになる．

　長　所
① 不燃性，耐水性，耐久性，耐摩耗性に富み，圧縮強度が大きい．
② 種類が豊富にある．
③ 装飾性に富む

　短　所
① 圧縮強度が大きいのに対し，引張強度が小さく，きわめて脆い．
② 硬質であるため加工が困難であり，密度も大きく輸送しにくい．
③ 種類によっては耐火性の劣るものがある．
④ 部材相互および他の材料からなる部材との接合が困難である．

図2.1　クフ王のピラミッド［写真提供：都城工業高等専門学校　林田義伸名誉教授］

図2.2　パルテノン神殿［写真提供：都城工業高等専門学校　林田義伸名誉教授］

2.2　組　　成

　岩石を構成している鉱物を造岩鉱物といい，造岩鉱物には，石英，長石，雲母，輝石，角閃石，かんらん石，方解石などがある．その中で雲母，輝石，角閃石，かんらん石の多くは黒紫色をしていることから，有色鉱物といわれている．また，鉱物は以下のような成分により構成されている．

　(1)　**酸性酸化物**：SiO_2（二酸化ケイ素），Al_2O_3（酸化アルミニウム），Fe_2O_3（酸化鉄(Ⅲ)），CO_2（二酸化炭素），SO_3（三酸化硫黄）などがある．

　(2)　**塩基性酸化物**：CaO（酸化カルシウム），MgO（酸化マグネシウム），K_2O（酸化カリウム），Na_2O（酸化ナトリウム）などがある．

　なお，ほとんどの岩石はSiO_2およびAl_2O_3を主成分とする鉱物からできているが，石灰岩，大理石，蛇紋岩などは方解石のようなCaOを主成分とする鉱物からできている．

2.3 分　　　類

2.3.1 岩石学的区分

岩石の成因による分類例を表2.1に示す．岩石は成因によって，火成岩，堆積岩および変成岩に分けられる．火成岩は，岩しょう（マグマ）が冷却凝固したもので，地下20〜30kmの地中深い位置で凝固したものを深成岩，地表または地表近くで凝固したものを火山岩，その中間位置で凝固したものを半深成岩という．また，含有するシリカ質（SiO_2）の量により酸性岩（66%以上），中性岩（52〜66%）および塩基性岩（52%以下）に分類される．

堆積岩は水成岩ともいい，水や風などの作用によって破砕された砂，粘土，火山灰，生物の遺骸などが堆積して固まったものである．

変成岩は，火成岩や堆積岩が，地殻変動による熱や圧力の作用により変質し，組織または鉱物成分が変化を起こしてできたものである．

2.3.2 圧縮強度による分類

JIS A 5003：1995（石材）の圧縮強さによる分類を表2.2に示す．JISでは圧縮強さにより，硬石，準硬石，軟石の3種類に分類されている．

2.4 性　　　質

2.4.1 物理的性質

岩石の物理的性質は表2.3に示すように，岩種により，強度，見かけ密度，吸水率などにおいて

表2.1 岩石の成因による分類

成因区分		岩石名		
		酸性	中性	塩基性
火成岩	深成岩	花崗岩	閃緑岩	斑れい岩
	半深成岩	花崗斑岩	ひん岩	輝緑岩
	火山岩	流紋岩	安山岩	玄武岩
堆積岩		砂岩，凝灰岩，粘板岩，石灰岩		
変成岩		大理石，蛇紋岩，片麻岩		

表2.2 圧縮強さによる分類

区分	圧縮強さ [N/mm²]	参考値	
		吸水率[%]	見かけ密度[g/cm³]
硬　石	49以上	5未満	約2.7〜2.5
準硬石	49〜10	5〜15	約2.5〜2
軟　石	10未満	15以上	約2未満

表2.3 岩石の物理的性質

岩石名	見かけ密度 [g/cm³]	圧縮強度 [N/mm²]	吸水率 [%]	耐熱度 [℃]
花崗岩	2.65	150	0.35	570
安山岩	2.50	100	2.5	1000
砂岩（軟）	2.00	45	11.0	1000
凝灰岩（軟）	1.50	9	17.2	1000
粘板岩	2.70	70	—	1000
大理石	2.70	120	0.30	600
石灰岩	2.70	50	0.5〜5.0	600

大きな差を示す．

a. 強　度

岩石の強度は，圧縮強度が最も大きく，次いで曲げ強度，引張強度，せん断強度の順に小さくなる．岩石の引張強度は圧縮強度の1/30〜1/10程度と小さく，岩石はきわめて脆い破壊をする．

また，岩石には節理という割目や鉱物の配列によって小さく割れやすくなる石目と呼ばれる面が存在し，岩石の圧縮強度は，この節理や石目に対する加圧方向により大きく異なる．節理や石目方向に平行に加圧すると直角に加圧した場合に比べ，圧縮強度はかなり小さくなる．

また，安山岩，砂岩および凝灰岩は1000℃程度以下の加熱であれば，強度低下は小さい．一方，花崗岩は570℃付近から石英が変態し膨張するため，組織が緩み急激な強度低下を示す．そのほか，$CaCO_3$（炭酸カルシウム）を主成分とする大理石や石灰岩は，600℃を超えると$CaCO_3$がCO_2を放出し分解を始めるため，強度低下を生じる．

b. 密度および吸水率

一般の岩石の見かけ密度は2.5〜2.7g/cm³程度であるが，凝灰岩などの空隙の多い岩石には0.8〜1.2g/cm³程度のものもある．見かけ密度が大きい岩石ほど，組織が緻密になり，強度は大きくなる傾向を示す．また，吸水率は一般に見かけ密度の小さい岩石ほど大きくなり，吸水率の大きな岩石は，風化や凍害などに対する抵抗性も小さい．一方，粘板岩のように吸水率がきわめて小さいものもある．

2.4.2 化学的性質

石材の化学的性質として問題となるのは，大気中や雨水中に含まれる酸やセメントなどのアルカ

表2.4 各種石材の用途

成因	岩石名	著名な石材名	用途
火成岩	花崗岩（granite） 安山岩（andesite） 石英粗面岩（liparite）	稲田石，御影（みかげ）石，万成（まんなり）石 鉄平石，小松石，白河石 抗火石，天城軽石	内装材，外装材 内装材，外装材，構造用（間知石・割り石） 断熱材
堆積岩	砂岩（sandstone） 凝灰岩（tuff） 粘板岩（clay stone）	房州石，日出石，多胡石 大谷（おおや）石，羽黒石，若草石 雄勝石，稲井石	構造用（基礎，割栗，石垣） 内装材，外装材 屋根材，内装材
変成岩	大理石（marble） 蛇紋岩（serpentine）	白大理石，寒水石，オニックス，トラバーチン 蛇紋，鳩糞（きゅうふん）石，凍石	内装材 内壁面張付け用，その他の装飾用

リに侵されないことである．大理石，蛇紋岩，かんらん石のように，石灰分（CaO）を多く含む石材は酸に侵されやすい．一方，一般に花崗岩や安山岩のようにケイ酸分（SiO_2）を多く含む石材の耐酸性は大きい．

2.5 石材の用途

各種石材の用途を表2.4に示す（口絵10参照）．

(1) **花崗岩**（granite）：圧縮強度が大きく，耐摩耗性も高い．建物の内装材，外装材として，壁や床・階段などに使用される．

(2) **安山岩**（andesite）：緻密で，耐久性，耐火性が大きく加工が容易である．石垣や舗装，コンクリート用砕石などに用いられる．

(3) **石英粗面岩**（liparite，流紋岩）：緻密なものと軽量なものがあるが，軽量なものは多孔質で圧縮強度が低く，断熱材として使用される．

(4) **砂岩**（sandstone）：一般に軟質で加工しやすく，耐火性に優れる．基礎や石垣，装飾用としても使用される．

(5) **凝灰岩**（tuff）：軽量，軟質で加工が容易で，強度や耐久性は低いが，耐火性は優れている．石垣や塀などに使用される．

(6) **粘板岩**（clay stone，天然スレート）：薄く，はがれやすい．吸水率がきわめて低いため屋根葺き材，壁の外装などに用いられる．

(7) **大理石**（marble）：通常は白色で，美しい色彩・斑紋を有する．建物内部の壁，装飾などやテラゾの種石などに使用される．

(8) **蛇紋岩**（serpentine）：蛇の皮のような斑紋・色彩を有する．室内装飾用として使用される．

石材表面には用途に応じて，さまざまな仕上げを施す．石材表面の仕上げ方法としては，みがき，割肌仕上げ，たたき，ジェットバーナー仕上げおよびサンドブラスト仕上げなどがある．ジェットバーナー仕上げとは，花崗岩などをジェットバーナーで加熱しその後冷却し，表面に細かな凹凸をつけることにより床面での滑り防止対策を施す仕上げ方法である．

2.6 岩石製品

(1) **石綿**（アスベスト，asbestos）：蛇紋岩や角閃石が変質した長さ1〜5cmの繊維状鉱物で，耐熱性，耐薬品性，および耐摩耗性などに優れている．引張強度が大きく安価であるため，耐火，断熱，吸音を目的とした吹付け材，結合材として広く使用されていた．しかし，空中に飛散した石綿を肺に吸引すると，癌や中皮腫を引き起こす原因となるため，2006年9月の労働安全衛生法の改正により，石綿および石綿製品（重量比で石綿含有量が0.1%を超えるもの）の輸入・製造・使用などが禁止となった．さらに，建築物の解体/改修工事における既設アスベスト製品の撤去作業などに関しても厳格な管理が求められており，法令化されている（石綿の全面禁止を意味する）．

(2) **石綿スレート**（asbestos cement slate sheet）：石綿をセメントで固めて板状（石綿板）あるいは波板状（波形石綿スレート板）にしたものである．外壁や屋根葺き材料として用いられている．解体，改修時には，石綿飛散防止措置を講じる必要がある．

(3) **岩綿**（ロックウール，rock wool）：玄武

岩，安山岩，蛇紋岩，スラグなどを高温溶融して人工的に綿状にしたものである．国内では高炉スラグを原料とすることが多い（スラグウール）．吹付けも可能であり，耐熱性，断熱性，吸音性に優れている．

鉄骨構造の耐火被覆材のほか，断熱材，保温材，吸音材として用いられる．

（4）**人造石**：人造石とは，大理石，蛇紋岩などの砕石を種石として，白色セメントあるいは樹脂で固め，種石を研ぎ出しあるいは洗い出して表面に露出させたもので主として壁や床仕上げ材として使用される．その中で特に大理石を種石としたものをテラゾ（terrazzo）といい，JIS A 5411：2008（テラゾ）に規定されている．

演 習 問 題

2.1 次の石材に関する記述で，誤っているものはどれか．
1. 鉄平石は安山岩である．
2. 小松石は粘板岩である．
3. 寒水石は大理石である．
4. 大谷石は凝灰岩である．
5. 万成石は花崗岩である．

2.2 石材の性質に関する記述で，誤っているものはどれか．
1. 御影石は堅硬であるが，火に弱い．

2. 大理石は硬質であり，酸にも強いが，火に弱い．
3. 大谷石は風化しやすいが，火に強い．
4. 鉄平石は板状節理があり，床や仕上げ材に使用される．
5. 砂岩は耐熱性が大きく，内装や構造用として使用される．

2.3 次の石材に関する記述で，誤っているものはどれか．
1. 花崗岩は火山岩である．
2. 蛇紋岩は変成岩である．
3. 凝灰岩は堆積岩である．
4. 粘板岩は堆積岩である．
5. 安山岩は火山岩である．

［解答］
2.1 2：小松石は安山岩である．
2.2 2：大理石は酸には弱い．
2.3 1：花崗岩は深成岩である．

■**参考文献**
1) 松藤泰典 編：新建築学シリーズ4 建築材料・材料設計，朝倉書店（1998）．
2) 佐治泰次 編：建築材料，コロナ社（1984）．
3) 日本建築学会 編：建築学便覧II 構造，丸善（1977）．
4) 岸谷孝一 編：建築材料ハンドブック，技報堂出版（1991）．
5) 橘高義典，杉山 央：新編 建築材料，市ヶ谷出版社（2004）．
6) 森田司郎，岡島達雄，荒川治徳：新編 建築材料・施工，鹿島出版会（2006）．

3. ガ ラ ス

現代では，ガラスは採光材料として，建築にとっては必要不可欠な材料である．ガラスの起源は古く，エジプト・メソポタミア時代である．当時のガラスは，製造が難しく貴重なものであったため，装飾品として使用されていた．ガラスが建築に本格的に使用されたのは比較的新しく，1851年のロンドン万国博覧会で建設されたクリスタルパレス（水晶宮）が近代ガラス建築の先駆けであるといわれている．さらに，20世紀に入るとミース・ファン・デル・ローエらが高層建築にガラスのカーテンウォールを使用するようになり，建築にガラスを使用する基礎ができあがった．現在では，種々の用途に応じたさまざまな建築用ガラス製品が製造されている．

3.1 ガラスの成分と製法

3.1.1 成 分

ガラスの主成分はケイ酸（SiO_2）であるが，その他の酸性分としてはホウ酸（B_2O_3），リン酸（P_2O_5）などが含まれる．ホウ酸にはガラスの膨張率を下げて，耐熱性を高める効果がある．一方，塩基成分としては，苛性ソーダ（Na_2O），苛性カリ（K_2O），石灰（CaO），酸化マグネシウム（MgO），酸化鉛（PbO），酸化アルミニウム（Al_2O_3）などが含まれる．その中で，苛性ソーダにはガラスの主原料であるけい石，けい砂を溶けやすくし，石灰にはガラスに化学的耐久性をもたせる効果がある．また，酸化鉛にはガラスの屈折率を大きくし，透明感を高める効果がある．

3.1.2 製 法

ガラスはその原料および成分から，種々の分類がなされるが，建築で使用されるガラスのほとんどは，ソーダ石灰ガラスである．ソーダ石灰ガラスは，けい砂，ソーダ灰，石灰石などを主原料としてガラスカレットを加えて，1400〜1600℃の温度で溶融，成形，冷却してつくられる．板ガラスの成形法には，フロート法やロールアウト法などがある．

フロート法は，すずなどの溶融金属の表面の平滑性を利用し，その上に溶融したガラスを流して，研磨作業なしに平滑なガラスをつくる方法である．

ロールアウト法は，2本のローラーの間に溶融ガラスを通して，ローラーで圧延して型板ガラスをつくる方法であり，一方のローラーに型模様を彫ることにより，さまざまな模様の板ガラスをつくることができる．

3.2 性 質

3.2.1 物理的性質

密度は成分によって大きく異なるが，一般の建築用板ガラスの密度は約 $2.5\,g/cm^3$ 程度である．強度も成分などによって大きく変動するが，板ガラスの圧縮強度は大きく，600〜1200 N/mm² 程度ある．一方，引張強度は 30〜80 N/mm²，曲げ強度は 50〜70 N/mm² 程度であり，圧縮強度に比べ低く，きわめて脆い破壊をする．また，これらの強度はキズなどの欠陥によって大きく低下し，衝撃にも弱い．ヤング係数は約 7.5×10^4 N/mm² 程度である．

3.2.2 化学的性質

ガラスは一般に耐久性や耐候性は大きく，化学薬品に対する安定性も比較的よい．しかし，フッ酸には溶解し，アルカリに侵されやすい．また，長時間使用すると空気中の二酸化炭素と水分により風化し，くもりが生じることもある．

3.2.3 光学的性質

一般に建築ではガラスを採光材料として使用するため,ガラスの屈折率,反射率,吸収率および透過率などの光学的性質はきわめて重要である.

a. 屈折率

屈折率 n は,図3.1に示す入射角 i と屈折角 r の関係より式(3.1)を用いて表される.

$$n = \frac{\sin i}{\sin r} \quad (3.1)$$

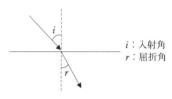

図3.1 入射角と屈折角

一般に,板ガラスの屈折率は約1.52である.屈折率は,ガラスの密度が大きいほど,光の波長が短いものほど大きくなる.また,入射角が大きいほど,さらには,鉛の含有量が多いガラスほど屈折率は大きい.

b. 反射率

屈折率や入射角が大きくなるほど,反射率 R は大きくなるが,屈折率1.5,入射角が0°(垂直入射)のときの反射率は,式(3.2)より片面で約4%となる.

$$R = \left(\frac{n-1}{n+1}\right)^2 \quad (3.2)$$

ここに,R:反射率,n:屈折率.ただし,空気の屈折率は1.0とする.また,入射角が50°以上になると反射率は急激に大きくなり,入射角90°近くでは全反射する.

c. 吸収率

厚さが厚いほど吸収率は大きくなる.また,含有する金属の種類および量によっても吸収率は異なるが,清浄な窓ガラスの吸収率は2~6%程度である.内部に吸収された光は,熱となって,その一部はガラスの温度を上昇させ,残りは表面から放熱する.

d. 透過率

清浄な板ガラスに光が垂直入射する場合,片面の反射率が4%,吸収率が2%とすると,光の透過率は約90%となる.また,すり板ガラスの透過率は約85%程度となる.さらに,ほこりが付着していたり,汚染されたりすると,透過率は著しく減少する.なお,一般のガラスでは波長が0.32μm以下の紫外線は透過されない.

e. 拡 散

すり板ガラス,型板ガラスおよび乳白ガラスなどには,光源から発する光をやわらかくしたり,像をぼやかす効果がある.これは,ガラスの表面を粗にしたり,着色したりすることにより,光を拡散させているためである.

3.2.4 熱的性質

ガラスの軟化温度は700~730℃程度である.一方,熱伝導率は約1 W/m·K,熱膨張係数は約 8.5×10^{-6}/℃,比熱は約840 J/kg·K程度である.ガラスは熱の伝導率が小さく,熱膨張係数・比熱が大きいため,部分的に熱せられると熱割れが生じる.

3.3 建築用ガラス製品

a. フロート板ガラス (float plate glass) (JIS R 3202:2011 フロート板ガラス及びみがき板ガラス)

フロート法により成形したガラスで,一般的な窓ガラスとして広く用いられている.旧来の機械引上げ法により製造した普通板ガラスに比べ平面精度が高く,ひずみがない.

b. すり板ガラス (frosted glass plate, 図3.2)

板ガラスの面に金剛砂などを圧縮空気で吹き付け,微細な凹凸をつけて曇らせたり,薬液で面を腐食させることにより,つや消しを施されている.表面にキズをつけているので,型板ガラス同様に曲げ強度は低い.

c. 型板ガラス (figured glass, 図3.3) (JIS R 3203:2009 型板ガラス)

片面に凹凸の模様を施した板ガラスで,ロールアウト法で成形される.採光と室内の不可視性を両立させたいときに使用する.屋外に面する場合は,雨で汚れが流れやすくなるように,模様を施していない平滑な面を屋外側に向けて使用するの

図3.2 すり板ガラス
(写真提供：AGC 旭硝子)
口絵 11 参照.

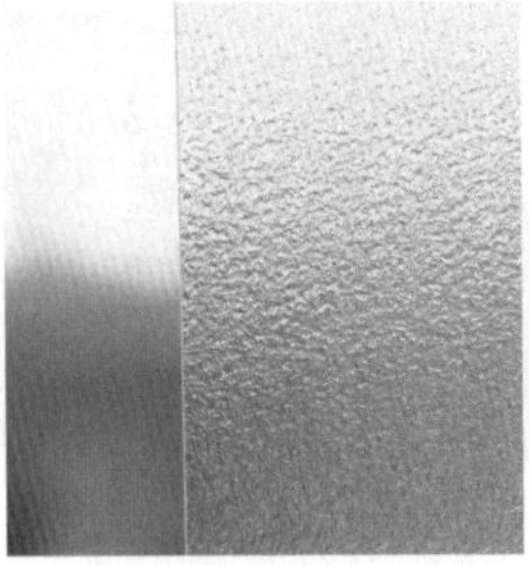

図3.3 型板ガラス
(写真提供：AGC 旭硝子)

図3.4 網入り板ガラス
(写真提供：AGC 旭硝子)

が一般的である．

d. 熱線吸収板ガラス（heat absorbing glass）
（JIS R 3208：1998 熱線吸収板ガラス）

ガラスに着色剤ならびに，鉄分，ニッケル，コバルト，クロムなどの酸化物を微量に添加したもの．金属の熱線吸収により，太陽の放射エネルギーを30～40％吸収する．冷房負荷の低減を目的として使用されるが，熱割れを生じる可能性があるため，構法上の注意が必要である．

e. 熱線反射ガラス（heat reflecting glass）
（JIS R 3221：2002 熱線反射ガラス）

ガラスの表面に金属の酸化被膜をコーティングしたガラスで，反射率は30～40％程度ある．太陽の放射熱を反射吸収することで，適度な日射遮蔽性能を有しており，冷房負荷の低減効果とともに，ハーフミラー効果もある．

f. 網入り板ガラス（wired glass，図 3.4）（JIS R 3204：2014 網入板ガラス及び線入板ガラス）

鉄網あるいは鉄線を埋め込んだ板ガラスで，製造には，製板と同時に金網を入れることができるロールアウト法が用いられる．割れても破片が飛散しないため，安全性，耐火性，防火性に優れている．網入り板ガラスは建築基準法で規定されている延焼のおそれのある開口部などに防火設備（旧乙種防火戸，図 1.20 参照）として用いられる．施工の際，ガラス周辺部の防錆処理が十分でないと，鉄網が腐食し，その膨張圧によりガラスが破損する．なお，ガラス素地の中間に金属の線を一方向のみに入れた"線入りガラス"もあるが，これは防火戸としては認定されていない．

g. 強化ガラス（tempered glass）（JIS R 3206：2014 強化ガラス）

ガラスの軟化点付近（650～700℃）まで加熱した板ガラスの表面に，均一に冷風を吹き付けて急冷したもので，表面に圧縮応力を封じ込めているため，フロート板ガラスの3～5倍程度の曲げ強度を有する．また，割れる際には丸みがある小さな破片になり，人体への危険が少ない．合わせガラスとともに安全ガラスとして位置づけられる．しかし，圧縮応力を封入しているため，成形後に切断・穴あけなどはできない．さらに，小さく鋭いキズがガラス表面について，ガラス内部の引張応力層にキズが達すると，応力バランスが崩れて一瞬にしてガラス全面が細かく粒状に破損する．したがって強化ガラスには防犯性能は期待できない．

h. 合わせガラス（laminated glass，図 3.5）
（JIS R 3205：2005 合わせガラス）

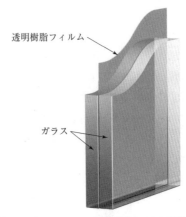

図3.5 合わせガラス (写真提供：AGC 旭硝子)

複数枚の板ガラスの間に特殊な透明樹脂フィルム（PVB膜：ポリビニルブチラールなど）を挟み込んで圧着したガラスで，中間膜の働きで割れても破片が飛散せず（安全ガラス），衝撃物の貫通も防止できる．中間膜（PBV膜）が30 mil（30×10^{-3}インチ，約0.76 mm）以上の合わせガラスは，官民合同会議（防犯性能の高い建物部品の開発・普及に関する官民合同会議）において，一定の防犯性能があると認定されている．なお，中間膜は有機物質であるので，ガラスの温度が70℃以上に達すると中間膜に泡が発生する可能性がある．

i. **複層ガラス**（sealed insulating glass，図3.6）（JIS R 3209：1998 複層ガラス）

2枚以上のガラスをスペーサーを介して周辺をシールしたもので，ガラス間には乾燥空気が封入されており断熱効果を高めたガラスである．最近では空気層側のガラス表面に低放射（Low-E）膜をコーティングした低放射複層ガラスが用いられるようになり，より高い断熱性と結露防止効果が期待される．

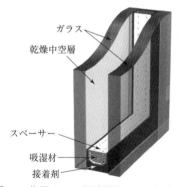

図3.6 複層ガラス（写真提供：AGC旭硝子）

j. **特殊板ガラス**

① **電磁波遮蔽ガラス**（electromagnetic wave shielding glass）：特殊金属膜を貼付し，単体で電磁波（〜1 GHz）を35 dB以上遮蔽するガラスで，合わせガラス形式のものもある．可視光線透過率は約60％以上ある．

② **調光ガラス**（light control glass）：合わせガラスに液晶シートを挿入したもの．通電により瞬時に透明から不透明まで透視度が変化する．

③ **Low-Eガラス**（low emissive glass）：板ガラスの表面に特殊金属膜（Low-E膜）を貼付したもので，日射取得型と遮蔽型を使い分けることにより，省エネに貢献できる．被層ガラスに使用すると，より断熱性，遮熱性を向上させることができる．

k. **その他**

① **ガラスブロック**（hollow glass block）（JIS A 5212：1993 ガラスブロック（中空））：プレス成形した箱状ガラス2個を内部に0.3気圧の空気を封入し溶着したもので，遮音，断熱効果を有し，装飾的効果もある．

② **プリズムガラス**（prism glass）：トップライトガラス，デッキグラスとも呼ばれ，断面はプリズム型，逆皿型をしている．強度が大きく，庇，屋根，床などに使用される．

③ **ガラス繊維**（グラスファイバー，glass fiber）：ガラスを繊維状にしたもので，強度や耐久性が大きいが耐アルカリ性は低い．FRP（強化プラスチック，fiber reinforced plastics）の補強材やグラスウールとして用いられる．グラスウールは断熱材，吸音材として用いられる．

演習問題

3.1 ガラスに関する記述で誤っているものはどれか．
1. 板ガラスはフッ酸に侵されるが，アルカリには侵されない．
2. 板ガラスは，けい砂，ソーダ灰，石灰石を主原料とする．
3. フロート法により製造された板ガラスは，平滑な面が得られる．
4. ガラスの密度は2.5 g/cm³程度である．
5. 板ガラスの強度は圧縮強度に比べ引張強度は小さい．

3.2 ガラスに関する記述で誤っているものはどれか．
1. 複層ガラスは，断熱性が高く，結露防止効果もある．
2. プリズムガラスは屋根や床への使用が多い．
3. 網入り板ガラスは，強化ガラス同様，強度が大きく，防火性を有する．
4. 熱線吸収板ガラスは熱線吸収性を高めたガラスであり，冷房負荷の低減効果がある．

5. 強化ガラスは成形後の切断・穴あけなどの加工はできない.

3.3 ガラスに関する記述で誤っているものはどれか.

1. 合わせガラスは，2枚のガラスの間に透明樹脂フィルムを挟んだ安全ガラスである.

2. 熱線反射板ガラスは，添加した鉄分，ニッケルなどの酸化物の熱吸収により太陽の放射エネルギーを30〜40%程度吸収するガラスである.

3. 網入り板ガラスはロールアウト法で成形される.

4. 熱線吸収板ガラスを使用すると冷房負荷低減効果が期待できる.

5. 強化ガラスには，フロート板ガラスの3〜5倍程度の曲げ強度がある.

[解答]

3.1 1：板ガラスは，アルカリにも侵される.

3.2 3：網入り板ガラスは強化ガラスのように強度は大きくない.

3.3 2：熱線反射板ガラスは，ガラスの表面に金属の酸化被膜をコーティングしたガラスであり，熱線を反射する効果を有する.

■参考文献

1) 松藤泰典 編：新建築学シリーズ4 建築材料・材料設計，朝倉書店 (1998).
2) 佐治泰次 編：建築材料，コロナ社 (1984).
3) 日本建築学会 編：建築学便覧II 構造，丸善 (1977).
4) 岸谷孝一編：建築材料ハンドブック，技報堂出版 (1991).
5) 橘高義典，杉山 央：新編 建築材料，市ヶ谷出版社 (2004).
6) 日本建築学会：建築材料用教材，丸善 (2006).

4. 粘土焼成品

粘土（clay）は，岩石が風化して粉末状になったもので粒径 2 μm 以下のものである．粘土の密度は 2.5～2.6 g/cm³ 程度であり，アルミナの含有量が多いものほど比重は大きくなる．粘土の色は，含有する有機物と鉱物によって異なり，焼成（burnt）後の色は酸化鉄の含有量や焼成条件によって異なる．

粘土焼成品（burnt earthenware）の原料粘土を素地土（きじど）という．適量の水を入れて練った素地土には可塑性があるので容易に任意の形状に成形できる．成形後の素地土を青地と呼び，青地を含水率 0.5% 以下まで乾燥させたものを白地と呼ぶ．素地土は乾燥に伴って 5～6% の収縮を起こす．白地を焼成がまで焼成したものが陶磁器類である．

陶磁器類は，素地土，焼成の状態・温度，ゆう薬（glaze，釉薬，うわぐすり）の有無によって**磁器**（porcelain），**せっ器**（stoneware），**陶器**（earthenware），**土器**（unglazed earthenware）に分類される（表 4.1）．

施ゆう（glazing，施釉）とは，素地の表面にガラス質の薄膜を施すことをいい，素地にゆう薬を塗布した後，800～1400°C で焼成すると，素地の表面にガラス質の薄膜が形成される．素地とゆう薬の膨張率に差があると製品が変形したりゆう薬にひび割れが発生するので，互いの膨張率が近づくようにゆう薬を調合する必要がある．

4.1 れ ん が

4.1.1 歴 史[1,2]

れんが（煉瓦，brick）は，片手で持てる重量に大きさを統一した通常無機質で直方体の建築材料と定義されている．**日干しれんが（アドベ：adobe）**は，メソポタミア文明の時代から使用実績があり，れんがの歴史はかなり古い．日干しれんがは天日で乾燥させるだけのものであり，耐久性が低く，比較的雨量の多い地域では使用することができなかった．これに耐久性を向上させて誕生したものが焼成れんがである．焼成れんがの誕生年代は不明であるが，紀元前 700 年頃の古代バビロニアで彩ゆうれんがの存在が確認されている．焼成れんがが大量に使用され始めたのは古代ローマ時代からである．

わが国には 7 世紀頃に中国から伝わってきたとされている．用途としては，仏教建築の基壇部分を築くのに使用された程度であり，構造体としての使用実績はなかった．構造材として使用されたのは 16 世紀に入ってからであり，キリスト教の普及とともに建築に使用されたようである．わが国でのれんが製造は 19 世紀半ばの佐賀藩反射炉築造の時に始まり，耐火れんがが製造された．建築用れんがは長崎製鉄所に使用されたのが始まりで，長崎の瓦屋が製造したといわれている．その後，文明開化の名のもとに日本各地で西洋風れんが建築物が建築された．しかしながら，1923 年に発生した関東大震災によりれんが建築に大きな被

表 4.1　粘土焼成品の分類

区分	素 地 土	焼成温度[°C]	施ゆう	製品例
磁 器	カオリン，けい石，長石，陶石，ひるめ粘土＋長石	1230～1300	あり，なし	タイル，衛生陶器
せっ器	せっ器粘土，木節粘土，粘土分の多い粘土	1200～1250	あり，なし	タイル・硬質がわら，陶管
陶 器	木節粘土，長石	1100～1200	あり	かわら，タイル，衛生陶器
土 器	木節粘土類	800～1000	なし	れんが，かわら，土管

34   4. 粘土焼成品

図4.1 乾式れんが造住宅
口絵12参照.

図4.2 オーストラリアのれんが造住宅

表4.2 普通れんがの品質と区分[3]

品質	区分		
	2種	3種	4種
吸水率[%]	15以下	13以下	10以下
圧縮強度[N/mm²]	15以上	20以上	30以上

中実   孔あき例1   孔あき例2

図4.3 普通れんがの形状[3]

表4.3 普通れんがの寸法および許容差[3]　[単位：mm]

項目	長さ	幅	厚さ
寸法	210	100	60
許容差	±5.0	±3.0	±2.5

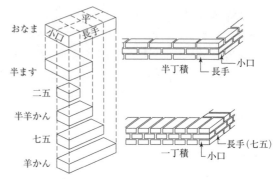

図4.4 れんがの呼び名[6]

害をもたらしたのをきっかけに，耐震性が疑問視され，その後，れんが建築は衰退していった．近年になって耐震補強を施した新工法の開発，ライフスタイルの欧米化などの影響によりれんが建築が見直され，徐々に普及し始めている（図4.1，図4.2）．

4.1.2 特徴と種類

JISには**普通れんが**（common bricks）および化粧れんが（facing bricks）（JIS R 1250：2011）と建築用セラミックメーソンリーユニット（ceramic masonry units for buildings）（JIS A 5210：1994）の2種類が規定されている．

普通れんがとは粘土を原料として練混ぜ，成形，乾燥，焼成した製品である．品質による区分と形状による区分がある（表4.2，図4.3）．圧縮強度が大きいものは吸水率が低くなる．普通れんがの寸法および許容差を表4.3に示す．この寸法

のれんがを"おなま"といい，見え掛かり部分を長手，小口，平と呼ぶ．さらに，おなまをカットしたものの呼び名を，半ます，二五，半羊かん，七五，羊かんという（図4.4）．

建築用セラミックメーソンリーユニットとは，建築物に用いられ，粘土を成形・焼成したセラミック製のメーソンリーユニットである．ユニットの種類は外部形状，寸法，断面形状，圧縮強度，寸法精度，ゆう薬の有無によって区分される．外部形状は基本形ユニット（基本となる外部形状のユニット）と異形ユニット（隅用，半切，まぐさ用などの用途によって外部形状の異なるユニット）がある．モジュール長さが300mm未満のユニットをセラミックれんがと呼び，300mm以上のユニットをセラミックブロックと呼ぶ．断面形状による区分を表4.4，図4.5に示す．ユニットの強さおよび吸水率は表4.5，寸法精度は表4.6

表 4.4 ユニットの断面形状による区分[4]

断面形状による区分	記号	定　義
中　実	S	ユニットの実体積が見かけ体積の 80% 以上のもの
穴あき	P	ユニットの実体積が見かけ体積の 80% 未満のもので，各穴の断面積が 300 mm² 未満のもの．または，各穴の断面積が 300 mm² 以上のものにあっては各穴の短辺が 10 mm 未満のもの．ただし，表面から穴までの肉厚は 10 mm 以上とする
空　洞	H	ユニットの実体積が見かけ体積の 80% 未満のもので，断面積が 300 mm² 以上かつ短辺が 10 mm 以上のもの．ただし，表面から穴までの肉厚は 10 mm 以上とする
横空洞	M	ユニットの実体積が見かけ体積の 80% 未満のもので，ユニットの長さ方向に空洞があるもの
型枠状	F	フェイスシェルとウェブとで構成され，縦横の 2 方向に連続した充填材が充填できる全充填タイプのもの

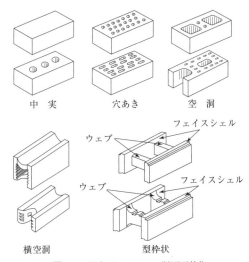

図 4.5　基本形ユニットの断面形状[4]

表 4.5　ユニットの圧縮強度および吸水率[4]

圧縮強さによる区分	圧縮強度 [N/mm²]	吸水率 [%]
20	20 以上	—
30	30 以上	—
40	40 以上	14 以下
50	50 以上	12 以下
60	60 以上	10 以下

表 4.6　ユニットの寸法精度[4] [単位：mm]

	標準精度用	高精度用
長さ	±4.0	±2.0
高さ	〃	±0.5
厚さ	〃	±2.0

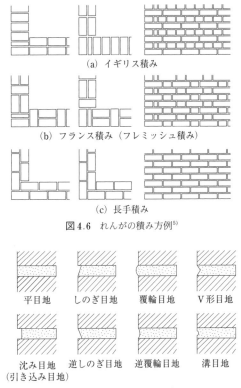

(a) イギリス積み

(b) フランス積み（フレミッシュ積み）

(c) 長手積み

図 4.6　れんがの積み方例[5]

平目地　しのぎ目地　覆輪目地　V形目地

沈み目地　逆しのぎ目地　逆覆輪目地　溝目地
（引き込み目地）

図 4.7　目地形状の種類[5]

に適合しなければならない．

　れんがの積み方には図 4.6 に示すような積み方があり，上下の**目地**（joint）が貫通しない破れ目地を形成しながら組積する．目地形状の種類は図 4.7 に示す．

4.2　タ　イ　ル

4.2.1　歴　史[7]

　タイル（tile）の歴史は古く紀元前 2600 年頃のエジプトのピラミッド内部の装飾に使われている．やがてメソポタミア，さらにペルシャから中国へと伝えられた．6 世紀になると，イスラム教の勃興とともにモスクに色彩鮮やかなモザイクタイルが使用されるようになった．このタイルはスペインに渡り独自の発展を遂げ，ルネッサンス時代にイタリアに持ち込まれ，マジョリカ陶器を生み出し，その後ヨーロッパ全土へ広まった．わが国では室町時代の事例があるが，本格的に使用され始めたのは明治時代以降である．関東大震災で多くのれんが建築が倒壊した中で薄型のれんがを表面装飾の目的で使用した建物が倒壊を免れた．

これ以後, れんがの厚みを薄くしたタイルを外装材として張り付けた工法が普及した.

4.2.2 特徴

タイルは耐久性, 防水性, 防火性に優れた建築材料であり, 建物の壁や床を保護する機能を有している. JIS には**セラミックタイル** (ceramic tiles) (JIS A 5209 : 2014) として規定されている. セラミックタイルは, 粘土・けい石・陶石・長石などの天然原料を粉砕混合し, プレス形成あるいは押出成形により形を整えた素地 (きじ) の表面にゆう薬を施したりして, 高温で焼成して製造した, 厚さ 40 mm 未満の板状の不燃材料である. タイルの基盤となる部分を素地, 表面にゆう薬が施されている場合は表面をゆう面と呼び, 裏面の凸部を裏あし, 横側を縁 (へり) と呼ぶ. ユニットタイルとは, 施工しやすいように多数個のタイルを並べて連結したものであり, 表張りユニットタイルと裏連結ユニットタイルとがある.

4.2.3 種類

セラミックタイルは, 成形方法, 吸水率, うわぐすりの有無による区分がある. 吸水率によりⅠ類 (旧呼び名：磁器質), Ⅱ類 (せっ器質), Ⅲ類 (陶器質) に分類されている (表4.7). 外装タイルは, 使用環境に合った材質を用いる必要があり, 吸水性, および耐凍害性への考慮が重要である. Ⅰ類については問題ないが, Ⅱ類については使用環境によって凍害を受ける可能性があるので, 無ゆうタイルでは吸水率3％以下, 施ゆうタイルでは吸水率2％以下が望ましい. 内装タイルは, 風雨による影響を考慮しなくてよいのでⅢ類の使用が一般的である. 寒冷地の水掛かり箇所 (浴室壁面など) では, 凍害の危険性が高いのでⅠ類および耐凍害性が確認されたⅡ類を使用する. 床タイルは人あるいは車両の通過が想定されるため, すべりにくさや耐摩耗性を考慮する必要がある. 無ゆうのⅠ類またはⅡ類が望ましい. モザイクタイルは内壁・外壁・床と使用される範囲が広い. 現在製造されているモザイクタイルは, Ⅰ類が圧倒的に多く, その中で施ゆう製品と無ゆう製品がある.

4.2.4 形状

タイルの形状は平物と役物がある (図4.8). 外装タイルの寸法と外装用モザイクタイルの寸法を表4.8, 表4.9に示す. 小口平, 二丁掛は積みれんがの寸法に由来している (図4.9). タイルの裏面性状はモルタルとタイルとの接着に関わる機械的

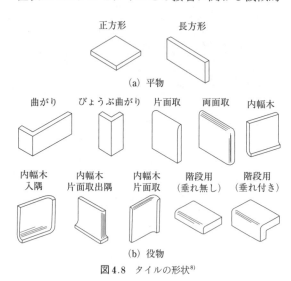

図4.8 タイルの形状[8]

表4.8 外装タイルの寸法[6]

呼 称	実寸法[mm]
小口平	108×60
二丁掛	227×60
三丁掛	227×90
四丁掛	227×120
53 角	150×90
ボーダー	227×30

表4.9 外装用モザイクタイルの寸法[6] [単位：mm]

標準形状	実寸法	目地共寸法
50 mm 角	46.5×46.5	50×50
	45×45	
50 mm 二丁	95×45	100×50
25 mm 角	24.5×24.5	25×25
33 mm 角	30.3×30.3	33×33

表4.7 材質による分類[1]

区 分	吸水率[％]	およその焼成温度[℃]
Ⅰ 類	3.0以下	1230〜1300
Ⅱ 類	10.0以下	1200〜1250
Ⅲ 類	50.0以下	1100〜1200

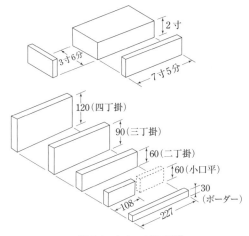

図4.9 タイルの呼び名[6]

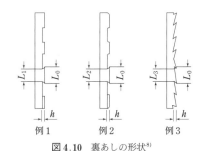

図4.10 裏あしの形状[8]

表4.10 裏あしの高さ[8]

タイル表面の面積 [cm²]	裏あしの高さ h [mm]
15未満	0.5以上3.5以下
15以上60未満	0.7以上3.5以下
60以上	1.5以上3.5以下

な嵌合（かんごう）を得るためにきわめて重要であり、裏あしの形状と高さの基準が決められている（図4.10, 表4.10）。

4.3 粘土がわら

4.3.1 歴史[7]

かわら（瓦，rooftile：粘土がわら，clay rooftile）の起源は諸説あり現在のところ明らかでないが、現存する最古のかわらは中国西安近郊で発見されたもので、西周の終わり頃の今から約2800年前のものである。しかし、このかわらは硬くて薄くよく仕上げられていることから、かわらが発明されたのはもっと以前であると考えられている。

わが国にかわらが登場するのは、飛鳥寺建立（596年）の頃といわれている。このとき、朝鮮半島の百済から僧や寺工とともに4人のかわら博士が渡来し、飛鳥寺にかわらを使用したと日本書紀に記述されている。奈良時代に入り、都の宮殿や貴族邸宅、さらに九州でも観世音寺や都府楼の屋根にかわらが使用されるようになった。かわらはわが国に伝えられて200年あまりで全国に普及したようである。平安時代から鎌倉時代にかけて自由な曲線美が好まれ、かわらではなく桧皮葺き（ひわだぶき）や杮葺き（こけらぶき）の屋根が普及した。安土桃山時代になると戦国武将などによって城郭建築が盛んになり、かわらの需要が増え、江戸時代に入ると諸大名の江戸屋敷建設により江戸の町でかわらの需要が発生した。また、江戸の町はたびたび大火に襲われ、8代将軍吉宗が防火性に優れたかわら葺きを奨励した。この背景には1674年に発明された**桟がわら**（pantile）の開発がある。それまでのかわらは平がわらと丸がわらを交互に葺く本がわらであったが、この桟がわらは平がわらと丸がわらを一体にしたかわらで、本がわらに比べて軽量・安価であった。そのため江戸時代後期には一般民家にもかわらが普及した。また、明治時代になるとフレンチ形がわらや引掛け桟がわらが登場した。

4.3.2 特徴

JISには粘土がわら（JIS A 5208：1996）として規定されている。かわらは外部に使用されるため、非常に多くの外的要因を受けることになるが、何百年もの間、風雪に耐えて現在まで残っている粘土がわら屋根の例は多く見受けられる。基本的に50〜100年の耐用年数は十分にある。最近の大気汚染による酸性雨、風による砂塵などの問題に対しても粘土がわらは耐薬品性、耐摩耗性に優れており問題ない。また、現在の粘土がわらは原料粘土の配合率、練混ぜ技術、焼成技術の進歩により耐凍害性は向上し、寒冷地方での使用にも問題ない。

4.3.3 製法（材質）

製法には**ゆう薬がわら**（glazed rooftile），塩焼がわら，**いぶしがわら**，**無ゆうがわら**（non-glazed rooftile）がある。ゆう薬がわらとは、粘土

表4.11 粘土がわらの種類[9]

種類	形状	寸法	製法
J形粘土がわら	桟がわら　軒がわら　そでがわら　のしがわら　かんむりがわら	49A 49B 53A 53B 56 60	ゆう薬がわら（塩焼がわらを含む） いぶしがわら 無ゆうがわら
S形粘土がわら	桟がわら　半がわら　そでがわら　かんむりがわら	49A 49B	
F形粘土がわら	桟がわら　半がわら　そでがわら　かんむりがわら	40 ※一例である	

を成形し乾燥した後，その表面にゆう薬を施して焼成したかわらで，一般に陶器がわらといわれている．ゆう薬を使用するので豊富な色のかわらを製造できる．塩焼がわらは焼成の最終段階で岩塩を投入し，表面にガラス状の被膜をつけたものである．JISではゆう薬がわらに含めている．現在はほとんど生産されていない．いぶしがわらは焼成の最終段階で松葉を焼き表面に炭化被膜を付着させたもので銀色をしており，黒がわら，銀色がわらともいわれる．近年は，松葉の代わりにブタンガスが用いられる．無ゆうがわらは粘土を成形し乾燥した後，ゆう薬を施さないで焼成したもので素焼きがわらともいわれる．色は粘土の性質によって各色ある．粘土に顔料を混ぜて彩色する無ゆうがわらもある[1]．

4.3.4 形状

JISには基本形となる桟がわらと役物がわらの形状についてJ形，S形，F形の3種類が規定されている（表4.11）．J形は主に和風建築で使用され，施工性に優れ経済的なので最も広く普及している．すべての材質でつくられている．S形は洋風建築の屋根の主流をなしており，スパニッシュ屋根を容易に形成できるように考案されたかわらである．すべての材質でつくられている．F形はフラットな形をしておりこれも主に洋風建築に使用される．その他に平がわら，丸がわら，スパニッシュ形かわら，フレンチ桟がわらがある．平がわらと丸がわらは本葺きとして寺社仏閣などに

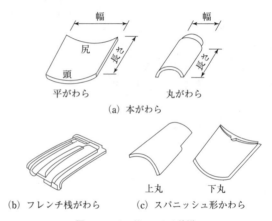

図4.11 その他のかわら[10,11]

使用される．スパニッシュ形かわらは南欧に多く見られる形で上丸と下丸を組み合わせて葺かれる．フレンチ桟がわらは長方形に複雑な水返しを配置して雨水の処理をしている（図4.11）[1]．引掛け桟がわらは桟がわらの裏面上部に突起をつけてかわらが屋根からずり落ちるのを防止したもので，明治の初め頃に登場した．

4.3.5 寸法

JISにはJ形，S形，F形の桟がわらの寸法が規定されている（表4.12）．働き寸法とは屋根にかわらを葺いたときの見え掛かり部分であり屋根面としてのかわらの有効寸法である．寸法による区分は$3.3 m^2$（1坪）あたりの葺き枚数で分類されている．葺き枚数が小さいほど1枚あたりの寸法が大きくなり，最近は葺き枚数が小さな大型のかわらが好まれて使用されている．J形は生産地

表4.12 桟がわらの寸法[9]

形状による区分	寸法による区分	長さ A	幅 B	働き寸法 長さ a	働き寸法 幅 b	許容量	谷の深さ（山の高さ）C	3.3 mm² あたりの葺き枚数（概算）
J形	49A	315	315	245	275	±4	35 以上	49
J形	49B	325	315	250	265	±4	35 以上	49
J形	53A	305	305	235	265	±4	35 以上	53
J形	53B	295	315	225	275	±4	35 以上	53
J形	56	295	295	225	255	±4	30 以上	57
J形	60	290	290	220	250	±4	30 以上	60
S形	49A	310	310	260	260	±4	50 以上	49
S形	49B	335	290	270	250	±4	40 以上	49
F形	40	50	345	280	305	±4	(35 以下)	40

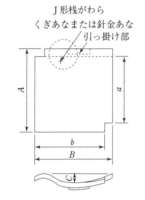
J形桟がわら

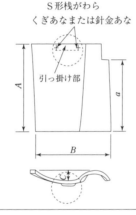
S形桟がわら

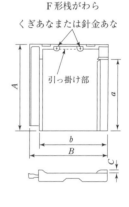
F形桟がわら

表4.13 粘土がわらの曲げ破壊荷重および吸水率[9]

曲げ破壊荷重 [N]		吸水率 [%]		
桟がわら	のしがわら	ゆう薬がわら	いぶしがわら	無ゆうがわら
1500 以上	600 以上	12 以下	15 以下	12 以下

によって寸法に特徴がある．三州瓦（愛知県）は53A形，石州瓦（島根県）は53B形，淡路瓦（兵庫県）は56形，53A形が多い．北陸では49形が多い．茶室，玄関などの屋根に使う小がわらなどは三州瓦産地の愛知県などで生産されている[1]．

4.3.6 品 質

JISには次に示す品質が要求されている．

粘土がわらは，使用上有害な変形，キズおよびき裂ならびに焼成むらおよび色調に著しい不ぞろいがあってはならない．曲げ破壊荷重と吸水率は表4.13に示す規定に適合しなければならない．

演 習 問 題

4.1 れんがに関する以下の記述のうち最も不適当なものを示せ．
1. 普通れんがは吸水率と圧縮強度の規定を満たす必要がある．
2. れんがは吸水率が低くなるほど圧縮強度も低くなる．
3. 建築用セラミックメーソンリーユニットはゆう薬の有無で区分される．
4. モジュール長さが300 mm未満のユニットをセラミックれんがと呼ぶ．
5. れんがは上下の目地が貫通しない破れ目地を形成しながら組積する必要がある．

4.2 タイルに関する以下の記述のうち最も不適当なものを示せ．
1. モザイクタイルの素地の質は，磁器質であり吸水性はほとんどない．
2. 磁器質タイルは，吸水性が小さいので外装材としても用いられる．

40   4. 粘 土 焼 成 品

3. 浴室の床には，すべりを考慮して粗面のせっ器質タイルを使用した．

4. タイル表面の面積が 15 cm² 以上 60 cm² 未満のタイルの裏あしの高さは 0.5 mm 以上必要である．

5. 内装タイルは，風雨による影響を考慮しなくてよいので陶器質タイルの使用が一般的である．

4.3 粘土がわらに関する以下の記述のうち最も不適当なものを示せ．

1. 平がわらと丸がわらは本葺きとして寺社仏閣などに使用される．

2. JIS には J 形，S 形，F 形の桟がわらの寸法が規定されている．

3. ゆう薬がわらは豊富な色のかわらを製造できる．

4. S 形粘土がわら，F 形粘土がわらは主に洋風建築で使用される．

5. かわらの働き寸法が大きいほど 3.3 m² あたりの葺き枚数が大きくなる．

［解答］

4.1 2：れんがの圧縮強度は吸水率に依存しており，吸水率が小さくなるとれんが自体が密実となり圧縮強度が大きくなる．

4.2 4：タイル 1 枚の面積が大きくなるほど剝離防止のため裏あし高さを高くする必要があり，JIS によりタイル面積と裏あし高さの関係が規定されている．

4.3 5：働き寸法が大きいほどかわら 1 枚あたりにおける屋根面の見え掛かり部分が大きくなるので，葺き枚数は小さくなる．

■**参考文献**

1) 友澤史紀 編：建築材料活用事典，産業調査会事典出版センター (2007).

2) 建築大辞典 第 2 版，彰国社 (1993).

3) JIS R 1250 普通れんが，日本規格協会 (2011).

4) JIS A 5210 建築用セラミックメーソンリーユニット，日本規格協会 (1994).

5) 日本建築学会：建築工事標準仕様書・同解説 JASS 7 メーソンリー工事 (2009.6).

6) INAX：タイルの知識 (1993).

7) 松藤泰典 編：新建築学シリーズ 4 建築材料・材料設計，朝倉書店 (1998).

8) JIS A 5209 セラミックタイル，日本規格協会 (2014).

9) JIS A 5208 粘土がわら，日本規格協会 (1996).

10) 日本建築学会：建築工事標準仕様書・同解説 JASS 12 屋根工事 (2004.2).

11) 坪井利弘：建築家のための瓦の知識，鹿島出版会 (1985).

5. 鉄　　鋼

　金属（metal）は元素の周期表において典型元素の一部と遷移元素のすべてにわたって分布している．

　金属結合の特徴として，一般に融点・沸点が高く，密度が大きく，電気や熱の伝導性が大きく，展性や延性に富むなどの性質がある．また，均質で等方な物質である．金属は金や銀などのように単体で安定なものを除いて，酸化物や硫化物などの化合物の形で地殻中や海水中に存在する．これらの金属化合物は還元，電解，融解電解などにより精錬され用いられる．

　建築では鉄，アルミニウム，銅，亜鉛，すず，鉛，クロム，ニッケル，その他多くの種類の金属がその性質に応じて使用されている．なお，これらの金属は他の金属あるいは炭素などの非金属を含んだいわゆる**合金**（alloy）の形で用いられることがほとんどである．その中でも鉄に少量の炭素を添加した鋼は鉄骨構造の鉄骨や鉄筋コンクリート構造の鉄筋などに幅広く用いられている．

5.1　鉄鋼の種類

　鉄鋼は炭素の含有量によって大きく性質が変わり，炭素含有量が0.8％程度までは炭素含有量が大きくなるに伴い強度は増大する半面，変形能力は小さく，脆くなる．炭素含有量が0.03％以下のものを**鉄**（iron），0.03～1.7％のものを**鋼**（steel），1.7％以上のものを**鋳鉄**（cast iron）と呼ぶ．

　鋼は強度・剛性・変形能力が大きく，きわめて靱性の高い材料である．また，生産量が豊富で価格も比較的安価であることから，構造材料として広く使用されている．建築で用いられる鉄筋コンクリート用棒鋼や鉄骨構造用の各種形鋼などは炭素量が0.2％程度のいわゆる**軟鋼**（mild steel）である．これらは1000～1200℃で熱間圧延により成形される．また，鋼は熱処理により靱性や硬さなどの性質を目的により改善することが可能である．

　鋳鉄は炭素含有量が大きいため，硬度は大きいが，脆く，建築では構造材料としては使用されず，主に装飾用として用いられる．融点が鋼より低く，溶融状態での流動性が高いため，鋳造により複雑な形に成形でき，古くから鋳物として用いられてきた．

5.2　鉄鋼の製造

　鉄鋼の製造プロセスは図5.1に示すように**製銑**（iron making），**製鋼**（steel making），**鋳造**（casting），**圧延**（rolling），製品の流れで製造される．

5.2.1　製　銑

　高炉（blast furnace）の頂部から鉄鉱石，コークス，石灰石などを交互に投入し，炉の下腹部から加熱した空気を送り込む．高炉内ではコークスが燃焼し，2000℃くらいの高温となり，鉄鉱石中に酸化鉄として存在する鉄分は炉頂から降下するにつれて溶融状態となるとともに，コークスの燃

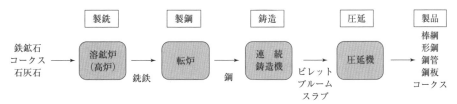

図5.1　鉄鋼の製造プロセス

焼で発生した一酸化炭素によって還元され，**銑鉄**（pig iron）となって炉底に溜まる．この銑鉄は4〜5%程度の炭素を含むので，製鋼過程で脱炭されるか，くず鉄などと混ぜて鋳鉄として使用される．なお，炉底に溜まった銑鉄の上部は銑鉄より密度が小さい溶融スラグが覆い，銑鉄の酸化を防ぐ．この溶融スラグは鉄鉱石中のけい素と石灰石が反応したけい酸カルシウム（$CaO \cdot SiO_2$）が主成分であり，**高炉スラグ**（blast furnace slag）と呼ばれ，急冷あるいは徐冷されてセメントやコンクリートの材料として利用されるほか，**スラグウール**（slag wool）として吹付け耐火被覆材や住宅用断熱材などに利用されている．

5.2.2 製 鋼

高炉で得られた銑鉄は溶融状態のまま**転炉**（converter）に移される．転炉では上部から高圧酸素が吹き込まれ，不要な炭素が燃焼し，脆い銑鉄から粘りのある鋼が生まれる．同時にけい素，りん，マンガンなども酸化反応により**転炉スラグ**（converter slag）となり，密度の違いから溶鋼と分離するため除去できる．転炉ではこの脱炭処理とともに，成分調整や温度調整も行われる．また，鉄筋コンクリート構造に用いる鉄筋などは製銑過程を経ずに，くず鉄などを主原料として電気炉による製鋼により生産されている．

5.2.3 鋳 造

溶融状態にある鋼を**連続鋳造機**（continuous casting machine）に投入し，外側から徐々に水冷し，凝固した鋼をロールで引き伸ばして必要な大きさに切断し，最終製品の形状に応じてビレット（billet），ブルーム（bloom），スラブ（slab）の3種類の鋼片を製造する．極厚鋼板の製造など特殊な場合では造塊法が用いられる．造塊法は溶鋼を鋳型に流し込み凝固させ，鋼塊とした後，再び加熱・均熱して分塊圧延を行う．

5.2.4 圧 延

圧延とは二つのロールを回転させ，その間に鋼片を挟んで引き伸ばす工程で，棒鋼，形鋼，鋼板，鋼管などの製品が製造される．圧延方法は大きく分けて，1000〜1200℃前後に加熱して行う**熱間圧延**（hot rolling）と，常温〜200℃ぐらいの温度で行う**冷間圧延**（cold rolling）の2種類がある．形状を整えるばかりでなく圧力や熱処理が同時に加えられ，鋼の材質，強度，緻密さが調整される．

5.2.5 熱 処 理

焼入れ，焼戻し，焼ならし，焼なましといった熱処理の組合せにより，強度，硬度，粘り，靱性などの性質が変化する．

(1) 焼入れ（quenching）：鋼を800〜900℃に加熱した後，水中または油中で急冷する．強度，硬度，耐摩耗性は向上するが，半面，粘りが低下し，内部ひずみが生じるので，通常，焼入れ後には焼戻しを行う．

(2) 焼戻し（tempering）：焼入れ後，鋼を200〜600℃に加熱し，一定時間保持した後，徐冷する．内部ひずみが減少し，粘り，靱性が増大する．

(3) 焼ならし（normalizing）：鋼を700〜800℃に加熱した後，空中で徐冷する．熱間加工による組織の不均一をならし，結晶を微細化する．

(4) 焼なまし（annealing）：鋼を700〜800℃に加熱し，一定時間保持した後，炉中で徐冷する．内部ひずみが減少し，組織を軟化させ，展延性を向上させる．

5.3 鋼 の 諸 性 質

5.3.1 物理的性質

鋼の物理的性質は表5.1に示すとおりで，炭素含有量により相違するが，密度は$7.8 \, g/cm^3$程度，融点は1500℃程度，線膨張係数は$11 \times 10^{-6}/K$程度である．

表5.1 鉄および鋼の物理的性質[1]

種 類	密 度 [g/cm^3]	融 点 [℃]	比 熱 [$J/kg \cdot K$]	熱伝導率 [$W/m \cdot K$]	線膨張係数 [$\times 10^{-6}/K$]
鉄	7.87	1535	465	72	10.2
鋼（C：0.03〜1.7%）	7.79〜7.87	1425〜1530	427〜452	36〜60	10.4〜11.5

5.3.2 力学的性質

a. 応力度-ひずみ度関係

鋼材に引張荷重を載荷した場合の応力度-ひずみ度関係の概念図を図5.2に示す．

載荷初期には応力度とひずみ度は明確な比例関係を示し，a点：比例限度，b点：弾性限度に至る．a点，b点は互いに近接した位置にあるが，これ以降しだいに傾きが小さくなり，c点：上降伏点に至る．c点以降一時的に応力度が低下してd点：下降伏点に至る．降伏とは，急激にひずみ度だけが増大する現象である．降伏点における応力度は材質により異なるが200～500 N/mm² であり，ひずみ度は0.2%程度である．さらに載荷を続けるとひずみ度だけが増大し続け，ある点から再び応力度が増大し始める．これをひずみ硬化といい，この後，応力度は最大値（e点：引張強さ）に達した後，f点：破断に至る．

(1) 比例限度（proportional limit）：応力度とひずみ度が比例関係にある最大応力度であり，フックの法則が成立する上限である．比例限度以下の領域では応力度とひずみ度は比例関係にあり，比例定数（直線の傾き）が**ヤング係数**（Young's modulus）となる．

(2) 弾性限度（elastic limit）：荷重を徐荷すれば荷重の載荷により生じたひずみ度が完全になくなる最大応力度であり，これ以上の範囲では徐荷してもひずみ度の一部は回復せずに残留ひずみとして残る．

(3) 上降伏点（upper yield point）：降伏し始める以前の最大応力度．

(4) 下降伏点（lower yield point）：降伏し始めた後に応力度がほぼ一定となったときの最小応力度．

(5) 引張強さ（tensile strength）：引張応力度の最大値．

b. 弾性係数

鋼材のヤング係数は 2.05×10^5 N/mm² 程度で，この値は鋼材の種類によらずほぼ一定である．また，せん断弾性係数は 8.1×10^4 N/mm² 程度であり，ヤング係数の40%程度である．なお，**ポアソン比**（Poisson's ratio：横ひずみ度/縦ひずみ度）は0.3程度である．

c. 降伏点・引張強さ

降伏点の値は引張強さが大きいほど大きい．降伏点/引張強さの値を**降伏比**（yield ratio）と呼び，一般の鋼材では0.6～0.7程度である．この値が小さいほど靱性が高く，構造材として安全性が高い．また，引張強さが大きくなるに従って降伏点は不明瞭となる．このような場合には **0.2% オフセット耐力**（offset yield strength）が降伏点の代わりに用いられる．0.2%オフセット耐力は応力度-ひずみ度曲線と載荷初期の直線部に平行でひずみ度を0.2%移動させた直線との交点に相当する．

d. 伸び・絞り

伸び（percentage elongation）は鋼材が引張破断した時点のひずみ度を百分率で表したもので，**絞り**（percentage reduction of area）は鋼材が引張破断した時点の試験体断面積の減少量を原断面積に対する百分率で表したものである．伸び，絞りともに鋼材の靱性を表す目安となり，この値が大きいほど靱性が高いと判断できる．

e. 衝撃強さ・硬さ

衝撃強さ（impact strength）は材料の衝撃に対する強さを表すもので，通常，**シャルピー衝撃試験**（Charpy pendulum impact test）により評価される．シャルピー衝撃試験は切欠きの入った角

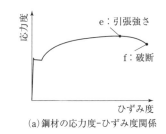

(a) 鋼材の応力度-ひずみ度関係

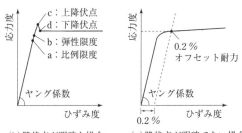

(b) 降伏点が明確な場合 　(c) 降伏点が明確でない場合

図5.2 一般的な鋼材の応力度-ひずみ度関係の概念図

柱状の試験片に対して，高速で衝撃を与えることで試験片を破壊し，破壊するのに要したエネルギーにより材料の靱性を評価する方法である．シャルピー衝撃試験による吸収エネルギーが大きいほど靱性が高く，脆性破壊を起こしにくい．

硬さ（hardness）は材料の表面近傍の機械的性質の一つで，鋼材の熱処理結果の管理などに用いられ，**ビッカース硬さ**（Vickers hardness），**ブリネル硬さ**（Brinell hardness），**ロックウェル硬さ**（Rockwell hardness）などで評価する．これらの試験は鋼球やダイヤモンドの角すい（円すい）を材料表面に押し込み，くぼみの深さや面積により評価する．

f. クリープ

クリープ（creep）は物体に持続応力が作用すると，時間の経過とともにひずみが増大する現象で，鋼材の場合，常温ではほとんど生じない．

g. 炭素含有量の影響

炭素含有量と鋼材の力学的性質の関係を図5.3に示す．鋼材の力学的性質は炭素含有量によって大きく影響を受ける．降伏点および引張強さは炭素含有量が増えると直線的に上昇し，0.8%程度のとき最大となり，それ以上では低下する．また，炭素含有量が増えるほど硬さは大きくなるが，伸びおよび絞りは小さくなり，靱性は低下する．

h. 高温性状

高温域での鋼材の力学的性質の変化を図5.4に示す．引張強さは250〜300℃付近で最大となる

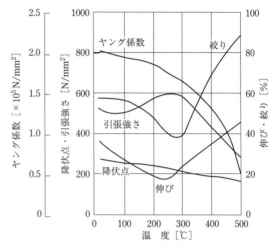

図5.4 高温域での鋼材の力学的性質[2]

が，それ以上の温度では急激に低下し，500℃付近で常温の半分程度となり，1000℃でほとんど0となる．一方，鋼材の変形能力を表す伸びおよび絞りは引張強さとは逆に250〜300℃付近で最小値を示し，それ以上の温度では増大する．この250〜300℃の温度領域で一時的に靱性が低下する現象は青熱脆性と呼ばれ，鋼材の加工に適さない温度領域である．降伏点およびヤング係数は温度の上昇に伴って徐々に低下する．このように鋼材は耐熱性が低いので，鉄骨構造の柱や梁などの主要構造物には耐火被覆を施す必要がある．

i. 耐候性

鋼材は酸素や水の作用で酸化してさびを生じやすく，耐候性は低い．したがって，通常は防錆塗料や亜鉛めっきなどによる防錆処理を施したり，銅，ニッケル，クロムなど他の金属を添加して耐候性を向上させる．

j. 溶接性

鉄骨構造では溶接による接合がよく行われる．溶接部では鋼材や溶接棒の性質や施工の良否などにより溶接割れなどの欠陥を生じやすい．鋼材の溶接性の良否は炭素，マンガン，けい素などの含有量により影響を受け，下式に示す炭素当量（C_{eq}）が小さいほど溶接性は良好となる．

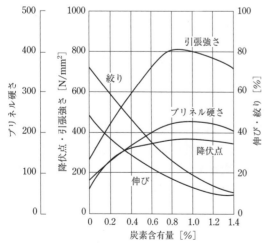

図5.3 炭素含有量と鋼材の力学的性質[1]

$$C_{eq}[\%] = C + \frac{Mn}{6} + \frac{Si}{24} + \frac{Ni}{40} + \frac{Cr}{5} + \frac{Mo}{4} + \frac{V}{14}$$

溶接棒では被覆材から発生する拡散性水素によ

る水素脆性およびこれによる水素割れが問題となる．また，鉄筋コンクリート構造では直径 19 mm 以上の鉄筋の接合にガス圧接が用いられるが，この場合の圧接性の良否も炭素およびマンガンの含有量により影響を受ける．

5.4 鉄鋼製品

5.4.1 線材・棒鋼

a. 鉄筋コンクリート用棒鋼（steel bars for concrete reinforcement）

鉄筋コンクリート構造および鉄骨鉄筋コンクリート構造用の鉄筋として用いるもので，丸鋼および異形棒鋼の2種類がある（表5.2）．

(1) 丸鋼（round steel bar）：JIS G 3112：2010（鉄筋コンクリート用棒鋼）では SR235 と SR295 の2種類が規格化されている．SR は丸鋼（steel, round）を表し，数字は降伏点または 0.2% 耐力の下限値［N/mm²］を表す．

(2) 異形棒鋼（deformed bar）：図 5.5 に示すように，表面にリブやふしを設け，コンクリートとの付着性を向上させたもので，JIS G 3112：2004（鉄筋コンクリート用棒鋼）では SD295A，SD295B，SD345，SD390，SD490 の5種類が規格化されている．SD は異形棒鋼（steel, deformed）を表し，数字は降伏点または 0.2% 耐力の下限値［N/mm²］を表す．SD295A は化学成分の規定がP（りん）と S（硫黄）のみであるのに対して，SD295B〜SD490 は C（炭素），Si（けい素），Mn（マンガン）の規定もあり，溶接性が優れている．また，SD295B〜SD490 は降伏点の上限値が規定されており，塑性変形能力が確保されている．

b. 鉄筋コンクリート用再生棒鋼（rerolled steel bars for concrete reinforcement）

再生鋼材を用いて製造された棒鋼で，JIS G 3117：1987（鉄筋コンクリート用再生棒鋼）では再生丸鋼は SRR235，SRR295 の2種類，再生異形棒鋼は SDR235，SDR295，SDR345 の3種類が規格化されている．SRR は再生丸鋼（steel, round, rerolled）を，SDR は再生異形棒鋼（steel, deformed, rerolled）を表し，数字は降伏点または 0.2% 耐力の下限値［N/mm²］を表す．

c. PC 鋼材（steel for prestressed concrete）

コンクリートにプレストレスを導入するための緊張材で JIS G 3109：2008（PC 鋼棒）では SBPR，SBPD の2種類，JIS G 3137：2008（細径異形 PC 鋼棒）では SBPDN，SBPDL の2種類，JIS G 3536：2014（PC 鋼線および PC 鋼より線）では SWPR，SWPD の2種類が規格化されている．通常の棒鋼に比べて耐力および引張強さが大きく，リラクセーション値（応力緩和）は小さい．

d. 建築構造用圧延棒鋼（rolled steel bars for building structure）

建築構造物に用いるアンカーボルト，ターンバックルボルト，ピンなどに用いられる鋼材で，JIS G 3138：2005（建築構造用圧延棒鋼）では SNR400A，SNR400B，SNR490B の3種類が規格化されている．機械的性質は後述する建築構造用圧延鋼材と同等であり，SNR400B，SNR490B は溶接性に優れ，塑性変形能力が確保されている．

図 5.5 異形棒鋼の形状[3]

表 5.2 鉄筋コンクリート用棒鋼の化学成分および機械的性質

区分	記号	化学成分 [%]					降伏点または 0.2% 耐力 [N/mm²]	引張強さ [N/mm²]
		C	Si	Mn	P	S		
丸鋼	SR235	—	—	—	0.05 以下	0.05 以下	235 以上	380〜520
	SR295	—	—	—	0.05 以下	0.05 以下	295 以上	440〜600
異形棒鋼	SD295A	—	—	—	0.05 以下	0.05 以下	295 以上	440〜600
	SD295B	0.27 以下	0.55 以下	1.5 以下	0.04 以下	0.04 以下	295〜390	440 以上
	SD345	0.27 以下	0.55 以下	1.6 以下	0.04 以下	0.04 以下	345〜440	490 以上
	SD390	0.29 以下	0.55 以下	1.8 以下	0.04 以下	0.04 以下	390〜510	560 以上
	SD490	0.32 以下	0.55 以下	1.8 以下	0.04 以下	0.04 以下	490〜625	620 以上

［JIS G 3112 より抜粋］

5.4.2 形鋼

建築分野で使用される形鋼は，形状で分類すると図5.6に示すような **H形鋼**（H steel），**I形鋼**（I steel），**山形鋼**（angle steel），**溝形鋼**（channel steel），**T形鋼**（T steel）などがある．

a．一般構造用圧延鋼材（rolled steels for general structure）（表5.3）

橋，船舶，車両，その他建築物以外にも広く使用されている熱間圧延鋼材で，JIS G 3101：2015（一般構造用圧延鋼材）ではSS330，SS400，SS490，SS540の4種類が規格化されている．SSは一般構造用鋼材（steel, structure）を表し，数字は引張強さの下限値 [N/mm²] を表す．SS490およびSS540は炭素量を増やして強度を高めているため溶接性が非常に悪く，建築構造物にはSS材の中では主にSS400が使用されている．しかし，SS400の化学成分の規定にはC（炭素）の規定がないため，構造上主要な部材に用いる場合にはあらかじめ溶接性を確認することが望ましい．また，機械的性質についても降伏点の上限値，降伏比，シャルピー吸収エネルギーの規定がなく，場合によっては設計で想定した耐震性能を発揮できないおそれもある．

b．溶接構造用圧延鋼材（rolled steels for welded structure）（表5.3）

この鋼材も建築物以外にも広く使用されている熱間圧延鋼材で，JIS G 3106：2015（溶接構造用圧延鋼材）では，SM400A〜SM570まで11種類が規格化されている．SMは溶接構造用鋼材（steel, marine）を表し，数字は引張強さの下限値 [N/mm²] を表す．SM材の化学成分の規定にはC（炭素）の規定があり，溶接性に優れる．しかしSS材同様，降伏点の上限値，降伏比の規定がなく，場合によっては設計で想定した耐震性能を

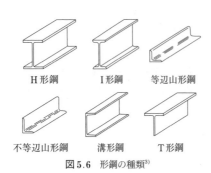

図5.6 形鋼の種類[3]

表5.3 圧延鋼材の化学成分および機械的性質

区分	記号	化学成分 [%] C	化学成分 [%] P	化学成分 [%] S	降伏点または0.2%耐力 [N/mm²]	引張強さ [N/mm²]	降伏比 [%]	シャルピー吸収エネルギー [J]
SS材	SS330	—	0.05 以下	0.05 以下	195 以上	330〜430	—	—
SS材	SS400	—	0.05 以下	0.05 以下	235 以上	400〜510	—	—
SS材	SS490	—	0.05 以下	0.05 以下	275 以上	490〜610	—	—
SS材	SS540	0.30 以下	0.04 以下	0.04 以下	390 以上	540 以上	—	—
SM材	SM400A	0.23 以下	0.035 以下	0.035 以下	235 以上	400〜510	—	—
SM材	SM400B	0.20 以下	0.035 以下	0.035 以下	235 以上	400〜510	—	27 以上
SM材	SM400C	0.18 以下	0.035 以下	0.035 以下	235 以上	400〜510	—	47 以上
SM材	SM490A	0.20 以下	0.035 以下	0.035 以下	315 以上	490〜610	—	—
SM材	SM490B	0.18 以下	0.035 以下	0.035 以下	315 以上	490〜610	—	27 以上
SM材	SM490C	0.18 以下	0.035 以下	0.035 以下	315 以上	490〜610	—	47 以上
SM材	SM490YA	0.20 以下	0.035 以下	0.035 以下	355 以上	490〜610	—	—
SM材	SM490YB	0.20 以下	0.035 以下	0.035 以下	355 以上	490〜610	—	27 以上
SM材	SM520B	0.20 以下	0.035 以下	0.035 以下	355 以上	520〜640	—	27 以上
SM材	SM520C	0.20 以下	0.035 以下	0.035 以下	355 以上	520〜640	—	47 以上
SM材	SM570	0.18 以下	0.035 以下	0.035 以下	450 以上	570〜720	—	47 以上
SN材	SN400A	0.24 以下	0.05 以下	0.05 以下	235 以上	400〜510	—	—
SN材	SN400B	0.20 以下	0.03 以下	0.015 以下	235〜355	400〜510	80 以下	27 以上
SN材	SN400C	0.20 以下	0.02 以下	0.008 以下	235〜355	400〜510	80 以下	27 以上
SN材	SN490B	0.18 以下	0.03 以下	0.015 以下	325〜445	490〜610	80 以下	27 以上
SN材	SN490C	0.18 以下	0.02 以下	0.008 以下	325〜445	490〜610	80 以下	27 以上

注：規定値は鋼材の厚さにより異なるため，厚さ 16〜40 mm の規格を引用．
[JIS G 3101, JIS G 3106, JIS G 3136 より抜粋]

c. 建築構造用圧延鋼材（rolled steels for building structure）（表5.3）

SS材やSM材は建築物への使用のみを考えた規格ではないため，規定されている項目は建築構造用鋼材としては不完全であった．そこで，新たに建築構造用圧延鋼材の規格が制定された．

建築構造用圧延鋼材は建築構造物に用いる熱間圧延鋼材で，JIS G 3136：2012（建築構造用圧延鋼材）ではSN400A，SN400B，SN400C，SN490B，SN490Cの5種類が規格化されている．SNは建築構造用鋼材（steel, new）を表し，数字は引張強さの下限値［N/mm²］を表す．A～Cでは後者ほどC（炭素），P（りん），S（硫黄）の規定値が小さく，溶接性に優れている．また，B，Cには降伏点の上限値，降伏比，シャルピー吸収エネルギーの規定もあり，塑性変形能力が確保されている．

d. 一般構造用軽量形鋼（light gauge sections for general structure）

簡易な建築物に用いられる冷間圧延による軽量形鋼で，JIS G 3350：2017（一般構造用軽量形鋼）ではSSC400（steel, structure, cold forming）が規格化されている．断面形状により軽溝形鋼，軽Z形鋼，軽山形鋼，リップ溝形鋼，リップZ形鋼，ハット形鋼などがある．

5.4.3 鋼　管

a. 一般構造用炭素鋼鋼管（carbon steel tubes for general structure）（表5.4）

土木，建築，鉄塔などの構造物に使用されている炭素鋼鋼管で，JIS G 3444：2015（一般構造用炭素鋼鋼管）ではSTK290，STK400，STK490，STK500，STK540（数値は引張強さの下限値［N/mm²］）の5種類が規格化されている．材質はSS材と類似している．建築用の鋼管は冷間加工により製造される場合がほとんどであり，降伏点が著しく上昇する可能性があり，柱や筋かいとして用いる場合は注意が必要である．

b. 一般構造用角形鋼管（carbon steel square and rectangular tubes for general structure）（表5.4）

土木，建築，その他の構造物に使用されている角形鋼管で，JIS G 3466：2015（一般構造用角形鋼管）ではSTKR400，STKR490（数値は引張強さの下限値［N/mm²］）の2種類が規格化されている．化学成分および機械的性質の規定はSTK材とほぼ同じである．STK材と同様に冷間加工により製造される場合がほとんどであり，製造過程で大きな塑性加工を受けているため，強度の上

表5.4　鋼管の化学成分および機械的性質

区　分	記　号	化学成分［%］			降伏点または0.2%耐力［N/mm²］	引張強さ［N/mm²］	降伏比［%］	シャルピー吸収エネルギー［J］
		C	P	S				
STK材	STK290	—	0.05 以下	0.05 以下	—	290 以上	—	—
	STK400	0.25 以下	0.04 以下	0.04 以下	235 以上	400 以上	—	—
	STK490	0.18 以下	0.035 以下	0.035 以下	315 以上	490 以上	—	—
	STK500	0.24 以下	0.04 以下	0.04 以下	355 以上	500 以上	—	—
	STK540	0.23 以下	0.04 以下	0.04 以下	390 以上	540 以上	—	—
STKR材	STKR400	0.25 以下	0.04 以下	0.04 以下	245 以上	400 以上	—	—
	STKR490	0.18 以下	0.04 以下	0.04 以下	325 以上	490 以上	—	—
STKN材	STKN400W	0.25 以下	0.03 以下	0.03 以下	235 以上	400～540	—	—
	STKN400B	0.25 以下	0.03 以下	0.015 以下	235～385	400～540	80 以下	27 以上
	STKN490B	0.22 以下	0.03 以下	0.015 以下	325～475	490～640	80 以下	27 以上
BCR材⁴⁾ BCP材⁴⁾	BCR295	0.20 以下	0.03 以下	0.015 以下	295～445	400～550	90 以下	27 以上
	BCP235	0.20 以下	0.03 以下	0.015 以下	235～355	400～510	80 以下	27 以上
	BCP325	0.18 以下	0.03 以下	0.015 以下	325～445	490～610	80 以下	27 以上
	BCP325T	0.18 以下	0.02 以下	0.008 以下	325～445	490～610	80 以下	70 以上

注：規定値は鋼材の厚さにより異なるため，厚さ12～40 mmの規格を引用．
［JIS G 3444, JIS G 3466, JIS G 3475 より抜粋］

昇，伸び能力の低下および靭性の低下を招いていることも否めない．

c. 建築構造用炭素鋼鋼管（carbon steel tubes for building structure）（表5.4）

STK材に規定されている項目は建築構造用鋼管としては不完全であった．そこで，新たに建築構造用炭素鋼鋼管の規格が制定された．JIS G 3475：2014（建築構造用炭素鋼鋼管）ではSTKN400W，STKN400B，STKN490B（数値は引張強さの下限値［N/mm²］）の3種類が規格化されている．STK材と比較するとP（りん），S（硫黄）の規定値が厳しくなり，その他N（窒素）の規定も設けられている．また，B種には降伏点の上限値，降伏比，シャルピー吸収エネルギーの規定もあり，塑性変形能力が確保されている．

d. 建築構造用冷間成形角形鋼管（cold forming box columns for building structure）（表5.4）

STKR材に規定されている項目は建築構造用鋼管としては不完全であった．そこで，新たに建築構造用冷間成形角形鋼管の規格が制定された．JIS化はされていないが日本鉄鋼連盟製品規定としてBCR295，BCP235，BCP325，BCP325Tの4種類が規格化されている．Rはロール（roll）成形，Pはプレス（press）成形を意味し，数値は降伏点の下限値［N/mm²］を表す．STKR材と比較するとP（りん），S（硫黄）の規定値が厳しくなり，その他N（窒素）の規定も設けられている．また，降伏点の上限値，降伏比，シャルピー吸収エネルギーの規定もあり，塑性変形能力が確保されている．

5.4.4 特 殊 鋼

a. ステンレス鋼（stainless steel）

ステンレス鋼は優れた耐候性を有することから，以前から建築物の屋根，壁などの外装材や建具などの内装材に多く使用されてきた．最近ではその特徴を生かして建築構造材料として使用される機会が多くなっている．

ステンレス鋼はFe（鉄）をベースとしてCr（クロム）またはCrとNi（ニッケル）を基本成分とする合金である．Feに11％以上のCrを添加すると地金の表面に緻密なCrの酸化被膜（不動態皮膜）が形成され，Feの酸化作用を防ぐ働きをする．また，Niの添加により不動態皮膜が改善強化される．ステンレス鋼はCrやNiなどの合金成分が多く，低温・高温環境における性能にも優れることから，炭素鋼に比べて耐火性や溶接性にも優れている．

JIS G 4321：2000（建築構造用ステンレス鋼材）ではSUS304A，SUS304N2A，SUS316A，SCS13AA-CFの4種類が規格化されている．SUS304AはCr：18％，Ni：8％を含有し，ステンレス鋼の中で最も汎用的な鋼種（通称：18-8ステンレス鋼）である．SUS304N2Aは強度が高く，SUS316Aは耐候性に優れた鋼種である．SCS13AA-CFは化学成分がSUS304Aと同等な遠心鋳鋼管である．

ステンレス鋼の応力度-ひずみ度曲線には明確な降伏現象が現れないため0.1％オフセット耐力が規定されている．ステンレス鋼は降伏耐力以降の耐力上昇が大きく，降伏比がきわめて低い鋼材で，伸び性能も大きく，炭素鋼に比べて耐震性能

表5.6 ステンレス鋼の物理的性質[4]

種 類	密度 [g/cm³]	比熱 [J/kg·K]	熱伝導率 [W/m·K]	線膨張係数 [×10⁻⁶/K]	ヤング係数 [×10⁵N/mm²]
SUS304A	7.9	500	15	17.3	1.97
炭素鋼 (SN400)	7.8	420	53	11.7	2.05

表5.5 ステンレス鋼の化学成分および機械的性質

記 号	化学成分 [%]					0.1% 耐力 [N/mm²]	引張強さ [N/mm²]	降伏比 [%]
	C	P	S	Ni	Cr			
SUS304A	0.08 以下	0.045 以下	0.03 以下	8〜10.5	18〜20	235 以上	520 以上	60 以下
SUS304N2A	0.08 以下	0.045 以下	0.03 以下	7.5〜10.5	18〜20	325 以上	690 以上	60 以下
SUS316A	0.08 以下	0.045 以下	0.03 以下	10〜14	16〜18	235 以上	520 以上	60 以下
SCS13AA-CF	0.08 以下	0.040 以下	0.04 以下	8〜11	18〜21	235 以上	520 以上	60 以下

［JIS G 4321 より抜粋］

に優れた素材である．また，ステンレス鋼の物理的性質は炭素鋼に比べて密度は同程度であるが，ヤング係数は5%程度低く，熱伝導率は1/3程度で，線膨張係数は1.5倍程度である（表5.5，表5.6）．

b．耐候性鋼（weathering steel）

耐候性鋼はFe（鉄）をベースとしてCu（銅），Cr（クロム），Ni（ニッケル）などの金属を少量添加し，大気中での耐食性を高めた合金鋼で，JIS G 3114：2016（溶接構造用耐候性熱間圧延鋼材）ではSMA400AW～SMA570P（数値は引張強さの下限値 [N/mm²]）まで14種類が規格化されている．

c．TMCP鋼（thermo-mechanical control process steel）

TMCP鋼は制御圧延（圧延温度を管理）と制御冷却（最適な冷却速度で冷却）を併用した製造方法で，結晶粒の微細化を図って強度を増大させるとともに，靱性が改善される．通常の鋼材は板厚が厚くなると強度確保のために炭素含有量が高くなり溶接性が低下するが，TMCP鋼は厚さ40mmを超える超厚材でも炭素含有量を高めることなく強度を確保する鋼材で，溶接性にも優れる．

d．耐火鋼（FR鋼：fire resistant steel）

耐火鋼はFe（鉄）をベースとしてCr（クロム），Mo（モリブデン），Nb（ニオブ），V（バナジウム）などの金属を少量添加し，高温時の降伏耐力の低下を低減させた鋼材で，通常の鋼材は350℃で降伏耐力は2/3程度に低下するが，耐火鋼は600℃においても2/3以上の降伏耐力を保証している．

e．高強度鋼（high strength steel）

建築物の高層化，大型化に伴い，部材の軽量化が求められ，それらの要求にこたえるために建築構造用高性能590 N/mm²鋼材（SA440B，SA440C：数値は降伏点の下限値 [N/mm²]）が開発された．この鋼材の特徴は，炭素含有量が低く（0.18%以下），降伏比が低く（80%以下），靱性が高いことであり（シャルピー吸収エネルギー：47 J以上），優れた溶接性と塑性変形能力が確保されている．また，最近ではさらに高強度な780N/mm²鋼材も開発され，製品化されている．

f．低降伏点鋼（low yield point steel）

制振構造の制振ダンパーに使用することを前提に開発された鋼材で，日本鋼管連盟製品規定としてLY100とLY225（数値は降伏点 [N/mm²]）の2種類が規格化されている．この鋼材の特徴は，添加元素を極力低減した純鉄に近く，降伏点が低く（LY100：100±20 N/mm²，LY225：225±20 N/mm²），伸び性能が大きいことである（LY100：50%以上，LY225：40%以上）．

g．鋳鋼（steel castings）

鋳鋼は鋳造可能な鋼材で，一般に炭素含有量が2%以下のものを呼ぶ．鋳鋼は鋳鉄より鋳造性に劣るが，複雑な形状を一体で造形でき，かつ鋼材としての溶接性，構造特性を有していることから，空間構造の節点部材や梁と柱の接合部位などに使用されている．JISではJIS G 5101：1991（炭素鋼鋳鋼品），JIS G 5102：1991（溶接構造用鋳鋼品），JIS G 5201：1991（溶接構造用遠心力鋳鋼管）で規格化されている．

5.4.5　その他

a．リベット（rivets）

リベットは鋼構造の接合部に用いられ，JIS B 1214：1995（熱間成形リベット）では丸リベット，皿リベット，平リベット，丸皿リベットなどが規格化されている．

b．高力ボルト（high strength bolts）

主として鋼構造に使用するボルトで，JIS B 1186：2013（摩擦接合用高力六角ボルト・六角ナット・平座金のセット）ではF8T，F10Tの2種類が規格化されている．数字は引張強さの下限値/100 [N/mm²]を表す．

演 習 問 題

5.1 鋼材などに関する記述のうち，最も不適当なものはどれか．

1. 降伏比の小さい鋼材を用いた鉄骨部材は，一般に，塑性変形能力が小さく，耐震性能が低い．
2. シャルピー衝撃試験の吸収エネルギーが大きい鋼材を使用することは，溶接部の脆性的破壊を防

ぐのに有利である.

3. SN490B（板厚 12 mm 以上）は，引張強さの下限値が 490 N/mm² であり，「降伏点または耐力」の上限値および下限値が定められている.

4. 一般構造用圧延鋼材（SS 材）は，鋼材温度が約 350°C になると，降伏点が常温時の約 2/3 に低下する.

5. 建築構造用ステンレス鋼材 SUS304A は，降伏点が明確でないので，その基準強度については，0.1% オフセット耐力を採用している.

5.2 鋼材などに関する記述のうち，最も不適当なものはどれか.

1. 鋼材に含まれる炭素量が増加すると，鋼材の強度・硬度は増加するが，靱性・溶接性は低下する.

2. 鋳鉄は延性が劣り，曲げモーメントや引張力に対して脆い性質があるので，鉄骨構造の構造耐力上主要な部分に使用する場合，使用部位が限定されている.

3. 建築構造用圧延鋼材（SN 材）のうち，板厚 12 mm 以上の SN490B については，降伏後の変形能力および溶接性を保証する規定が定められている.

4. 溶接構造用圧延鋼材 SM490B の降伏点は，JIS において下限値のみが規定されている.

5. 建築構造用ステンレス鋼材 SUS304A については，ヤング係数は SN400B より小さく，「降伏点または耐力」も板厚が 40 mm 以下の SN400B より小さい.

5.3 鋼材などに関する記述のうち，最も不適当なものはどれか.

1. 鋼材のヤング係数およびせん断弾性係数は，常

温において，それぞれ 2.05×10⁵ N/mm²，0.79×10⁵ N/mm² 程度である.

2. 焼入れされた鋼材の強度・硬度は高まるが，靱性は低下する.

3. 鉄筋コンクリート用棒鋼 SD345 の「降伏点または 0.2% オフセット耐力」は 345〜440 N/mm² である.

4. 建築構造用ステンレス鋼材 SUS304A の降伏比は SN400B より小さく，線膨張係数も SN400B より小さい.

5. F10T の高力ボルトの引張強度の下限値は1000 N/mm² である.

［解答］

5.1 1：降伏比の小さい鋼材を用いた鉄骨部材は，一般に，塑性変形能力が大きく，耐震性能が高い.

5.2 5：建築構造用ステンレス鋼材 SUS304A については，ヤング係数は SN400B より小さいが，「降伏点または耐力」は板厚が 40 mm 以下の SN400B と同じである.

5.3 4：建築構造用ステンレス鋼材 SUS304A の降伏比は SN400B より小さいが，線膨張係数は SN400B より大きい.

■参考文献

1) 日本建築学会 編：建築材料用教材，日本建築学会（2006）.

2) 鋼材倶楽部 編：土木技術者のための鋼材知識，技報堂（1968）.

3) 日本建築学会 編：構造用教材，日本建築学会（2006）.

4) 森田耕次 監修：新しい建築構造用鋼材，日本鉄鋼連盟（2008）.

6. 非 鉄 金 属

6.1 アルミニウム

6.1.1 概 要

アルミニウム（aluminium, aluminum）は地殻中に多量に含まれる金属であるが，酸素との結合力が非常に強く，単体として分離することが困難であったため，工業的に利用されるようになったのは 19 世紀後半である．しかし，軽くて，強くて，耐食性があるため，近年急速に多用されるようになった．通常は Cu（銅），Si（けい素），Mg（マグネシウム），Ni（ニッケル），Mn（マンガン）などの元素を添加して，力学的性質や耐食性を向上させた**アルミニウム合金**（aluminum alloy）として使用される．

アルミニウムは**ボーキサイト**（bauxite）を原料として，水酸化ナトリウムを加え，加圧・加熱した後，か焼（煆焼）し，酸化アルミニウムを取り出した後，電気分解して得られる．

6.1.2 性 質

a. 物理的・力学的性質（表 6.1）

アルミニウムの密度は 2.7 g/cm³ 程度で，炭素鋼の 1/3 程度である．線膨張係数は $24×10^{-6}$/K 程度と炭素鋼の 2 倍程度であり，熱伝導率は 240 W/m・K 程度と炭素鋼の 4 倍程度である．応力度－ひずみ度曲線には明確な降伏現象が現れないため 0.2% 耐力を降伏点の代わりとし，ヤング係数は 0.7×10⁵ N/mm² 程度と炭素鋼の 1/3 程度である．また，融点が 660℃ 程度と低いため，耐熱性が低く，高温では強度の低下がみられる．純度が高いものほど強度は低いが，添加元素，加工の程度，熱処理などにより大きく改善される．

b. 化学的性質

アルミニウムは反応性の高い金属であるが，大気中では表面に形成される酸化被膜の保護作用により耐食性は良好となり，炭素鋼に比べて耐食性はきわめて優れる．また，耐食性は純度が高いものほど優れる．しかし，アルカリ水溶液中ではアルミニウム表面の保護皮膜が溶解されるので侵食される．また，ほかの金属と接すると腐食（電食）するので注意を要する．耐食性を高めるためには微量の金属などを用いて表面に酸化被膜を人工的につくる処理が行われる．この処理によりさまざまな色相に自然発色し，仕上げ材として好まれる．

6.1.3 用 途

アルミニウムは耐候性が大きいことから，サッシ，屋根材，カーテンウォールなどに使用される．軽くて，延性に富み，融点が低いので，加工が容易でさまざまな形に成形できる．しかし，アルカリに弱いので，コンクリートに直接接しないようにアスファルトなどで絶縁を行う．また，イオン化傾向が大きく，鉄と接触すると腐食するので，鉄と接触する場合には鉄に亜鉛めっきあるいはア

表 6.1 主な金属の物理的性質[1,2]

種 類	融 点 [℃]	密 度 [g/cm³]	比 熱 [J/kg・K]	熱伝導率 [W/m・K]	線膨張係数 [×10⁻⁶/K]	ヤング係数 [×10⁵N/mm²]
アルミニウム	660	2.70	901	237	23.7	0.68
銅	1083	8.96	386	398	16.2	1.10
亜鉛	420	7.13	388	121	53.0	0.97
鉛	328	11.34	128	35	29.0	0.14
炭素鋼（SN400）	1500	7.8	420	53	11.7	2.05

スファルト塗装などを施す.

アルミニウムは強度やヤング係数が炭素鋼に比べて小さく，耐熱性が低いことから構造材料として使用されることは少なかったが，2002年に国土交通省よりアルミニウム合金造建築の技術基準が定められ，原則として床面積が$50\,m^2$以下の建築物に使用できるようになった.

6.2 銅

6.2.1 概　要

銅（copper）は自然銅として産出し，融点が低いため最も古くから使用されてきた金属材料である．また，耐食性も良好で，加工が容易で，表面に発生する緑青による独特の美しさが好まれ，屋根，とい，装飾品などに使用されてきた.

銅は鉱山で産出する**黄銅鉱**（chalcopyrite）にコークス，石灰石，けい砂を加えて溶錬炉で溶融する．さらに転炉に移行し，空気を吹き込み，不純物（Fe，S）を酸化除去し，粗銅（銅含有率約98%）が製錬される．粗銅は電気製錬によって純銅（銅含有率99.99%以上）に製錬される.

6.2.2 性　質

a.　物理的・力学的性質（表6.1）

銅の密度は$9.0\,g/cm^3$程度で，炭素鋼よりやや大きい．線膨張係数は$16\times10^{-6}/K$程度と炭素鋼の1.5倍程度であり，熱伝導率は$400\,W/m\cdot K$程度と炭素鋼の8倍程度である．ヤング係数は$1.1\times10^5\,N/mm^2$程度と炭素鋼の1/2程度である．融点は1080°C程度とアルミニウムより高いが炭素鋼より低い．また，加工度により強度，伸び，硬度などは変化する.

b.　化学的性質

銅は大気中で耐食性の高い金属であり，水にも強くコンクリートなどの強アルカリ性の物質にも侵食されない．しかし，強酸性の物質やアンモニアなどには侵食される.

6.2.3 銅　合　金

a.　黄銅（真鍮（しんちゅう），brass）

Cu（銅）にZn（亜鉛）を加えた黄色の合金で，

Znの含有率は35%程度が一般的である．加工が容易で，機械的性質も良好である．大気中では耐食性は良好であるが，海水や酸・アルカリには侵食されやすい．安価で美しいため用途が広く，ドアノブなどの建具金物や装飾金物などに使用される.

b.　洋白（nickel silver）

Cu（銅），Zn（亜鉛），Ni（ニッケル）に少量のMn（マンガン）を加えた銀白色の合金で，耐食性に優れ安価で美しいため，銀の代用として装飾金物などに使用される.

c.　青銅（ブロンズ，bronze）

Cu（銅）にSn（すず）を加えた合金で，すず青銅，りん青銅，アルミニウム青銅，鉛青銅，シルジン青銅など多くの種類がある．黄銅より高価であるが，耐食性，耐摩耗性に優れるため，装飾金物やカーテンウォールなどに使用される.

6.3 亜　鉛，　鉛

a.　亜鉛（Zn，zinc）（表6.1）

安価で耐食性に優れることから，亜鉛めっきや防錆塗料（ジンクロメート）として主に鋼材の防錆・装飾用表面処理材として使用される．**ジンクロメート**（zinc chromate）はクロム酸亜鉛を主成分とする防錆塗料である.

b.　鉛（Pb，lead）（表6.1）

展延性に富み，耐食性に優れるが，アルカリには侵食されやすい．密度が$11.3\,g/cm^3$程度と大きいので，放射線防護壁や遮音壁に使用される．また，**鉛丹**（minium）として防錆下地塗料にも使用される.

演　習　問　題

6.1 非鉄金属に関する記述のうち，最も不適当なものはどれか.

　1. アルミニウムのヤング係数は，炭素鋼の1/3程度である.

　2. アルミニウムの線膨張係数は，炭素鋼の2倍程度である.

　3. アルミニウムは耐候性は大きく，アルカリ水溶液中でも侵食されない.

　4. 銅の密度は炭素鋼よりやや大きい.

5. 黄銅は銅に亜鉛を加えた黄色の合金で，亜鉛の含有率は35%程度が一般的である．

6.2 非鉄金属に関する記述のうち，最も不適当なものはどれか．

1. アルミニウムの応力度-ひずみ度曲線には明確な降伏現象が現れないため0.2%耐力を降伏点の代わりとする．
2. アルミニウムは強度やヤング係数が炭素鋼に比べて小さく，耐熱性が低いことから構造材料として使用できない．
3. 銅のヤング係数は炭素鋼の1/2程度である．
4. 青銅は銅にすずを加えた合金で，耐食性，耐摩耗性に優れるため，装飾金物やカーテンウォールなどに使用される．
5. 鉛は展延性に富み，耐食性に優れるが，アルカリには侵食されやすい．また，密度が大きいので，放射線防護壁や遮音壁に使用される．

6.3 非鉄金属に関する記述のうち，最も不適当なものはどれか．

1. アルミニウムは融点が炭素鋼に比べて低いため，耐熱性が低く，高温では強度の低下が見られる．
2. アルミニウムは通常，銅，けい素，マグネシウムなどの元素を添加して，アルミニウム合金として使用される．
3. 銅は大気中で耐食性の高い金属であり，水やコンクリートなどの強アルカリ性の物質にも侵食

されず，強酸性の物質やアンモニアなどにも侵食されない．
4. 洋白は銅，亜鉛，ニッケルに少量のマンガンを加えた銀白色の合金で，耐食性に優れ安価で美しいため，銀の代用として装飾金物などに使用される．
5. 亜鉛は安価で耐食性に優れることから，亜鉛めっきや防錆塗料として主に鋼材の防錆・装飾用表面処理材として使用される．

［解答］

6.1 3：アルミニウムは耐候性は大きいが，アルカリ水溶液中ではアルミニウム表面の保護皮膜が溶解されるので侵食される．

6.2 2：2002年に国土交通省よりアルミニウム合金造建築の技術基準が定められ，原則として床面積が50 m² 以下の建築物に使用できるようになった．

6.3 3：銅は大気中で耐食性の高い金属であり，水やコンクリートなどの強アルカリ性の物質にも侵食されないが，強酸性の物質やアンモニアなどには侵食される．

■参考文献

1) 森田耕次 監修：新しい建築構造用鋼材，日本鉄鋼連盟 (2008).
2) 久保亮五，長倉三郎，井口洋夫，江沢 洋 編：岩波理化学辞典 第4版，岩波書店 (1987).

7. 木 材

樹木は，森林浴で癒されるなど人に優しく，欠かせない天然産の材料であり，盆栽のように手入れされると通直に成長するものである．

建築材料の視点からは，木目や木肌などの外観が美しく，安心感を持てる材料である．しかも，適材適所かつ，適切な管理下で使用されると，強度や耐久性に優れ，国内に限らず，人類は古代から地産地消のもとに活用し，さらには構造材に限定せず仕上げ材とし幅広く使用してきた．

いいことずくめの半面，欠点は，火災惨事が絶えないように耐火性に劣ることであり，現在は構造材料として使用する場合には，準防火地域内での木造3階建てまでの比較的小規模の建物に限られる．仕上げ材料としては，建物の規模を問わず広く用いられている．

7.1 一 般 的 性 質

木材の一般的性質として，次のような特徴があげられる．

① 美しく，親しみのある材料である．
② 樹種が豊富であり，要求品質に応じて選択の自由度が大きい．
③ 密度の小さいわりに強度が高い．すなわち，比強度が大きいので，軽い構造を構成できる．
④ 切削加工しやすく，接合も容易である．ただし，接合部は強度的に欠点となりやすい．
⑤ 熱伝導率が小さい．また，室内の湿度を調節することができる．
⑥ 軟質で傷が付きやすい．
⑦ 耐火性・防火性がきわめて低い．
⑧ 繊維方向により，力学的性質などが変わる異方性材料である．
⑨ 節などの欠点により強度低下を生じる．
⑩ 成長の仕方が一様でなく，材の上部と下部，

内側と外側で性質が均質ではない．
⑪ 乾湿による寸法変化が大きく，狂い，割れや反りの原因となる．

7.2 木 材 の 種 類

建築材料に用いられる木材は，針葉樹と広葉樹に大別される．最近は北米材，北洋材，南洋材など輸入材が多く用いられている．

7.2.1 針 葉 樹

針葉樹（conifer, needle leaved conifer, coniferous tree, softwood）は，一般に軟質で通直，長大部材が得られ，柱や梁など構造材に使用されるほか，造作材としても用いられる．

（1）スギ（杉，Japanese cedar）：木曽杉と屋久杉は，それぞれ400年と1000年を超えて生育してきた木材の称号である．材木は通直で長大な部材が得られ，耐久性が大である．主に柱や梁などの構造材として用いられる．シロアリに食害されやすい．気乾密度（air dried density）は約0.38 g/cm³である．本州，四国，九州に広く分布している．植林も多い．

（2）ヒノキ（檜，桧，Japanese cypress）：芳香があり，高級材で，耐久性が高い．柱や梁などに用いられる．樹皮は檜皮葺き材になる．気乾密度は約0.42 g/cm³である．関東以西の本州，九州，四国に分布している．植林も多い．

（3）ヒバ（檜葉）：ヒノキ科アスナロ属の針葉樹で，通称あすなろといわれる．ヒノキよりも安価で，耐腐朽性とシロアリの食害抵抗性に優れるので，住宅の土台などに適する．気乾密度は0.42 g/cm³である．

（4）アカマツ（赤松，Japanese red pine）：全国的に分布している．反曲が大で，脂気が多い．

水湿に耐えるが, 耐腐朽性が小さく, シロアリに食害されやすい. 杭や梁, 根太などに用いられる.

(5) **クロマツ**（黒松, Japanese black pine）: 主として西日本に分布する. 脂気が多い. 耐腐朽性が低く, シロアリに侵されやすい.

(6) **カラマツ**（唐松, Japanese larch）: 主に本州中部に分布する, マツ科の針葉樹. 脂気が多い. 耐腐朽性大. 土台や床材などに用いられる.

ほかに, **エゾマツ**（silver fir）, **モミ**（樅, fir）, **ツガ**（栂, Japanese hemlock）, **サワラ**（椹, sawara cypress）などがある.

7.2.2 広葉樹

広葉樹（broad leaved tree, hardwood）は密度や強度が針葉樹と比較して大きい. また, 硬質で耐摩耗性も大きい. わが国では, **ケヤキ**（欅, zelkova）は寺社建築に用いられるが, 一般的には構造材には使用されない. 主として造作材や家具などに用いられる. 代表的な樹木に, **ナラ**（楢, Japanese oak）, **ブナ**（橅, Japanese beech）, 木構造の仕口・接合部の込み栓に用いられる**カシ**（樫, evergreen oak）などがある.

7.2.3 輸入材

a. 北米材（North American timber）

アメリカやカナダからの輸入材である. 国産材と類似の針葉樹が多い. 代表的な樹木に**ベイスギ**（western red cedar）, **ベイヒ**（white cedar, Port-Orford-cedar）, **ベイヒバ**, **ベイマツ**（Oregon pine, Douglas fir）, **ベイツガ**（western hemlock）などがある.

ベイスギ, ベイヒ, ベイヒバは耐腐朽性が非常に大きく, ベイツガは耐腐朽性が小さい.

b. 北洋材（north sea timber）

沿海州やサハリンからの輸入材である. ロシアのシベリア地方で産出される針葉樹で, **カラマツ**は合板, **アカマツ**, **エゾマツ**は製材して用いられる. 耐腐朽性は低い.

c. 南洋材（south sea timber）

東南アジアや中米からの輸入材である. 広葉樹で, **ラワン**（lauan）, **タンギール**（tanguil）, **アピトン**（apitong）などを造作材として用いるほか, **チーク**（teak）, **黒檀**（コクタン, ebony）, **マホガニー**（mahogany）などの高級家具材がある.

7.3 木材の構成

樹木の組織の概要を図7.1に示す. 中心付近の色が濃い部分を**心材**（あかみ, heart wood, duramen）, 周辺の色の薄い部分を**辺材**（しらた, sapwood）という. 心材は辺材よりも乾湿に伴う体積変化が小さく, 強度も大きい. また, 腐朽や虫害などに対する耐久性が大きい. たとえば, 木造住宅の土台にヒバの心材を用いたりする.

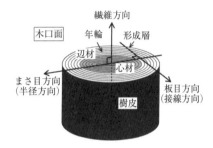

図**7.1** 樹木の組織の概要

樹木は樹皮の内側の**形成層**（cambium）が細胞分裂を繰り返すことにより成長する. 形成層の細胞分裂は, 春から初夏にかけて活発であり, この時期に形成された細胞は比較的粗大で色が薄く見える. 一方, 夏から秋にかけて形成した部分は, 細胞分裂が活発でないため, 細胞は密で, 濃い色に見える. 前者を**早材**（春目, spring wood）, 後者を**晩材**（秋目, summer wood）という. 木材の**年輪**（annual ring）は, 早材と晩材が交互に形成されることによって生じる（図7.2）.

繊維（長さ・樹幹）方向に直角な断面（図7.3）を木口面という. 木口で樹木の中心を通る任意（半径）方向を**まさ目**（straight grain, edge grain, quarter-sawn grain）方向といい, 中心を通らない接線方向を**板目**（cross grain, flat grain）方向という（図7.1）. まさ目板は, 図7.3の①のように製材し, 木目は互いに平行になり, 狂いも少ない. 板目板は, 図7.3の②のように製材し, 木目は平行とならない. 板目の板で中心に近いほうを木裏, 逆の外側を木表という.

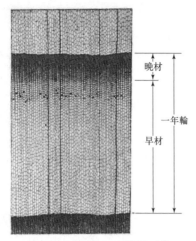

図7.2 スギ材木口の顕微鏡写真[1]

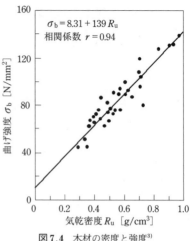

図7.4 木材の密度と強度[3]

図7.3 木口面とまさ目・板目

木材の主成分は，セルロース（質量比約50%），リグニン（同25%），ヘミセルロース（ペントザン，同10〜20数%）である．**セルロース**（cellulose）は細胞壁を構成する植物繊維であり，**リグニン**（lignin）は樹脂状の高分子である．構成成分の比率に，樹種による変化はほとんどない．

7.4 木材の諸性質

7.4.1 密度

木材の**真密度**（true density）は約 $1.5\,\text{g/cm}^3$ であり，樹種による変動はあまりない．通常，密度は，気乾状態の**見かけ密度**（apparent density）で表し，針葉樹は比較的小さく，広葉樹は比較的大きい値となる．たとえば，針葉樹のスギで約 $0.38\,\text{g/cm}^3$，ヒノキでは約 $0.41\,\text{g/cm}^3$ 程度である．広葉樹では，ケヤキが $0.67\,\text{g/cm}^3$ 程度，カシ類は $1.0\,\text{g/cm}^3$ と水と同等のものもある．なお広葉樹の中には，キリのように密度が $0.3\,\text{g/cm}^3$ 前後のものもある．一般に密度の大きいものほど強度が高い（図7.4）．

7.4.2 含水状態

木材の含水率は大きい順に，**飽和含水**（saturated water content），**繊維飽和**（fiber saturated），**気乾**（air dried），**絶乾**（absolute dry condition）の四つの状態に分けられる．

伐採した生木の含水状態は，図7.5に示すように，木材の細胞内外（腔）が水で満たされた（飽

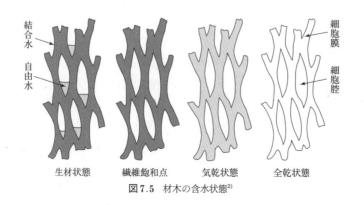

図7.5 材木の含水状態[2]

和）状態に近い．細胞自身に含む水を**結合水**（combined water, fixed water, bound water），細胞腔に含まれる水を**自由水**（free water）と呼ぶ．飽和含水状態での含水率は，60〜百数十％にもなる．

乾燥に伴い含水率は低下し，まず，自由水から乾燥して完全に失われ，結合水のみになった状態を繊維飽和状態，または**繊維飽和点**（fiber saturation point）という．繊維飽和点の含水率は，樹種によらず30％前後である．

通常，さらに乾燥が進み外気と平衡状態に至り気乾状態となる．この状態を**平衡含水率**（equilibrium moisture content）と呼ぶ．わが国では，空調設備のある室内で12％前後，その設備がない室内で15％前後である．絶乾（全乾）状態は，105℃の炉内などで乾燥させて，自由水をまったく含まない．

木材の使用にあたり，平衡含水率まで十分乾燥を行うのが基本だが，梁や柱のような大きな部材を乾燥させることは容易でなく，乾燥が不十分なまま使用されることも多い．

木材の含水率は，諸性質に大きな影響を与えるため，乾燥させることが肝要であり，その方法には天然乾燥と人工乾燥がある．乾燥の目的としては，次のようにあげられる．

① 軽量化
② 使用時の乾燥による変形や割れの低減
③ 強度の増加およびクリープの減少
④ 腐朽菌の増殖や虫害の抑制
⑤ 防腐剤などの薬剤の浸透性の向上

木材は，乾燥すると適切な強度が得られ，寸法も安定した状態で使用できる．乾燥が十分でないと，強度不足になったり，狂い，割れや反りを生じやすい．また，含水率が多いと腐朽の懸念が生じ耐久性を損なうことになる．

木材の強度は，繊維飽和点以下に乾燥すると大きく上昇する（図7.6）．これは，水を含んだ状態では，繊維は水を介して接着しているのに対し，脱水に伴い繊維間の水分子の層がしだいに薄くなり水素結合の度合いが大きくなり，絶乾状態になれば繊維どうしが直接水素結合するようになることから説明できる．

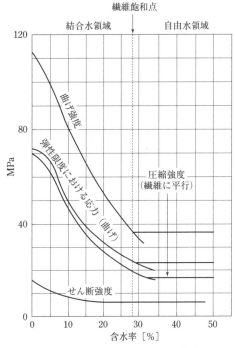

図7.6 木材の含水率と強度との関係[4]

7.4.3 含水率と寸法変化

木材は吸湿による膨張や乾燥による収縮を生じ，その影響は熱変形の場合よりも大きい．

収縮への含水率の影響は，強度と同様に繊維飽和点を境界に，明らかな変化がみられる．図7.7のように，繊維飽和点以下に乾燥すると収縮する．収縮ひずみの大きさは，接線方向（板目幅）で最も大きく，絶乾までの収縮率は5〜15％程度である．次に，半径方向（まさ目幅）でそれの約1/2，繊維（樹幹）方向は非常に小さく，1/20〜1/40程度である．樹種による相違は，広葉樹が針葉樹より大きく，また，**かさ密度**（volumetric density, bulk density）が大きいものほど大きい．こ

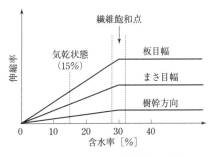

図7.7 木材の含水率と伸縮率との関係[5]

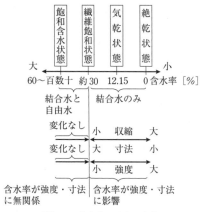

図7.8 含水率と強度・収縮

が$2.1\times10^4\mathrm{N/mm^2}$で，スギが小さく，同一応力の変形はスギが大きくなる．

木材と鋼材の比強度（強度/比重，強度/密度）は同程度の値であり，このため，木材を用いると軽い構造体を構成できることになる．

強度や弾性係数は，図7.9のように繊維方向が最も大きく，加力方向と繊維方向との角度が大きくなるほど急激に小さくなる．

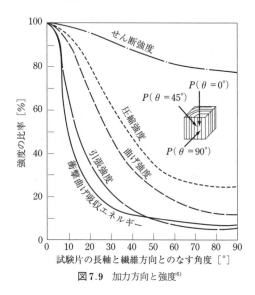

図7.9 加力方向と強度[6]

れは，収縮に関わる繊維量の違いによるものである．

木材の強度や寸法は，図7.8のように含水率により変化する．繊維飽和点以下では，含水率が小さいほど強度は大きくなり，寸法は小さくなる．逆の繊維飽和点以上は，自由水が乾燥し，強度や寸法の変化は生じない．

寸法変化は辺材のほうが大きく，**心持ち材**（boxed timber）は**心去り材**（pithless timber）よりも割れが生じやすい．したがって，柱材では見え隠れ（背中）に**背割り**を行って，割れや反りを予防している．また，板目材は乾燥に伴って木表側へ凹型に反りが生じやすく，見え掛りは木表とする．たとえば，敷居，鴨居の溝は木表に設ける．

このように，含水率の変化に伴う寸法変化が，異方性と非均質性に密接な影響となり，狂いや干割れなどを生じる一因につながっている．

7.4.4 強度および弾性係数

木材の強度や**弾性係数**（elastic modulus, modulus of elasticity：**ヤング率**，Young's modulus）は，気乾密度が大きいものほど大きい（図7.4）．構造材に用いるスギの繊維方向の強度と，一般的なコンクリートの強度を比較すると，**引張強度**（tensile strength）や**曲げ強度**（flexural strength, bending strength）は大きく，**圧縮強度**（compressive strength）もコンクリートと同程度かやや大きい．一方，繊維方向の弾性係数は，スギが$7\times10^3\mathrm{N/mm^2}$，コンクリート

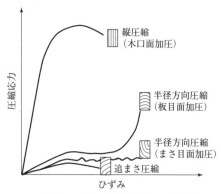

図7.10 応力-ひずみ曲線の模式図[3]

弾性係数や圧縮比例限応力度は，繊維方向＞半径方向＞接線方向の順に大きい（図7.10）．めり込みに関しては，加力方向が繊維に直角に近いほど大きい変形を生じやすくなる．

7.4.5 欠点と強度

木材には，ふし（節），丸み，目切れ（繊維の傾斜），割れ，曲がり，ねじれ，入り皮，あて（檜），

かなすじ（鉱条）などの欠点があり，これらは強度や剛性に大きな影響を及ぼす．このうち，強度低下には節が最も悪影響を及ぼす．また，応力の種類では，特に引張における強度低下が大きい．このように木材の強度はかなり大きいが，繊維方向，加力方向，応力の種類，欠点の存在，含水率によって大きく変動する．

7.4.6 応力の種類と基準強度

針葉樹構造用製材は，建築基準法の基準強度の分類からすれば，①目視等級区分製材，②機械等級区分製材，③無等級の3種類に区分される．①，②は日本農林規格に準じて区分された製材であり，③はまったく何の規格にもよらないものである．これら3種類の製品の**基準強度**（referenced strength）は樹種ごとに割り当てられている．一例として，スギの基準強度を表7.1に示す．

目視等級区分に示される甲種構造材とは，高い曲げ性能を必要とする梁や桁などを対象とした製材である．一方，乙種構造材とは高い圧縮性能を必要とする柱や束などを対象とした製材である．また，一，二，三級とは，欠点（節や割れなどの量を目視に評価）による区分である．

木材の繊維方向の強さは一般に，引張＞曲げ＞圧縮＞せん断の順序であるが，引張強度は節などの欠点による低下が特に大きいため，構造設計で用いる基準強度では，目視等級区分の乙種造材を

除き，曲げ＞圧縮＞引張＞せん断の順になる．

7.4.7 クリープ

木材は持続荷重下におけるクリープ（creep）変形が他の構造材料と比較して大きい．したがって木構造の設計では，構造用集成材などを使用する場合も含めて，クリープに対する考慮が必要である．クリープは荷重の種類，大きさ，加力方向，持続期間，使用される場所の温度や湿度，また，載荷開始時の含水状態などに大きく影響される．たとえば，乾燥状態よりも湿潤状態のほうがクリープは大きく，載荷直後の変形に対して，気乾状態では約2倍，湿潤状態では約3倍の変形が全体として生じる．

7.4.8 燃焼

木材は180℃前後から可燃性ガスを放出し始めるが，すぐに燃え出すような状態ではない．約260℃以上になると口火があると燃え出す．この約260℃を出火危険温度と呼ぶ．なお，約450℃を超えると口火なしで発火する．

木材は燃焼時に燃え焦げて，表面に断熱効果のある炭化層が生じ酸素の供給を妨げるため，内部の燃焼が遅延される．燃焼速度は1分間に0.6mm程度となる．

7.4.9 腐朽（腐れ）

木材の腐朽（decay, rot）は菌類により生じ，リグニン分解菌（カワラタケ，ウスバタケ）による白ぐされと，セルロース分解菌（ワタグサレタケ，ナミダタケ）による赤ぐされなどがある．腐朽は温度が20〜40℃，湿度が90%以上になるときわめて生じやすくなるため，土台付近や浴室周辺などが腐朽しやすい．

木材の**腐朽菌**の生育に最適な含水率は40〜70%程度で，20%以下ではほとんど腐朽しないとされている．また，完全に水没している場合は，空気（酸素）の不足から通常の腐朽菌は生育できない．

腐朽に対する耐久性は，ヒバやベイヒバなどが最も優れ，ヒノキ，スギ，カラマツなどがこれに

表7.1 スギの基準強度 ［単位：N/mm²］

樹種	区分	等級	圧縮強度	引張強度	曲げ強度	せん断強度
目視等級区分	甲種	一級	21.6	16.2	27.0	
		二級	20.4	15.6	25.8	1.8
		三級	18.0	13.8	22.2	
	乙種	一級	21.6	13.2	21.6	
		二級	20.4	12.6	20.4	1.8
		三級	18.0	10.8	18.0	
機械等級区分		E50	19.2	14.4	24.0	
		E70	23.4	17.4	29.4	
		E90	28.2	21.0	34.8	
		E110	32.4	24.6	40.8	1.8
		E130	37.2	27.6	46.2	
		E150	41.4	31.2	51.6	
無等級材			17.7	13.5	22.2	1.8

続く．一方，アカマツやエゾマツ，トドマツなどは腐朽しやすい．また，細胞膜が固く樹脂などを多く含む心材は，辺材よりも腐朽しにくい．

木材の腐朽と次項の虫害は，腐朽菌・昆虫の繁殖条件である酸素・温度・水分・栄養源のうち，一つでも欠くことによって防止できる．腐朽対策には，防腐剤による木材保存処理があげられるが，十分に乾燥させて使用することも重要である．

防腐剤（wood preservative agent, preservative, fungicide）には，クレオソート油，CCA（クロム，銅，ヒ素化合物），AAC（アルキルアンモニウム化合物），ナフテン酸銅，NZN（ナフテン酸亜鉛），PCP（ペンタクロールフェノール），硫酸銅などがある．

CCA は人体や環境への悪影響のある毒素を含むため，生産が著しく減少しており，現在は使用されない．最近では CCA に代わって，まだ JAS 規格化（日本農林規格，Japanese Agricultural Standard）はなされていないが，CUAZ（銅，ホウ酸，アゾール化合物）の使用が増加している．

7.4.10 虫害（食害）

木材の虫害（termite damage, insect damage, insect attack）には，代表的なものにシロアリと，ヒラタキクイムシによる食害がある．

わが国では，主にヤマトシロアリとイエシロアリが生息し，前者は日本全国に分布し，後者は西日本（神奈川以西）に分布する．食害の程度は，イエシロアリの被害がはなはだしい．

シロアリによる食害は，腐朽と同様，高温・高湿な箇所で生じやすく，心材よりも辺材のほうが食害を受ける．樹種では，スギやマツ類，モミなどは食害を受けやすく，ヒバ，クス，ケヤキ，カシ，チークなどは食害を受けにくい．ラワン材はヒラタキクイムシ（ラワン虫）により食害される．

虫害対策は，腐朽と同様に，クレオソート油やPCP などの薬剤を，塗布，注入，あるいは浸漬して薬剤を含浸する．シロアリ駆除などに用いられていたクロルピリオス（有機リン系殺虫剤）は，建築基準法（第 28 条の 2），同施行令（第 20 条 4 ～7，2003 年 7 月 1 日）により，使用が禁止された．

7.5 木 材 製 品

7.5.1 集 成 材

集成材（glued laminated wood, glued laminated timber）は，ラミナと呼ばれるひき板や小角材などを，繊維方向が互いに平行になるように接着したものであり，大断面の長大部材が得られる．また，節などの欠点を含む部分を切除して集成するため，乾燥に伴う狂い，割れや反りが生じにくい．

繊維方向の許容応力度は，同じ樹種を用いた場合には集成材のほうが大きくなる．また，断面寸法と形状が同じで同一樹種を用いた集成材でも，積層ラミナ数が多くなるほど強度が上昇する．集成材では部材を湾曲させて製造できるので，曲線や曲面を構成することができる．

集成材には，レゾルシノール系合成樹脂接着剤を使用した構造用集成材と，尿素樹脂（ユリア樹脂）系接着剤を使用した造作用集成材がある．外部にさらされる部位や，水分・湿気を受けるおそれがある場合は**フェノール樹脂**接着剤（phenol resin）を使用する．

レゾルシノール系接着剤は，シックハウス症候群の一要因の**ホルムアルデヒド**（formaldehyde）を含むため，最近は小中断面の集成材では水性高分子イソシアネート系接着剤への移行が進んでいる．

7.5.2 直交集成板

直交集成板（cross laminated timber, CLT）は，ラミナを繊維方向が互いに平行になるように接着したものを，主としてその繊維方向を互いにほぼ直角にして積層接着し，3 層以上の構造を持たせた材料である（図 7.11）．2013 年に JAS 規格が制定された．

近年，直交集成板は，世界各国で建築物に利用されるなど，急速に利用が伸びている．

国土交通省では，2016 年に直交集成板を構造部材として用いた建築物を告示に基づいた構造計算等を行うことにより，建築確認が可能だとする告示を行った．また，告示に基づく仕様とすることにより，準耐火構造にて建築可能な 3 階建て以下

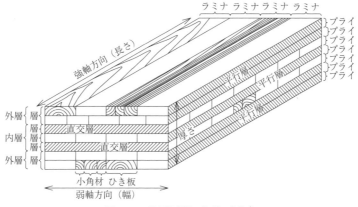

図7.11 直交集成板の各部の名称[7]

の建築物については，防火被覆なしで直交集成板を用いることができるようになった．

7.5.3 合板

合板(plywood)は，奇数枚の薄い**単板**(veneer)を繊維方向が互いに直交するように接着剤を用いて加熱圧着し，異方性を少なくした板材である．

普通合板は，特類と1～3類に分類される．特類は，フェノール樹脂接着剤を用いているので最も耐水性が高く，常時湿潤状態の場所で使用される．

1類は，接着剤としてフェノール樹脂や**メラミン樹脂**(melamine resin)を用いているので，耐水性が高く，外装や浴室などの内装に使用される．コンクリート用型枠としても使用されている．

2類は，接着剤として**尿素樹脂**（ユリア樹脂，urea resin）を用いており，1類に続く耐水湿性を有し，耐湿性を要する内装や外装にも使用される．

3類には普通，**カゼイングルー**（casein glue）接着剤が用いられ，通常の耐水性を有し，主として内装用に使用されるが，現在はほとんど生産されていない．（現在，JAS では3類は除かれている．）

ほかに構造用合板やコンクリート型枠用合板がある．

7.5.4 繊維板（ファイバーボード）

繊維板(fiberboard)は，木材の繊維や廃パルプを原料として成形した板材である．密度が0.4 g/cm³未満の**軟質繊維板**（インシュレーションボード，insulation fiberboard, soft board），0.4 g/cm³以上0.8 g/cm³未満の**半硬質繊維板**（セミハードボード，semi-hard boad），0.8 g/cm³以上の**硬質繊維板**（ハードボード，hardboard, hard fiberboard）に分類される．

軟質繊維板は，断熱性や吸音性に優れるが耐湿性に劣る．壁や天井に用いた仕上げを**テックス張り**（textile finishing, soft board finishing）と呼ぶこともある．

硬質繊維板は，比較的強度が大きく，吸湿性は小さい．また，耐腐朽性が大きいので外壁下地材として用いられる．

パーティクルボード（particle board），**チップボード**（chip board）は，木材の小片（チップ）を樹脂接着剤を用いて熱圧成形した板材である．密度は0.5～0.9 g/cm³程度で，家具や内装，天井，床下地などに用いられる．

厚さ12 mm 以上のパーティクルボードや厚さ5 mm 以上のハードボードは，所定の方法によって柱や梁などに打ち付けることにより，筋かいの代わりに用いることができる．

7.5.5 木毛セメント板

木毛セメント板（cemented excelsior board）は，ひも状の木片とセメントを用いて加圧成形した板材で，保温性，耐火性（準不燃材料），遮音性を有し，壁，天井などの下地材として用いられる．

7.5.6 木片セメント板

木片セメント板（cemented chip board）は，薬剤処理した5〜20 mmの木片とセメントを用いて加圧成形した板材である．木毛セメント板と性質や用途はほぼ同じである．

7.5.7 フローリング（フローリングブロック）

フローリング（flooring block）は，表面加工や実矧ぎ（さねはぎ）加工などを施した板材で，床材として使用される．モルタルなどによりコンクリート床板に直接張る場合には，裏面にアスファルトを塗布して湿気の侵入を防ぐ．

木材・木材製品では，防腐・防蟻・接着剤の中には**ホルムアルデヒド**を含むものもある．化学物質による室内の空気汚染は，シックハウス症候群の一要因になることに留意する必要がある．

建築基準法（第28条の2），同施行令（第20条4〜7，2003年7月1日）では，ホルムアルデヒドを発する建材について内装仕上げへの厳しい使用制限がなされた．国土交通省告示，JASやJIS（日本工業規格）では，揮発性化学物質の放出量の規格と表示記号を定めている．表示記号（F☆，F☆☆，F☆☆☆，F☆☆☆☆）は，ホルムアルデヒド放出量の大小を表し，☆印の多いほうが放出量は少ない．

演 習 問 題

7.1 木材に関する次の記述のうち，最も不適当なものはどれか．
1. 木材の繊維方向の強さは，引張＞曲げ＞圧縮＞せん断の順序である．
2. 木材の強度は，一般に含水率が増加すると低下し，繊維飽和点以上では一定となる．
3. 木材の強度は，一般に繊維飽和点以下の場合，含水率の低下に伴って高くなる．
4. 木材の収縮率の大小関係は，一般に繊維方向＞年輪の半径方向＞年輪の接線方向である．
5. 木表は，木裏に比べて乾燥収縮が大きく，木表側が凹に反る性質がある．

7.2 木材に関する次の記述のうち，最も不適当なものはどれか．

1. 木材を加熱した場合，約260℃に達すると引火し，約450℃に達すると自然に発火する．
2. 断面がある程度大きい木材は，表面が燃焼しても，その部分に形成される炭化層によって，深部まで急速に燃焼が及ぶことはない．
3. 心材は，一般に辺材に比べて腐朽しやすく，耐蟻性に劣る．
4. 木材の腐朽は，木材腐朽菌の繁殖条件である酸素・温度・水分・栄養源のうち，一つでも欠くことができれば防止することができる．
5. 木材は，含水率が長期にわたって20%以下に保たれると腐朽しにくい．

7.3 木質系材料に関する次の記述のうち，最も不適当なものはどれか．
1. 集成材は，ひき板または小角材などをその繊維方向を互いにほぼ平行にして，厚さ，幅および長さの方向に集成接着した材料である．
2. 繊維方向の許容応力度は，同じ樹種を用いた場合には集成材のほうが大きくなる．
3. 普通合板の1類は，フェノール樹脂接着剤を用いているので耐水性が高い．
4. 構造用合板のホルムアルデヒド放散量の基準において，ホルムアルデヒド放散量の平均値については，「F☆と表示するもの」より「F☆☆☆☆と表示するもの」のほうが高い．
5. 軟質繊維板は，密度が0.4 g/cm³未満で，断熱性や吸音性に優れるが耐湿性に劣る．

［解答］

7.1 4：一般に収縮率の大小関係は，年輪の接線方向＞年輪の半径方向＞繊維方向である．

7.2 3：逆で，辺材のほうが腐朽しやすく，耐蟻性に劣る．

7.3 4：逆で，ホルムアルデヒド放散量の大小は，F☆＞F☆☆＞F☆☆☆＞F☆☆☆☆である（建築基準法28条の2，20条の5〜7）．

■参考文献

1) 岡野 健 ほか：木材居住環境ハンドブック，朝倉書店（1995）.
2) 上村 武：棟梁も学ぶ木材のはなし，丸善（1994）.
3) 木質構造研究会 編：木質構造建築読本，井上書院（1988）.
4) 日本建築学会：建築材料用教材，丸善（1998）.
5) 原田 有 ほか編：建築材料，理工図書（1978）.
6) 梶田 茂：木材工学，養賢堂（1961）.
7) 農林水産省：直交集成板の日本農林規格（2013）.

8. 高分子材料

高分子（macromolecule, high polymer）とは多数の原子が共有結合した巨大分子である。一般に，分子量が 10000 以上のものが高分子と呼ばれる。現在の高分子の概念は，1920 年にヘルマン・シュタウディンガー（Hermann Staudinger）によって提唱されたものである[1]。ほとんどの高分子は，炭素が主鎖となって原子が連結する有機高分子である。自然界の高分子として木材（第 7 章），天然繊維，天然ゴムおよび天然アスファルトなどがあげられる。一方，人工の高分子（合成高分子）として合成樹脂，合成繊維および合成ゴムがあげられる。高分子は建築物の素材として広く利用されている。

8.1 合成樹脂

合成樹脂（synthetic resin）とは，合成高分子のうち合成繊維および合成ゴムを除いたものの総称である。工業化に成功した最初の合成樹脂は，1907 年にレオ・ベークランド（Leo Hendrik Baekeland）によって発明されたフェノール樹脂（商品名：ベークライト，Bakelite）といわれる。現在，さまざまな種類の合成樹脂が開発され，多くの工業製品に利用されている。建築分野においては，成形品（プラスチック，plastic）として化粧材，断熱材，防水材などに用いられるほか，塗料および接着剤としても用いられる。

合成樹脂は熱的性質によって**熱可塑性樹脂**（thermoplastic resin）と**熱硬化性樹脂**（thermosetting resin）に大別される。熱可塑性樹脂は加熱によって流動化を繰り返す性質を持つ。熱硬化性樹脂は一度固化すると再加熱しても流動化しない。一般に，熱硬化性樹脂は熱可塑性樹脂よりも耐熱性に優れるが，成形加工性に劣るといわれる。

8.1.1 一般的性質

① 成形加工が容易である。このため化粧材に広く利用される。

② 透明なものもあり，着色も容易である。

③ 軽量なものが多い（比重 1.2〜1.6 程度）。

④ 強度が高いものが多いが，弾性係数は低い傾向にある（同一応力下での変形が他の材料よりも大きくなりがち）。また，切り込みによる強度低下やクリープが大きい。

⑤ 耐食性および耐薬品性に富むものが多い。

⑥ 熱膨張率が大きい（コンクリートの数倍）ため，熱変形に対する配慮が必要である。

⑦ 熱および紫外線によって劣化する。

⑧ 耐火性に乏しく，150℃以上に耐えられるものは少ない。また，火災時に有毒ガスを発生するものが多い。

8.1.2 製品・種類

各合成樹脂の構造式は図 8.1 の通りである。

a. 熱可塑性樹脂

（1） 塩化ビニル樹脂（ポリ塩化ビニル；塩ビ，polyvinyl chloride, PVC）：安価で機能性が高く，耐薬品性および自己消火性に優れる。可塑剤の含有量を調整することで硬質-軟質が変化する。硬質塩化ビニル樹脂は給排水管，雨どい，床タイルなどに，軟質塩化ビニル樹脂は床シートおよび壁紙などに用いられる。アメリカでは住宅のサイディングとしての需要が多く，ヨーロッパでは窓枠としての需要が多い。

（2） メタクリル樹脂（ポリメタクリル酸メチル樹脂，poly methyl methacrylate resin, PMMA）：一般に**アクリル樹脂**（acrylic resin）とも呼ばれる。透明性および着色性に優れる。建築照明，水槽および塗料のベースなどに用いられ

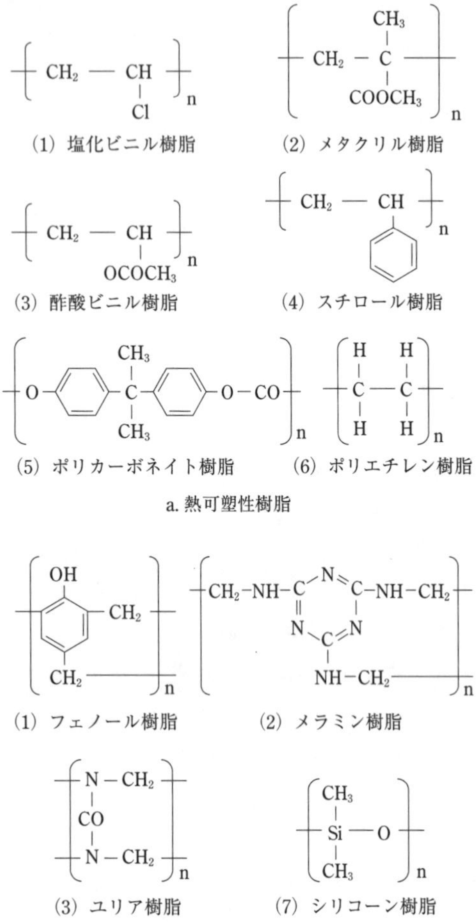

a. 熱可塑性樹脂

$$\left[CH_2 - \underset{\underset{Cl}{|}}{CH} \right]_n$$
(1) 塩化ビニル樹脂

$$\left[CH_2 - \underset{\underset{COOCH_3}{|}}{\overset{\overset{CH_3}{|}}{C}} \right]_n$$
(2) メタクリル樹脂

$$\left[CH_2 - \underset{\underset{OCOCH_3}{|}}{CH} \right]_n$$
(3) 酢酸ビニル樹脂

$$\left[CH_2 - CH \right]_n$$
(4) スチロール樹脂

$$\left[O - \underset{\underset{CH_3}{|}}{\overset{\overset{CH_3}{|}}{C}} - O - CO \right]_n$$
(5) ポリカーボネイト樹脂

$$\left[\underset{\underset{H}{|}}{\overset{\overset{H}{|}}{C}} - \underset{\underset{H}{|}}{\overset{\overset{H}{|}}{C}} \right]_n$$
(6) ポリエチレン樹脂

b. 熱硬化性樹脂

(1) フェノール樹脂

(2) メラミン樹脂

(3) ユリア樹脂

$$\left[CH_3 - \underset{\underset{CH_3}{|}}{\overset{\overset{CH_3}{|}}{Si}} - O \right]_n$$
(7) シリコーン樹脂

図8.1 合成樹脂の構造式

る．透明なメタクリル樹脂の成形品はアクリルガラスと呼ばれる．アクリルガラスはケイ酸塩を主成分とする通常のガラスよりも大型かつ曲面に成形できるが，キズが入りやすく熱に弱い．

(3) **酢酸ビニル樹脂**（ポリ酢酸ビニル，polyvinyl acetate，PVAc）：低温で軟化するため成形品として用いられず，塗料および接着剤のベースに用いられる．

(4) **スチロール樹脂**（styrol resin，ポリスチレン，ポリスチロール，PS）：透明性を有し，成形加工性および着色性に優れる．発泡体が断熱材に用いられる．

(5) **ポリカーボネイト樹脂**（polycarbonate resin，PC）：透明性を有し，耐候性，耐衝撃性および自己消火性に優れる．エンジニアリングプラスチック（engineering plastic，エンプラ）の一つ

である．ガラスの代わりに安全性が求められるトップライト，カーポートの屋根材，間仕切りなどに用いられる．

(6) **ポリエチレン樹脂**（polyethylene resin，PE）：日本で最も多く生産されている合成樹脂である（2016年時点）．触媒および生産プロセスによって密度や強度などの物性が変化する．給排水管や防湿シートなどに用いられるほか，発泡体が断熱材や目地材などに用いられる．

b. 熱硬化性樹脂

(1) **フェノール樹脂**（phenol resin，PF）：耐熱性，耐酸性および電気絶縁性に優れる．塗料および接着剤のベースなどに，発泡体が断熱材に用いられる．

(2) **メラミン樹脂**（melamine resin，MF）：透明で着色性および耐水性に優れる．表面硬度が高く，陶磁器に似た質感を持つ．化粧板のほか，接着剤および塗料のベースに用いられる．

(3) **ユリア樹脂**（尿素樹脂，urea resin，UF）：メラミン樹脂に似た性質を持つ．メラミン樹脂よりも耐水性および耐熱性に劣るが，生産性が高い．メラミン樹脂とほぼ同じ用途に用いられる．

(4) **エポキシ樹脂**（epoxy resin，EP）：接着性，耐薬品性，耐水性および電気絶縁性に優れる．接着剤，塗料，各種ライニング，ポリマーコンクリートおよびコンクリート構造物の補修などに用いられる．

(5) **不飽和ポリエステル樹脂**（unsaturated polyester resin，UP）：ガラスとの接着性に優れる．ガラス繊維を分散して埋め込まれた繊維強化プラスチック（fiber reinforced plastics，FRP）が浴槽などに用いられる．

(6) **ポリウレタン樹脂**（polyurethane resin，PU）：接着性，耐薬品性に優れ，塗料および接着剤のベースなどに用いられる．発泡体はウレタンフォーム（polyurethane foam）と呼ばれ，硬質のものが断熱材に用いられる．

(7) **シリコーン樹脂**（ケイ素樹脂，silicone resin）：ケイ素原子を有する有機高分子であるため，無機質と有機質を兼ね備える．耐寒性，耐熱性，耐候性および撥水性に優れる．塗料やシーリ

ング材などに用いられる．

8.2 繊　　維

繊維は**天然繊維**（natural fiber）と化学繊維に大別される．化学繊維には再生繊維，半合成繊維および**合成繊維**（synthetic fiber）がある．元来の天然繊維は虫やカビに弱く，合成繊維（特にナイロン）は帯電しやすい欠点を持つ（静電気が発生しやすく，ほこりが付きやすい）．しかしながら近年では，防虫・防カビ加工された天然繊維や，帯電防止加工された合成繊維が市販されている．繊維は建築材料としてカーペットおよびカーテンなどに用いられる．

カーペットに用いられる繊維は，天然繊維のウール（wool），合成繊維のナイロン（nylon），アクリル，ポリプロピレン（polypropylene, PP）およびポリエステル（polyester）などである．人の往来が激しい場所（たとえばホテルのエントランス）では擦り切れに強いナイロン，台所，洗面所などでは撥水性を持つポリプロピレンおよびポリエステル，居間，寝室などでは手触りが柔らかく暖かいといわれるウールおよびアクリルのカーペットがよく用いられる．

カーテンに用いられる繊維は，天然繊維の綿（cotton）および麻（hemp），再生繊維のレーヨン（rayon），合成繊維のポリエステルおよびアクリルなどである．

8.3 ゴ　　ム

比較的小応力で大変形を生じ，応力を除くともとの寸法に戻る物質をゴム（rubber, gum）という．ゴムは原料によって天然ゴムと合成ゴムに大別される．

(1) **天然ゴム**（natural rubber）：ゴムノキの幹から採取されるラテックス（latex）を主原料とする．耐久性などに問題があるため，建築材料としてあまり用いられない．

(2) **合成ゴム**（synthetic rubber）：石油を主原料とする．混和材を加えることで，用途に応じて物性を調整することが可能である．ゴムタイル，シートなどの床材，パッキン，ガスケットなどのシーリング材，電線の被覆材，接着剤および塗料のベースなどに用いられる．床材のゴムタイルには，弾力性に富み耐摩耗性に優れるものが用いられる．近年ではゴムと鋼板を複層に重ねて接着した積層ゴムが，免震構造の基礎に用いられる．

8.4 アスファルト

アスファルト（asphalt）は常温で固体または半固体で，熱を加えられることで軟化・流動化する性質を持つ．アスファルトの歴史は古く，石器時代に黒曜石の矢尻を木の棒に固定する接着剤として天然アスファルトが用いられたことが知られている．現在のアスファルトは石油アスファルトがほとんどである．アスファルトは道路舗装および防水工事（図 8.2）などに用いられる．

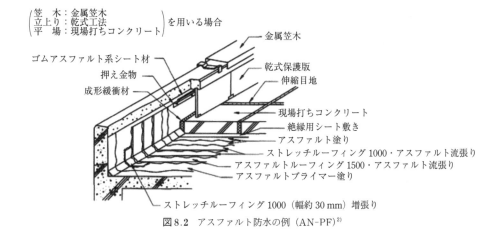

図 8.2　アスファルト防水の例（AN-PF）[2]

アスファルトは軟化点および**針入度**（penetration）によって等級分けされる．針入度とは，一定温度（一般に 25℃）に保った試料に，規定の針が一定時間内に進入する長さである．針入度が大きいアスファルトほど軟らかい．

（1）ストレートアスファルト（straight asphalt）：石油を蒸留する工程で最後まで残る残渣油そのもの．主に道路舗装に用いられる．

（2）ブローンアスファルト（blown asphalt）：ストレートアスファルトに空気を吹き込み，酸化重合させてつくったもの．ストレートアスファルトよりも軟化点が高く，針入度が小さく，耐候性および耐水性が向上している．防水工事用アスファルトは，製法上の分類ではブローンアスファルトに属する．

（3）アスファルトコンパウンド（asphalt compound）：ブローンアスファルトに動植物性樹脂や鉱物質粉末を混入して流動性，粘着性および耐候性などを改良したもの．

（4）アスファルトプライマー（asphalt primer）：アスファルトを溶剤で溶解，もしくは水エマルション化した液状の下塗り材である．防水層の一番下に施され，アスファルトと素地の接着力を向上させる．

（5）アスファルトルーフィングフェルト（asphalt roofing felts）：天然繊維のフェルト（不織布）にアスファルトを含浸させたシートで，防水層を構成する．

（6）ストレッチアスファルトルーフィングフェルト（stretchy asphalt roofing felts）：合成繊維のフェルトにアスファルトを含浸させたシートで，アスファルトルーフィングフェルトよりも引張強さおよび耐久性に優れた防水層を構成する．

8.5 塗　　料

塗料は材料の表面保護や装飾を目的として用いられる．流動性を持った状態で素地に塗布され，硬化後に塗膜（coated film）を形成する．塗料が十分な機能を果たすためには，塗装前の素地調整（脱脂，パテ処理，研磨紙ずり，ブラスト処理，ケレン，エッチングプライマー塗布など）が不可欠

である．

塗料は**透明塗料**（ワニス，varnish）と**不透明塗料**（有色塗料；ペイント，paint）に大別される．透明塗料は**顔料**（pigment）を含まず，硬化すると透明な塗膜を形成する．不透明塗料は透明塗料の成分を**展色剤**（vehicle）とし，展色剤によって顔料を分散させる塗料である．

8.5.1　油性塗料

（1）油性ワニス（oil varnish）：乾性油を主原料とする透明塗料であり，ボイル油（乾性油で樹脂を加熱融合したもの）そのもの．長油性[*1] のものはスパーワニス（spar varnish, OC）と呼ばれ，木部の塗装に適する．近年ではフタル酸樹脂ワニス（アルキド樹脂ワニス，phthalic resin varnish, FC）がこれに代わり，あまり用いられない．

（2）油性調合ペイント（油性ペイント，oil paint, OP）：ボイル油を展色剤とする不透明塗料である．木部の塗装に適するが，乾燥が遅く（24 時間以上），近年では建築用塗料としてあまり用いられない．

（3）合成樹脂調合ペイント（ready mixed paint（synthetic resin type），SOP）：長油性[*2] フタル酸樹脂ワニスを展色剤とする不透明塗料である．油性調合ペイントよりも乾燥が速く耐候性に優れる．木部および鉄部の塗装に用いられる．アルカリに弱いためコンクリートおよびモルタル面の塗装には不適である．

8.5.2　合成樹脂塗料

合成樹脂塗料（synthetic resin coating）は合成樹脂を展色剤の主体とする塗料の総称である．近年の建築用塗料は合成樹脂塗料が主流になっている．

合成樹脂塗料は溶剤（溶媒，solvent）によって溶剤系，水系（エマルション系）および無溶剤系に大別される．溶剤とは塗料の希釈に用いられる

[*1] ここでは油長（樹脂に含まれる油の比）が 1.5 以上のものを指す．

[*2] ここでは油長が約 0.60 以上のものを指す．中油性フタル酸樹脂ワニス（油長：0.50 程度）を展色剤とする不透明塗料はフタル酸樹脂エナメル（phthalic resin enamel, FE）と呼ばれ，合成樹脂塗料に属する．

成分で，溶剤自体は蒸発して塗膜にならない．溶剤にシンナー（thinner）を用いるものが溶剤系，水を用いるものが水系，化学反応で硬化するため溶剤が不要なものが無溶剤系である．溶剤系の塗料は，揮発性有機化合物（VOC）の発散に対する配慮が求められる．

(1) フタル酸樹脂塗料（phthalic resin coating）：溶剤系．安価で作業性に優れるが，耐久年数が短くDIY向けの塗料といえる．コンクリートおよびモルタル面の塗装には不適である．

(2) アクリル樹脂塗料（acrylic resin coating）：水系が主流．顔料を含まないワニス塗り（AC）および顔料を含むエナメル塗り（AE）がある．新築住宅などに用いられることが多く，耐久年数は5年程度といわれる．

(3) ポリウレタン樹脂塗料（polyurethane resin coating）：溶剤系，水系および無溶剤系がある．アクリル樹脂塗料よりも耐久年数が長い．ワニス塗り（UC）が木床の塗装などに用いられる．

(4) シリコーン樹脂塗料（silicone coating）：ポリウレタン樹脂塗料よりも耐久年数が長く，住宅屋外の塗替え用塗料として最も普及している．

(5) フッ素樹脂塗料（fluoropolymer coating）：建築用塗料の中で最も耐久年数が長く，高耐久が要求されるビル外壁の塗装などに用いられる．

(6) エポキシ樹脂塗料（epoxy resin coating）：耐水性および耐薬品性に優れ，付着力が高いのであらゆる素地に適する．鉄骨のさび止めや化学工場などの防食が求められる場面で用いられるほか，目的の塗料が素地に十分に付着しない場面で**プライマー**（地肌塗り塗料，primer）として用いられる．紫外線によって劣化しやすいため，屋外のトップコートには不適である．

8.5.3 そ の 他

(1) アルミニウムペイント（aluminum paint, AIP）：アルミニウム粉末を顔料とする塗料である．鉄部の塗装に用いられる．塗膜が熱線を反射するため，貯水槽，金属屋根および屋外配管など

に塗布することで，日光による素地の温度上昇を和らげることができる．

(2) さび止めペイント（anticorrosive paint）：金属素地の防食を目的とした塗料の総称である．防錆顔料として亜酸化鉛，塩基性クロム酸鉛およびシアミド鉛を含むもの，**ジンクリッチペイント**（zinc rich paint），エポキシ樹脂塗料などがある．**エッチングプライマー**（etching primer）は，本格塗装を行うまでの一時的な防食を目的に塗布される．

(3) ラッカー（lacquer）：溶剤の蒸発によって塗膜を形成する塗料の総称である．セラックワニス，ニトロセルロースラッカーおよびアクリルラッカーなどが該当する．顔料を含まないものはクリヤラッカー（clear lacquer, LC），顔料を含むものはラッカーエナメル（lacquer enamel, LE）と呼ばれる．

(4) オイルステイン（oil stain, OS）：木部に塗布され，素地に染み込むことで着色する．塗膜を形成しないため，塗料というより染料といえる．表面の劣化が自然な形で進行する．

(5) 耐火塗料（fire-retardant paint）：鉄骨の意匠を生かすことを目的に，火災時に塗膜が発泡して断熱層を形成する耐火塗料が開発，利用されている．

8.6 接 着 剤

接着剤は二つの物体を貼り合わせるために用いられる．被着材に応じて適切な接着剤を選択することが重要である．また，被着材の表面の状態が接着力に影響を与えるため，被着材の表面処理も重要である．

8.6.1 天然高分子系接着剤

天然高分子系接着剤として，でんぷんのり（starch paste），にかわ（glue）およびカゼイン接着剤（casein glue）などがあげられる．接着力，耐水性に劣るため，近年の建築用接着剤としての用途は紙貼りおよび布貼りなどに限定される．

8.6.2 合成高分子系接着剤

(1) 酢酸ビニル樹脂接着剤（polyvinyl acetate adhesives）： 酢酸ビニル樹脂をシンナーに溶かした溶剤系と，エマルション化して水に溶かした水性系（エマルション系）がある．溶剤系は木材および合成樹脂の接着に用いられ，水性系は木工に用いられる．両者とも耐水性に乏しく，屋外には不適である．

(2) エポキシ樹脂接着剤（epoxy resin adhesives）：建築現場では主に2液型が用いられる．主剤と硬化剤を混合することで化学反応が起こり硬化する．接着力，耐薬品性および耐久性に優れる．あらゆる建築材料の接着に用いられる．

(3) ユリア樹脂接着剤（urea resin adhesives），**メラミン樹脂接着剤**（melamine resin adhesives）：溶剤系．合板および集成材に用いられる．

(4) フェノール樹脂接着剤：加熱によって硬化する．耐水性，耐熱性，耐候性に優れ，合板および集成材に用いられる．

(5) 水性高分子‑イソシアネート系接着剤（水性ビニルウレタン系接着剤，water based polymer‑isocyanate adhesives）：1970年代にホルムアルデヒドを含まない接着剤として開発された．合板，集成材および木工に用いられる．ホルムアルデヒドの放散を嫌う同様の用途の接着剤として，他に *α*‑オレフィン無水マレイン酸樹脂接着剤（*α*‑olefin resin adhesive）がある．

(6) 合成ゴム系接着剤（synthetic rubber adhesive）：弾力性があり伸縮に耐えうることから，床の仕上げ材の接着に用いられる．

・**クロロプレンゴム系接着剤**（CR系接着剤，polychloroprene rubber adhesives）：溶剤系．両被着材に塗布した後，乾燥を待って貼り合わせる（コンタクト接着）．

・**ニトリルゴム系接着剤**（NBR系接着剤，nitrile rubber adhesives）：溶剤系．建築現場では主にフェノール樹脂を配合したものが用いられる．

・**スチレン‑ブタジエンゴム系接着剤**（SBR系接着剤，styrene‑butadiene rubber adhesives）：溶剤系と水性系（SBRラテックス）がある．

8.7 樹脂サッシ

8.7.1 歴 史

樹脂サッシは塩化ビニル樹脂製のサッシと複層ガラスの組合せからなる建築部材の窓であり（総称して「樹脂窓」と呼ぶこともある），1950年頃にドイツで開発され，日本では1975年に発売が開始された．欧米の寒冷地を中心に広がり，近年，日本でも住宅の省エネ対応を契機に普及が進んでいる（図8.3，図8.4）．

8.7.2 構 成

樹脂サッシは塩化ビニル樹脂からつくられる部材（押出形材）を切断・加工・組立・溶着し，最後に複層ガラスをセットして製造される．

樹脂サッシに塩化ビニル樹脂が用いられる理由は，熱を伝え難い性質はもとより，アルミと同様サッシの部材としての複雑な形状を精度よくつくることができ，加工性もよいことと，難燃性で比較的剛性が高く，耐候性もよいことから選ばれている．またガラスでは複層ガラスやLow‑E複層ガラスなどの高性能ガラスが用いられ，ガラスとガラスとの間に不活性ガスを封入したり，真空処理を行ったりして，さらに熱伝導性を下げる工夫により断熱性能を高めている．

8.7.3 性 能

アルミサッシに比較して，木材と同様に熱伝導率が1000倍以上も低いため，断熱性能に優れ，窓から出入りする熱量を低減して，住宅の省エネ効果に貢献している．環境省はじめ自治体や大学での実験で効果が確認されたことから住宅版エコポイントの要件に取り上げられ，普及が進んでいる．副次的な効果として，冬季の結露防止や気密性，遮音性能にも優れていることなどから，都市部での採用が増えた．防火地域で要求される防火性能も，外加熱20分に耐える工夫が行われ，個別防火認定基準を取得している．

また木造向けのほかに非木造向けの樹脂サッシもあり，たとえばマンションなどの高層住宅で要求される耐風圧性能や水密性能，防火性能等を満

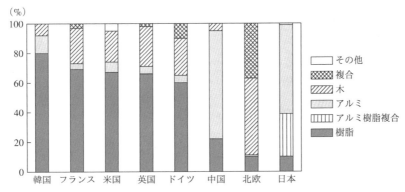

図 8.3 世界の樹脂サッシ普及率（2005年度）［板硝子協会より］
米国は2010年度，新築・リフォームの合計．日本は2011年度．

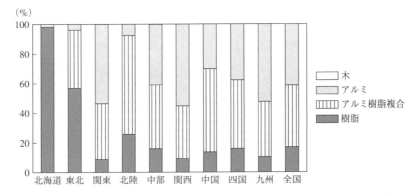

図 8.4 日本の樹脂サッシ使用状況［日本サッシ協会住宅建材使用状況調査（平成29年3月発行）より］

足するよう考えられている．

現在マンションでの樹脂サッシの使われ方として，外部にアルミサッシを使用し，内側に樹脂製内窓を取り付けて，省エネ効果を上げる事例が増えている．

8.7.4 今後の展開

住宅の省エネ基準見直しに伴う窓の性能向上とその保証が問われていくことから，複層ガラスとの組合せに伴う工夫がサッシメーカー各社で本格的に行われている．同時に，日本の厳しい防火基準に対応した性能確保にも取り組まれ，欧米で先行した樹脂サッシの普及がさらに進むものと予想される．また，良質な住宅の要件として，省エネに加えた快適健康住宅の要望が高まることから，樹脂サッシの位置づけが高まると考えられる．

演 習 問 題

8.1 高分子材料に関する記述として，次のうち不適当なものはどれか．
1. 合成樹脂の線膨張係数は，鋼材やコンクリートの数倍である．
2. アメリカなどでは塩化ビニル樹脂のサイディングが住宅に多く利用されている．
3. ポリカーボネイト樹脂はガラスの代用品として用いられることが多い．
4. ナイロン製のカーペットは静電気が発生しやすいので，近年では帯電防止加工されたものが市販されている．
5. アスファルトは針入度が大きいほど硬い．

8.2 塗料に関する記述として，次のうち不適当なものはどれか．
1. ワニスとは顔料を含まない塗料の総称である．
2. 合成樹脂調合ペイントは耐アルカリ性に劣るため，コンクリート素地に塗布してはいけない．
3. 耐候性が求められる部材の上塗り塗料として，フッ素樹脂，シリコーン樹脂およびポリウレタン

樹脂などが用いられる．

4．オイルステインは乾燥後，丈夫な塗膜を形成する耐候性塗料である．

5．アルミニウムペイントは熱線を反射し，素地材料の温度上昇を防ぐので，金属屋根や配管などの塗装に利用されている．

8.3 接着剤に関する記述として，次のうち不適当なものはどれか．

1．でんぷんのりは耐水性に乏しいため，用途は内装材の接着に限定される．

2．酢酸ビニル樹脂接着剤エマルション系は木材の接着に広く利用されている．

3．エポキシ樹脂接着剤は接着力が強く，耐水性および耐薬品性も高いため，建築現場のさまざまな用途に用いられる．

4．水性高分子-イソシアネート系接着剤はホルムアルデヒドを放散するため，人体への有害性が広く指摘されている．

5．SBR ラテックスなどの合成ゴム系接着剤は伸縮性を持つため，コンクリートスラブに床材を張る際によく用いられる．

[解答]

8.1　5：針入度が大きいアスファルトほど軟らかい．

8.2　4：オイルステインは塗膜を形成しない．また，耐候性に劣るため比較的短期間で塗り替えが必要である．

8.3　4：水性高分子-イソシアネート系接着剤はホルムアルデヒドを含まない接着剤として開発された．基本的に水性接着剤はホルムアルデヒドを含まない．

■参考文献

1)　H. Staudinger：Über Polymerisation, *Berichte der deutschen chemischen Gesellschaft*, **53**(6), pp. 1073-1085 (1920).

2)　日本建築学会：建築工事標準仕様書・同解説 JASS 8 防水工事 (2008).

9. セメント・せっこう・石灰系材料

　セメントとは，自らが硬化し，あるいは骨材など他の材料と一体となって固まる結合材の総称である．歴史的には，古代エジプトのピラミッドの建設に焼きせっこうが用いられていた．また，古代ローマでは石灰と火山灰を混合したものを結合材とし，砂や砂利を骨材としたコンクリートを建築，土木工事に使用していた．これらのセメントに対し，現在コンクリートに最も多く用いられるポルトランドセメントは，19世紀前半にイギリス人の J. Aspdin が開発し名付けたものを，同じくイギリス人の I. C. Johnson が改良したものであり，比較的新しいセメントである．

9.1 水硬性セメントと気硬性セメント

　建築で使用されるセメントは，水と結合して硬化する性質（＝**水硬性**，hydraulic property）のある水硬性セメント（hydraulic cement）と，空気中の炭酸ガスなどと反応して硬化する性質（＝**気硬性**，air hardening）のある気硬性セメント（air hardening cement）に大別できる（表 9.1）．いずれも通常，水と練り混ぜて使用されるが，たとえば水硬性のポルトランドセメントは水との間に水和反応（hydration，hydration reaction）と呼ばれる化学反応を生じて硬化するのに対し，左官材料として使用される気硬性の消石灰は単に壁塗りに必要な可塑性を得るために水を用いているにすぎない．

　せっこうは水と結合して硬化するが，水和後は乾燥により強度が増大し，気硬性を示す．吸湿すれば強度が低下し，また耐水性が小さくなる．

　一般に，気硬性セメントよりも水硬性セメントのほうが，硬化に伴う収縮は小さく強度も大きい．また気硬性セメントは耐水性が低い．

9.2 セメント

9.2.1 製法

　現在，コンクリートやモルタル用のセメントとしては**ポルトランドセメント**（Portland cement）が最もよく使用される．ポルトランドセメントは，石灰石，粘土，けい石を主原料とし，他に鉄屑などが用いられる．これらを乾燥，粉砕し，所定の割合で混合（図 9.1）し，ロータリーキルン

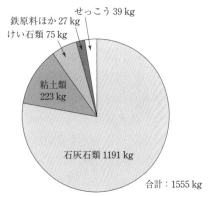

図 9.1　セメント 1t を製造するために必要な原料原単位（2011年度）
　　　　文献 1）をもとに作成．

表 9.1　水硬性セメントと気硬性セメント

種別	例
水硬性セメント	ポルトランドセメント
気硬性セメント	消石灰，ドロマイトプラスター

注：せっこうは文献によって水硬性あるいは気硬性のどちらにも分類される

図 9.2　クリンカー[1]

図9.3　セメントの製造工程の概要

(rotary kiln，回転窯)で焼成する．焼成には燃料として微粉炭などが使用される．約1450℃で半溶融状態となった原料は，急冷されて**クリンカー**(clinker)と呼ばれる小石状の塊となる(図9.2)．これに3〜5％のせっこうを加えて再び微粉砕し，ポルトランドセメントが得られる(図9.3)．せっこうは凝結時間の調節を目的として添加される．

9.2.2　成分および水和反応

a.　成　分

ポルトランドセメントの主成分は**ケイ酸カルシウム**(calcium silicate)である(表9.2)．ケイ酸カルシウムは石灰石に含まれていた酸化カルシウムと，粘土およびけい石に含まれていた二酸化ケイ素(シリカ)で構成される．ケイ酸カルシウムには，C_3S(**エーライト**；alite，アリット)とC_2S(**ビーライト**；belite，ベリット)の2種類がある(表9.2)．C_3Sのほうが初期の反応速度が大きく，初期強度の発現に寄与する．また水和発熱も大きい．C_2Sは，反応速度は遅いが，ゆっくり反応して緻密な水和生成物を形成するので，長期強度の増進や耐久性の向上に寄与する．また水和発熱も

小さい(表9.3)．

ポルトランドセメント中には，このほかにC_3A(**アルミネート相**)およびC_4AF(**フェライト相**)が含まれる．これらはクリンカーを顕微鏡で観察したときに，ケイ酸カルシウム結晶どうしの間隙にみられるので，総称して**間隙相物質**(間隙物質，interstitial material)と呼ばれる．

C_3Aは，初期の凝結・硬化に関与する．初期の発熱が大きく，硬化後の乾燥収縮が大きい．また化学抵抗性が低い．C_3Aを極端に減らすと硫酸塩に対する抵抗性の高い耐硫酸塩ポルトランドセメントになる．

C_4AFは，セメントの性質を大きく左右するものではないが，セメントの灰色は酸化鉄に起因するものであるため，C_4AFを極端に減らすと白色ポルトランドセメントになる．

間隙相物質は，ポルトランドセメントを製造するのに必要な焼成温度を下げる働きをする．

b.　水和反応 (hydration, hydration reaction)

ポルトランドセメントを水とともに練り混ぜて放置すると，最初のうちは流動性を示すが，数時間後にこわばり始める．これを**凝結**(setting)という(図9.4)．

これ以降，急速に水和反応が活発となり次第に硬化して強度を発現する．練り混ぜた直後から凝結開始時期までは，水和反応はほとんど進行していないようにみえ，この時期を**潜伏期**(dormant period)という．セメントの製造時に添加された**せっこう**は，C_3Aと反応して**エトリンガイト**(ettringite)をセメント粒子の表面に生成(図

表9.2　ポルトランドセメントの成分

名　称		略号	化学式
ケイ酸カルシウム	エーライト	C_3S	$3CaO \cdot SiO_2$
	ビーライト	C_2S	$2CaO \cdot SiO_2$
間隙相物質	アルミネート相	C_3A	$3CaO \cdot Al_2O_3$
	フェライト相	C_4AF	$4CaO \cdot Al_2O_3 \cdot Fe_2O_3$

表9.3　ポルトランドセメントの成分の性質[1,2]

項目		C_3S	C_2S	C_3A	C_4AF
強度発現	短期	大	小	大	小
	長期	大	大	小	小
水和熱		中	小	大	小
化学抵抗性		中	大	小	中
収縮		中	小	大	小

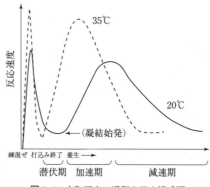

図9.4　水和反応の過程を示す模式図

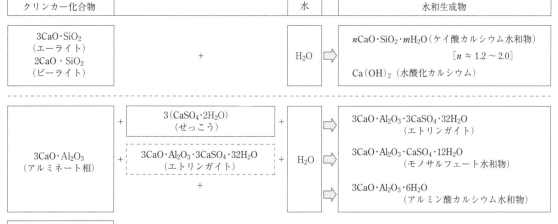

図9.5 ポルトランドセメントの水和反応[1]

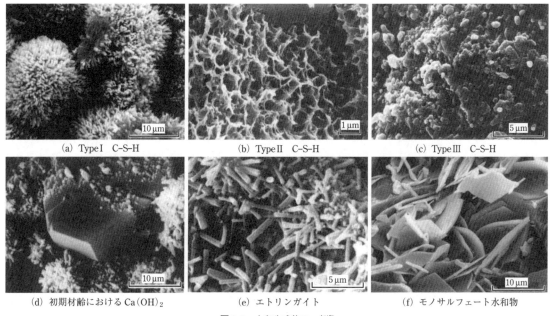

図9.6 水和生成物の一例[3]

9.5, 図9.6) することにより, C_3A の急激な水和 (C-A-H の生成による瞬結) を抑制する. つまり, 凝結開始時期がせっこうの量で調節される. これはコンクリートの練混ぜから運搬, 打込み終了までの間にコンクリートが流動性を保つ上で重要である.

凝結が始まったあとに反応が活発になる時期を**加速期**と呼ぶ. 主成分であるケイ酸カルシウムは水と水和反応を生じて**ケイ酸カルシウム水和物** (C-S-H) と, **水酸化カルシウム** ($Ca(OH)_2$) を生じる. ケイ酸カルシウム水和物は硬化体組織の主要部分を構成し, 強度の発現に寄与する. 水酸化カルシウムは, 強度にはほとんど寄与しないが, 硬化体組織を pH 13 程度の強いアルカリ性に保つ働きをする.

水和反応速度は練混ぜ後, 5, 6 時間から 20 時間前後でピークとなったのち, 次第に低下していく. これ以降を**減速期**という.

減速期以降も水和反応は継続し, 水和に必要な水分が不足しなければ, 数年から数十年をかけて

強度が増進する．条件にもよるが，練混ぜ後1日で最終的な強度の1〜2割，7日で4割前後，28日で8〜9割以上の強度を発現する．

ポルトランドセメントの水和反応は，発熱反応であり，発生する熱を**水和熱**（heat of hydration）と呼ぶ．また，反応に伴って若干の収縮が生じる．水和熱は温度ひび割れの原因となる．また硬化に伴う収縮がひび割れの一因となることがある．

水和反応では温度が高いほど反応速度が大きく，初期強度は高くなる．しかし通常は，初期の反応は遅いほうが緻密な硬化体組織を形成し，長期材齢において強度や耐久性が高くなることが多い．

水和反応によって生じた水酸化カルシウムは，コンクリートの中で，硬化体細孔溶液中に飽和溶液として，あるいは結晶として存在する．先に述べたように，前者によってコンクリートは強アルカリ性に保たれ，鉄筋の腐食が抑制される．また，水酸化カルシウムは硬化後にコンクリート表面ににじみ出て，炭酸ガスと反応して析出することがある．コンクリートやれんがの壁体に塊状の白い汚れとなって現れる場合を**エフロレッセンス**（efflorescence；**白華，はな垂れ**）という．スラブやひさし下部のひび割れに沿ってつらら状に析出する場合もある．エフロレッセンスは，構造体の物性に及ぼす影響は少ないが，美観上の問題となる．

セメントは長期間放置すると，空気中の水分や炭酸ガスにより**風化**し，凝結の遅延や強度低下を生じる．このため，保管には注意を要する．

9.2.3 種 類

a. ポルトランドセメント

JIS R 5210：2009（ポルトランドセメント）には，6種類のポルトランドセメントが規定されている（表9.4）．それぞれ，全アルカリ量を0.6%以下とした低アルカリ形がある．

(1) 普通ポルトランドセメント（ordinary portland cement，normal portland cement）：最も一般的に用いられているセメントで，現在，国内で使用されるセメントの約7割を占める．

(2) 早強ポルトランドセメント（high-early-strength portland cement）：普通ポルトランドセメントよりもC_3Sの割合が多く，C_2Sが少ない．また比表面積が大きい．このため，初期強度が大きく，普通ポルトランドセメントの7日強度を3日で発現するが，長期強度の増進は小さい．水和熱は大きい．緊急工事や寒中コンクリート工事に用いられる．ほかにコンクリート2次製品などがある．暑中コンクリート工事やマスコンクリートには適さない．

(3) 超早強ポルトランドセメント（ultra-high-early-strength portland cement）：C_3Sの割合および比表面積を大きくすることで，早強ポルトランドセメントよりもさらに早強性を大きくしたセメントであり，普通ポルトランドセメントの7日強度を1日で発現する．水和発熱速度および水和熱が大きく，通常のコンクリート工事では温度ひび割れに対して注意する必要がある．製造コストなどの面からあまり使用されていない．

(4) 中庸熱ポルトランドセメント（moderate-heat portland cement）：水和熱の小さいセメントである．初期強度は小さいが，長期では普通ポルトランドセメントより強度が大きくなることが多い．硬化体組織は緻密となり，乾燥収縮が小さく，硫酸塩に対する抵抗性は大きくなる．早強ポルトランドセメントとは逆に，C_3Sが少なく，C_2S

表9.4 ポルトランドセメントの種類と成分および比表面積による性質の違い[1,2,4]

セメント種類	成分 [%]				比表面積 [cm²/g]	性 質
	C_3S	C_2S	C_3A	C_4AF		
普通ポルトランドセメント	57	18	9	9	3400	一般的なセメント
早強ポルトランドセメント	66	9	8	8	4630	初期強度大，水和熱大
超早強ポルトランドセメント	68	6	8	8	5490	初期強度，水和熱とも，早強よりさらに大
中庸熱ポルトランドセメント	49	29	3	12	3280	水和熱小，初期強度小（長期は大）
耐硫酸塩ポルトランドセメント	63	15	1	15	3300	硫酸塩に対する抵抗性が高い
低熱ポルトランドセメント	28	52	3	8	3440	水和熱特に小，初期強度小（長期は大）

注：成分および粉末度は一例

が多い．比表面積は普通ポルトランドセメントと同程度である．マスコンクリートや暑中コンクリート工事，水密コンクリートなどに適用される．冬期工事には不向きである．

(5) 耐硫酸塩ポルトランドセメント（sulfate-resistant portland cement）：硫酸塩に対する抵抗性の大きいセメントである．C_3A の割合が極端に小さく（JIS では 4% 以下），比表面積は普通ポルトランドセメントと同程度である．海水の作用を受けるコンクリートや，温泉，火山地帯のコンクリートなど，硫酸塩の害を受けるコンクリートに用いられる．

(6) 低熱ポルトランドセメント（low-heat portland cement）：中庸熱ポルトランドセメントよりもさらに水和熱が小さくなるように調整されたセメントである．低熱セメントは，フライアッシュや高炉スラグなどを各種ポルトランドセメントに混合した混合系のセメント（2成分系，3成分系）と，クリンカー中の組成鉱物の量を調整する方法によって製造された高ビーライト系のセメントに分類される．1997 年に，高ビーライト系の低熱セメントが低熱ポルトランドセメントとして新

設された．JIS R 5210：2009（ポルトランドセメント）には，低熱ポルトランドセメントの成分として，C_2S を 40% 以上，C_3A を 6% 以下と規定されている．

初期強度は低いが長期強度は大きく，また乾燥収縮が小さいことから，高強度コンクリート，高流動コンクリート，マスコンクリート用として用いられる．

b. 混合セメント（blended cement）

混合セメントは，ポルトランドセメントにフライアッシュなどの混合材をあらかじめ混合し，水和発熱特性や化学抵抗性を改善したセメントであり，フライアッシュセメント（JIS R 5213：2009 フライアッシュセメント），高炉セメント（JIS R 5211：2009 高炉セメント），シリカセメント（JIS R 5212：2009 シリカセメント）の3種類がある（表9.5）．混合材の分量に応じて A，B，C 種があり，この順にセメント中の混合材の量は大きくなる．

なお，JIS 規格に適合するフライアッシュや高炉スラグなどは副産物の有効利用のため，ポルトランドセメント（普通，早強，超早強）に 5% ま

表9.5 混合セメントの一覧[2]

セメント種類	規格	置換率 [%]	性 質	用 途
高炉セメント	A種	5 を超え 30 以下	普通セメントと同様の性質	・普通セメントと同様
	B種	30 を超え 60 以下	a.初期強度がやや小さいが長期強度は大きい b.水和熱が小さい c.化学抵抗性が大きい d.アルカリ骨材反応を抑制する	・普通セメントと同様な工事 ・暑中コンクリート ・海水，硫酸塩，熱の作用を受けるコンクリート ・土中・地下構造物コンクリート
	C種	60 を超え 70 以下	a.初期強度がやや小さいが長期強度は大きい b.水和熱が小さい c.化学抵抗性が大きい．特に耐海水性が大きい d.アルカリ骨材反応を抑制する	・マスコンクリート ・暑中コンクリート ・海水，硫酸塩，熱の作用を受けるコンクリート ・土中・地下構造物コンクリート
フライアッシュセメント	A種	5 を超え 10 以下	a.ワーカビリティーが良好 b.長期強度が大きい	・普通セメントとほぼ同様 ・マスコンクリート ・水中コンクリート
	B種	10 を超え 20 以下	c.水和熱が小さい d.乾燥収縮が小さい e.アルカリ骨材反応を抑制する	
	C種	20 を超え 30 以下		
シリカセメント	A種	5 を超え 10 以下	a.オートクレーブ養生に最適 b.水密性が大きい c.化学抵抗性が大きい d.保水性が大きい	・コンクリート2次製品 ・左官工事
	B種	10 を超え 20 以下		
	C種	20 を超え 30 以下		

で混合することができる（たとえば高炉スラグを3％置換してもポルトランドセメントと呼ぶ）．

(1) フライアッシュセメント（portland fly-ash cement）：**ポゾラン反応性**[*1]を有するフライアッシュを混合したセメントであり，水和熱が小さく，流動性が良好なので，少ない水の量で施工のしやすいコンクリートをつくることができる．また，ポゾラン反応により緻密な組織をつくるので水密コンクリートなどに使用される．添加率が大きいほど初期強度は小さくなる．

(2) 高炉セメント（portland blast-furnace slag cement）：**潜在水硬性**[*2]を有する高炉スラグ微粉末を混合したセメントであり，初期強度は小さいが，長期強度の増進が大きい．水和熱が小さく，緻密な組織をつくり，耐硫酸塩性がよい．特に高炉セメント B 種は土木工事でよく用いられる．中性化がやや早くなる場合がある．

(3) シリカセメント（portland pozzolan cement, silica cement）：ポゾラン反応性を有する天然のシリカ質の混合材（SiO_2 を 60％ 以上含有）を混合したセメントであり，水密性および化学抵抗性に優れる．**オートクレーブ養生**を行うコンクリート製品に用いられる．

c. その他のセメント

(1) 白色ポルトランドセメント（white portland cement）：成分中の鉄分を少なくした白色のポルトランドセメント．色以外の性質は，普通ポルトランドセメントと同じである．顔料の添加によりカラーセメントとしても用いられる．化粧モルタル，目地，テラゾ，打ち放しコンクリート，コンクリートカーテンウォールなどに用いられる．

(2) アルミナセメント（calcium-aluminate cement, high alumina cement）：ボーキサイトと石灰石を主成分とするセメントである．早強性を有し，普通ポルトランドセメントの 28 日強度を 1 日で発現する（1 day cement）．また耐熱性や化学抵抗性に優れる．緊急工事，止水用，焼却炉などのキャスタブル耐火物などに用いられる．ただし，養生温度が凝結や強度発現性状に大きく影響し，養生温度が高い場合には長期強度の低下を生じる（水和物の転移現象による）ので，養生温度や水セメント比の管理・設定には注意が必要である．

(3) 超速硬セメント（ultra rapid hardening cement）：2〜3 時間で 10〜20 N / mm² （約 100〜200 kgf/cm²）の圧縮強度を発現するセメントである．緊急工事のほか，吹付けコンクリートやグラウトなどに用いられる．

(4) エコセメント（ecocement）：都市ごみ焼却灰を主原料（製品 1 t につき乾燥ベースの廃棄物を 500 kg 以上使用）として製造されたセメントである．2002 年に JIS R 5214（エコセメント）として品質規格が制定された．JIS R 5214：2016 では，特徴の違いにより，普通エコセメントと速硬エコセメントに分類されている．普通エコセメントは塩化物イオン量が 0.1％ 以下であり，速硬エコセメントは塩化物イオン量が 0.5％ 以上 1.5％ 以下と多いことから，鉄筋腐食の観点より無筋コンクリートに限定して用いられる．

9.2.4　物理的性質

JIS R 5201：2015（セメントの物理試験方法）には，**密度，粉末度，凝結，安定性，強さおよびフロー試験**が規定されている．

a. 密度（density）

普通ポルトランドセメントの密度は 3.14〜3.16 g/cm³ である．**風化**したセメントは密度が小さくなる．測定は，ルシャテリエフラスコを用いて行われる．

b. 粉末度（fineness）

セメント粒子の細かさを粉末度と呼び，通常は，ブレーン法により測定された粉末 1 g あたりの比表面積（specific surface area；単位 cm²/g）で表す．これをブレーン値（specific surface area of cement by blaine）と呼ぶこともある．JIS R

[*1] **ポゾラン反応**（pozzolanic reaction）：フライアッシュ，ケイ酸白土，シリカヒュームなどに含まれるガラス状のシリカ（SiO_2）やアルミナ（Al_2O_3）がセメントの水和によって生成される水酸化カルシウム（$Ca(OH)_2$）と徐々に反応して，カルシウムシリケート水和物などを生成する反応[5]．

[*2] **潜在水硬性**（latent hydraulicity）：単に水を混ぜただけでは硬化しないが，刺激剤と呼ばれる少量の物質（水酸化カルシウムなど）が存在すると硬化する性質[3]．

5201では粉末度の試験方法として、比表面積試験と網ふるい試験を規定している。粉末度が細かいと水和反応速度が大きくなるので、初期強度が大きく、短時間に大きな水和熱を発生する。

c. 凝結時間（setting time）

セメントの凝結が始まる状態のことを**始発**、終了した状態のことを**終結**という。普通ポルトランドセメントの凝結時間は、始発が2時間30分程度、終結時間が3時間30分程度であり、セメントの種類で異なる。凝結時間は、標準軟度に調整したセメントペーストに標準針を降下させた際の針入度を測定し、所定の値に達するまでの時間から求める。測定にはビカー針装置を用いる。

d. 強さ（strength）

これまでに述べてきたように、セメントの種類によって成分が相違するため、これらを用いた硬化体の強度発現性状も異なる（図9.7）。このため、セメントの強さの値はコンクリートの調合設計を行う際に必要となる。セメントの強さ試験は、水セメント比を50%とし、所定の粒度に調整された標準砂を用いて作製した $4×4×16\,\mathrm{cm}$ のモルタル試験片で行われる。

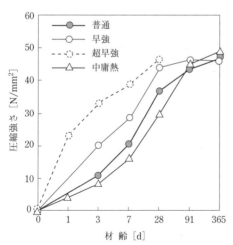

図9.7 各種セメントの圧縮強さ発現性状
［文献4, 6）から作成］

9.3 せっこう・石灰

せっこうや石灰などは、塗り壁などの左官材料として用いられる。また、せっこうはボードとしても使用される。ここではカルシウム系の建築材料である、左官用消石灰、ドロマイトプラスター、せっこうプラスター、せっこうボード、セメントモルタルのほか、パーライトモルタルなどの左官材料も含めて解説する。

9.3.1 左官用消石灰

石灰石（炭酸カルシウム）を1000～1200°Cでか焼（煆焼）して得られた**生石灰**（せいせっかい、きせっかい；quick lime, unslaked lime, 酸化カルシウム）を、水または湿空中で**消化**（slake, ふかす）すると、微粉の**消石灰**（slaked lime, 水酸化カルシウム）となる（図9.8）。左官材料として用いる消石灰の品質は、JIS A 6902：2008（左官用消石灰）に規定されている。

$$\underset{\text{石灰石}}{CaCO_3} \longrightarrow \underset{\text{か焼 生石灰}}{CaO} + \underset{\text{炭酸ガス}}{CO_2\uparrow}$$

$$CaO + H_2O \longrightarrow \underset{\text{消化 消石灰}}{Ca(OH)_2}$$

左官用消石灰（plastering lime）は、**すさ**（図9.9）、**のり**（つのまたなど）などを加えて水で練り、**しっくい**（漆喰, lime plaster）壁として用いられる。しっくい中の消石灰は、空気中の炭酸ガスと反応して徐々に硬化する（気硬性）。

$$Ca(OH)_2 + CO_2 \longrightarrow CaCO_3 + H_2O\uparrow$$

消石灰の硬化反応は収縮が大きいことから、しっくい壁にはひび割れが多数生じるが、"すさ"がひび割れをある程度拘束することで、ひび割れが微細かつ分散するために目立たない。

しっくいの種類に土佐漆喰と呼ばれるものがある。このしっくいは、塩焼き（石灰石、岩塩、コークスを徳利窯で焼成）と呼ばれる伝統的な製法でつくられた消石灰と、発酵した"わらすさ"を用いるものである。一般的に使用されるしっくいと比較して、のりが不要、収縮が小さくひび割れが

図9.8 生石灰(左)・消石灰(右)[7]　図9.9 紙すさ(左)・麻すさ(右)[7]
（出典：コンフォルト 素材・建材ハンドブック、建築資料研究社）

発生しにくい，耐水性や耐久性が高いなどの特徴
を有している．

9.3.2 ドロマイトプラスター

ドロマイトプラスター（dolomite plaster；ド
ロマイト石灰，dolomite lime）は白雲石（**ドロマ
イト**，苦灰（くかい）石ともいう）を900〜1100℃
でか焼し，消化して得られる．

$$CaCO_3 \cdot MgCO_3$$
ドロマイト
$$\longrightarrow \quad CaO + MgO + 2\,CO_2 \uparrow$$
か焼　か焼ドロマイト　炭酸ガス
$$CaO + MgO + 2\,H_2O \longrightarrow Ca(OH)_2 \cdot Mg(OH)_2$$
消化　ドロマイトプラスター

ドロマイトプラスターに水を加えて練り混ぜた
ものは，空気中の炭酸ガスと反応して硬化する．

$$Ca(OH)_2 \cdot Mg(OH)_2 + 2\,CO_2$$
$$\longrightarrow CaCO_3 \cdot MgCO_3 + 2\,H_2O \uparrow$$

ドロマイトプラスターは，左官用消石灰やせっ
こうプラスターに比べて粘性が大きく，伸びがよ
いので，のりを用いずに施工できる．収縮率は大
きく（3%前後），ひび割れが発生しやすいので砂
やすさなどを混ぜて使用する．ドロマイトプラス
ターの品質は，JIS A 6903：2008（ドロマイトプ
ラスター）に規定されている．

9.3.3 せっこう

せっこう（gypsum）は多方面で用いられてい
るが，建築で用いられるせっこうはα型・β型半
水せっこうである．左官用消石灰やドロマイトプ
ラスターと同様に，せっこうプラスターとして塗
り壁に用いられる．また，このほかに，せっこう
ボードとしても用いられる．

半水せっこう（**焼きせっこう**）を水で練り混ぜ
ると，**二水せっこう**となり硬化する．

$$CaSO_4 \cdot 1/2\,H_2O \quad + 3/2\,H_2O$$
α型・β型半水せっこう
$$\longrightarrow CaSO_4 \cdot 2\,H_2O$$
二水せっこう

半水せっこうはそのままでは硬化が速すぎるた
め，施工がしやすいように，凝結遅延剤を添加し
て時間調節を行う．遅延剤にはゼラチン，カゼイ
ン，タンニン，硫酸塩などを用いる．

焼きせっこうは二水せっこうを170〜190℃で
焼成して得られ，古くから用いられている．

ほかにII型**無水せっこう**（**硬せっこう**）を用い
る場合がある．硬せっこうは二水せっこうを500
〜1000℃で焼成して得られ，**キーンスセメント**
（Keen's cement）とも呼ばれた．硬せっこうは水
と混ぜただけでは硬化しないが，硬化促進剤とし
てみょうばんを用いると二水せっこうとなり固ま
る．

これらのせっこうは硬化に伴う収縮が小さい．
硬化した二水せっこうは，火災時において，二水
せっこう中に約20%前後含まれている結合水が
蒸発する際に熱を吸収するため，防火性が高い
が，耐水性は低く，流水などによりやせてくる．

a．せっこうプラスター（gypsum plaster）

半水せっこう（焼きせっこう）を主成分とし，
混和材として消石灰やドロマイトプラスターなど
を加え，骨材（川砂，けい砂，砕砂，バーミキュ
ライト，パーライト，炭酸カルシウムなど）およ
び凝結遅延剤や増粘剤を配合したものである．硬
化が速いことが大きな特徴である．JIS A 6904：
2006（せっこうプラスター）では，現場調合プラ
スター（現場で骨材を調合の上，水と練り合わせ
て使用するせっこうプラスター）と既調合プラス
ター（あらかじめ骨材や混和材などが調合された
ものに現場で水を加えるだけで使用できるせっこ
うプラスター）に分類されている（表9.6）．
JASS 15 左官工事では，混和材（セメント，消石
灰，ドロマイトプラスターなど）の現場での混入
および製造後4ヶ月以上経過したせっこうプラス
ターの使用を禁止している．

b．せっこうボード（plaster board, gypsum
wall board）

せっこうの両側を紙で挟んで成形したボードで
ある．せっこうのほかに"おがくず"やパーライ
トなどが用いられることもある．脆いせっこうを

表9.6　せっこうプラスターの種類

種　類	用　途
現場調合プラスター	下塗り用
既調合プラスター	下塗り用 上塗り用

［JIS A 6904］

表9.7 せっこうボードの種類

種 類	主な用途
せっこうボード	壁および天井の下地材
シージングせっこうボード シージング硬質せっこうボード	屋内の多湿箇所の壁,天井および外壁の下地材
強化せっこうボード	壁および天井の下地材,防・耐火構造などの構成材
せっこうラスボード	せっこうプラスター塗壁の下地材
化粧せっこうボード 化粧硬質せっこうボード	壁および天井の仕上げ材
不燃積層せっこうボード	化粧なし:壁および天井の下地材 化粧あり:壁および天井の仕上げ材
普通硬質せっこうボード	間仕切,通路,廊下などの壁,腰壁その他防火,耐火,遮音の各構造の下地材
構造用せっこうボード(A種・B種)	耐力壁用の面材
吸放湿せっこうボード 吸放湿シージングせっこうボード 吸放湿シージング硬質せっこうボード 吸放湿強化せっこうボード 吸放湿せっこうラスボード 吸放湿化粧せっこうボード 吸放湿化粧硬質せっこうボード 吸放湿不燃積層せっこうボード 吸放湿普通硬質せっこうボード 吸放湿構造用せっこうボード(A種・B種)	吸放湿性能によって室内湿度を一定範囲に保つのに適した壁,天井の下地材および仕上げ材
吸音用あなあきせっこうボード	天井の下地材

[JIS A 6901, 6301]

紙で補強しているので,紙の品質や紙とせっこうの接着性がボードの強さを左右する.せっこうボードは,防・耐火性,不燃性(準不燃材料),遮音性,防腐性に富み,加工性がよいが,耐水性や耐衝撃性は比較的小さく,主に壁や天井などの内装下地材として使用される.また,シックハウス症候群の原因の一つであるホルムアルデヒドの吸収分解や調湿などの性能を有するものも開発されている.

せっこうボードの種類(表9.7)は,JIS A 6901:2014(せっこうボード製品),JIS A 6301:2015(吸音材料)に規定されている.強化せっこうボードは,芯材となるせっこうにガラス繊維などの無機繊維材料を混入して耐火性能を強化したもので(脱落しにくい),中高層ビルの間仕切りやエレベーターホールなどの耐火性が求められる箇所に用いられる.化粧せっこうボードは,表面に化粧

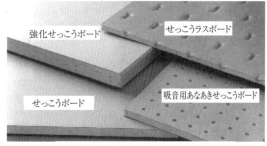

(a) 下地用せっこうボード

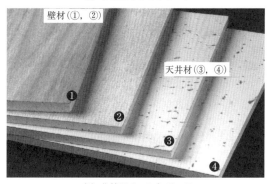

(b) 化粧用せっこうボード

図9.10 各種せっこうボード[7]
(出典:コンフォルト 素材・建材ハンドブック,建築資料研究社)

加工した紙やプラスチックシートを貼ったものや,塗装,型押しなどの加工を施したものである.シージングせっこうボードは防水処理したせっこうボードで外壁や浴室などの下地に使用される(図9.10).

c. モルタル(mortar)

通常はポルトランドセメントに細骨材を加えて水で練ったもの,あるいはその硬化したものを指す.壁や,床などの仕上げ材料として用いられる.

d. パーライトモルタル(perlite mortar)

パーライトは黒曜石あるいは真珠岩を粉砕後,焼成し膨張させて得られる軽量の骨材で,密度は$0.04 \sim 0.2 \, \mathrm{g/cm^3}$と非常に小さい.パーライトモルタルは,これを用いたモルタルであり,軽量で断熱性に優れる.JIS A 5007:1977(パーライト)にはモルタルに用いるパーライトの粒度が規定されている.

演 習 問 題

9.1 セメントの性質に関する次の記述のうち,最も不適当なものを示せ.

1. ポルトランドセメントは,乾燥させると強度が

増大するので気硬性材料である.

2. セメントの水和によって生成される $Ca(OH)_2$ により,水和後のセメントはアルカリ性を示す.

3. セメントの製造過程でせっこうを添加する理由は,凝結時間を調節するためである.

4. セメントは,硬化に伴って収縮する.

5. 中庸熱ポルトランドセメントは,普通ポルトランドセメントよりも水和熱が小さく,長期強度が大きくなる.

9.2 セメントの主要構成化合物がセメント硬化体の特性に及ぼす影響に関する次の記述のうち,最も不適当なものを示せ.

1. 短期の強度発現性状に及ぼす影響は,C_3S より C_2S のほうが小さい.

2. 長期の強度発現性状に及ぼす影響は,C_2S より C_3A のほうが小さい.

3. 水和発熱特性に及ぼす影響は,C_2S より C_3A のほうが小さい.

4. 化学抵抗性に及ぼす影響は,C_2S より C_3A のほうが小さい.

5. 乾燥収縮に及ぼす影響は,C_3A より C_2S のほうが小さい.

9.3 せっこうおよびせっこう製品に関する次の記述のうち,最も不適当なものを示せ.

1. せっこうは,火災時において結合水が蒸発する際に熱を吸収するので,防火性に優れている.

2. 製造後2ヶ月経過したせっこうプラスターを使用した.

3. せっこうボードは,耐火性に優れているが,合板と比較して耐衝撃性に劣るので,使用する場所に注意する必要がある.

4. せっこうラスボードは,せっこうプラスター塗装の下地材に使用される.

5. シージングせっこうボードは,防水性が低いため,浴室や外壁の下地材として使用できない.

[解答]

9.1 1:ポルトランドセメントは水硬性材料である.

9.2 3:水和発熱特性に及ぼす影響は C_3A のほうが大きい.

9.3 5:シージングせっこうボードは,防水処理を施したせっこうボードで,浴室や外壁の下地材として使用できる.

■参考文献

1) セメント協会:セメントの常識,セメント協会 (2017).

2) 日本建築学会 編:建築材料用教材,日本建築学会 (2005).

3) セメント協会:C&Cエンサイクロペディア (2004).

4) 日本コンクリート工学協会 編:コンクリート便覧,技報堂 (1996).

5) 日本フライアッシュ協会:石炭灰 (1994).

6) 高野俊介:ポルトランドセメント品質に関する研究の最近の動向,材料試験,**6**, 51 (1957).

7) CONFORT 素材・建材ハンドブック,建築資料研究社 (2001).

10. コンクリート

　コンクリートは，セメント，水，骨材（砂利や砂など），および空気で構成される．コンクリートの歴史は古く，古代ローマではすでに建築や土木分野で使用され，パンテオンのような壮大な建築が現存している．当時のセメントは耐水性が低く外側をれんが（煉瓦）などで覆って用いられた．また，引張や曲げに弱いという欠点を補強する方法がなく，床や屋根を構成する場合にはアーチやドーム構造にする必要があった．近代に入り，ポルトランドセメントの発明によって強度や耐水性が向上し，また鉄筋で補強して鉄筋コンクリートとして使用されるようになると構造体としての自由度が広がり，その経済性，材料入手のしやすさも相まって都市を形成するために不可欠な構造材料となっている．

　わが国においてもその耐震性，耐火性から広く使用されており，近年はコンクリートの高強度化が進み設計基準強度 $200\,\mathrm{N/mm^2}$ 以上，高さ 200 m を超える鉄筋コンクリート造建物が建設されている．また，施工性の向上を目的として，流動性のきわめて高い高流動コンクリートが実用化されている．一方で，良質な骨材の減少と解体コンクリートがらの処分の問題，各種産業副産物のコンクリート材料としての有効利用とコンクリート性能の両立などの新たな課題も生じている．

　コンクリートは工場で製造され現場で完成する点がほかの材料と大きく異なり，知識と良識に基づいた製造と施工が不可欠である．

10.1　コンクリートの概要

10.1.1　一般的性質

　コンクリート（concrete）には，下記のような長所がある．
① 硬化するまでは流動性を示し，自由な成形ができる.
② 圧縮強度が比較的高く，調合を変えることにより調節が可能である．
③ 耐久性，耐火性，遮音性が高い．
④ 線膨張係数が鋼材と等しい，鋼材の防錆能力を持つなど，鋼材との相性がよい．
⑤ 単価が比較的安い．材料の入手が容易である．

　しかし一方で，下記のような短所を有する．
① 引張強度や伸び能力が小さいため，ひび割れが生じやすい．
② 脆性破壊をする．
③ 乾燥に伴う収縮によりひび割れが生じやすい．
④ 強度に比べて重量が大きい（比強度が小さい）．
⑤ 硬化して強度を発現するまでに時間を要する．

10.1.2　用　途

　前項のようにコンクリートは，圧縮強度は大きいが，引張強度が非常に小さく，また破壊までの変形もきわめて小さい，典型的な脆性材料である．したがって現代の建築構造物においてコンクリートが単体で構造部分に使用されることはなく，補強材として鉄筋を用いた**鉄筋コンクリート**（reinforced concrete，RC）構造として使用される．一方，鉄筋コンクリートにおいて，鉄筋は外側を覆うコンクリート（**かぶりコンクリート**）によりさびの発生を抑制される．さらにかぶりコンクリートは，鉄筋の**耐火被覆**の役割も担っている．

10.1.3　コンクリートと鋼

　上記のことが可能なのは，コンクリートと鋼の相性が非常によいことによる．たとえば，線膨張係数

が等しい（両者ともほぼ$10×10^{-6}$/℃）ため温度変化による無理な力が両者の界面に作用しない．また，アルミニウムなどはコンクリートのアルカリによって侵されるが，鋼材は逆に腐食を抑制される．

10.1.4 コンクリートの三要素

コンクリートに要求される最も基本的な性質である，①施工性，②強度，③耐久性を，**コンクリートの三要素**という（図10.1）．

①の施工性を**ワーカビリティー**（workability）ともいうが，これは練混ぜから型枠に打ち込まれる前後までの，**フレッシュコンクリート**（fresh concrete）に要求される性能である．一方，強度（strength）や耐久性（durability）は硬化した後の**硬化コンクリート**に要求される品質である．ワーカビリティーの良否は通常，**スランプ**（slump，図10.8参照）値によって表される．

鉄筋コンクリート構造ではコンクリートは圧縮力を負担するため，強度（圧縮強度，引張強度，せん断強度）の中では圧縮強度が特に重要である．また，弾性係数や，鉄筋との付着強度も大切であるが，これらは圧縮強度が大きいと大きくなる．

コンクリートの耐久性は，通常，中性化や乾燥収縮，および凍害などに対する抵抗性である．また，塩害やアルカリ骨材反応などの早期劣化を生じないことも重要である．その他各種のひび割れや劣化を生じないよう対策が必要である（耐久性に関しては，10.5節参照）．

10.1.5 コンクリート工事のプロセス

コンクリート工事で用いられるコンクリートは，建設現場で練り混ぜられていた時期もあったが，現在はほとんどが工場で練り混ぜられ，現場に運搬される（図10.2）．このようなコンクリートを**レディーミクストコンクリート**（ready-mixed concrete），または**生コン**という．

表10.1 コンクリートの調合の例

コンクリートの種類	単位量 [kg/m^3，(L/m^3)]				空気量 [%，(L/m^3)]	水セメント比 [%]
	単位水量	単位セメント量	単位細骨材量[2]	単位粗骨材量[2]		
普通	183 (183)	366 (116)	798 (309)	964 (347)	4.5 (45)	50
高強度[1]	150 (150)	500 (158)	746 (289)	1065 (383)	2.0 (20)	30
高流動[1]	170 (170)	486 (154)	820 (318)	884 (318)	4.0 (40)	35

1) 高強度，高流動コンクリートについては10.6節参照．
2) 細骨材および粗骨材の密度は，それぞれ，2.58，2.78 g/cm^3 である．

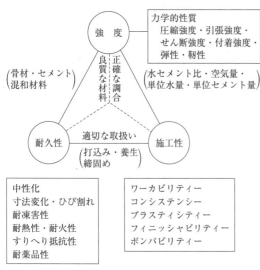

図10.1 コンクリートの三要素と影響要因[1]

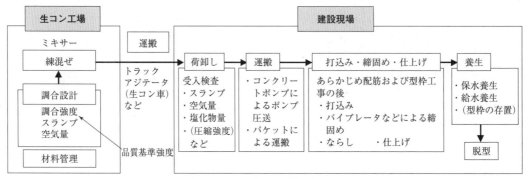

図10.2 コンクリート工事のプロセス

生コンは，構造耐力と耐久性の面から要求される強度（**品質基準強度**）を満足するよう，また所要の施工性（ワーカビリティー）が得られるよう調合される（表 10.1）．この場合，ばらつきなどを見込んで品質基準強度に割増しを行った**調合強度**が得られるように調合設計が行われる（第 11 章参照）．材料の管理を含め品質管理能力の高い工場ほど割増しを小さくすることができる．

生コン工場から建築現場への運搬には，トラックアジテータ（truck agitator，生コン車）が用いられる．生コン車は運搬中にコンクリートが分離しないよう，回転するドラムの中でコンクリートを攪拌（かくはん）しながら運搬を行う．

現場に到着した生コンは荷卸しされるが，所定の頻度で検査（受入検査，acceptance inspection）され，品質の確認がなされる．現場内での運搬には通常，コンクリートポンプ（concrete pump）が使用される（ポンプ圧送）．そして，あらかじめ鉄筋が配筋された型枠の中へ打ち込まれ（placing，**打込み**，打設），バイブレーター（振動機，vibrator）によって締固め（compaction）された後（振動締固め），表面が平滑になるよう，ならしが行われる．打込みに際しては，コンクリートが分離せずに隅々まで充填されるよう，配慮が必要である．

これらの，練混ぜから打込み終了までの作業は，コンクリートがこわばり始める（凝結）前に終了する必要があり，時間の限度が定められている．同様に，後から打ち足されたコンクリートが先に打たれたコンクリートと一体化しない，いわゆる**コールドジョイント**（cold joint）が発生しないように，一定時間以内に打重ねを行わなければならない．

打込みの終わったコンクリートは，時間の経過とともに凝結，そして硬化が進行する．打込み後しばらくしてからコンクリートの上面には**ブリーディング水**が滲み出し，コンクリート自体は若干沈下する．このとき鉄筋に沿って生じやすい沈みひび割れは"こて"（鏝，trowel）で押さえてふさいでおく．また適切な時間にこて仕上げを行う．

コンクリートが硬化して所定の強度を発現するまでは通常 1ヶ月程度の時間が必要であり，この間にコンクリートが過度に乾燥しないことが大切である．練混ぜからの経過時間を**材齢**（age）といい，特に材齢 1 週程度までの初期材齢における対応が重要である．冬季には保温や加熱が必要になることもある．これらのようなコンクリートの乾燥抑制，あるいは給水，保温などの作業を総称して**養生**（curing）という．養生はコンクリートに強度や耐久性を発揮させるためにきわめて重要な作業である．

10.2　コンクリートを構成する材料

コンクリートはセメント，および水，骨材などで構成される（図 10.3）．**骨材**は，径 5 mm を境に細骨材（川砂，海砂，砕砂など）と粗骨材（砂利，砕石など）に分類される．セメント，水，細骨材で構成された場合はモルタル，セメントと水だけの場合にはセメントペーストと呼ぶ．コンクリートは，鉄筋コンクリート構造などで構造材料として使用され，モルタルは主に左官材料として用いられる（9.3 節参照）．セメントペーストは，そのままで用いられることは少ない．

コンクリートは，分散相としての骨材を，結合材としてのセメントペーストで固めた一種の粒子分散強化材料の総称である．結合材の部分にアスファルトを用いたアスファルトコンクリートは道路の舗装用に，合成樹脂を用いたレジンコンクリート（ポリマーコンクリート）は耐酸性が要求される場所に使用される．通常，結合材としてセ

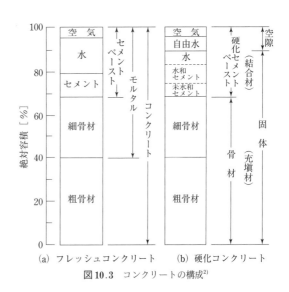

図 10.3　コンクリートの構成[2]

メントを用いた場合を単にコンクリートと呼ぶ．

10.2.1　水

　セメントが水和して硬化するためには反応の相手となる水が必要である．また，水は施工時に必要な流動性や可塑性などをコンクリートに持たせる役割も持っており，**練混ぜ水**（混練水，mixing water）とも呼ばれる．練混ぜ水には上水道水，上水道水以外の水（河川水，湖沼水，井戸水，地下水，工業用水），および回収水（スラッジ水，上澄水）が用いられる．練混ぜ水には各種有機分や塩分などが少ないことが望ましい．表10.2〜表10.4に上水道水，上水道水以外の水，および回収水の品質に関する規定を示す．

　鉄筋腐食防止のため，練混ぜ水中の塩化物量は，上水道水中の塩化分イオン（Cl$^-$）量の上限値と同じ200 ppm以下と定められている．

　回収水は，ミキサーや運搬車を洗浄した排水から骨材を分離して得られる水である．回収水のうち，スラッジ（セメントや細骨材の微粒分などからなる固体成分）を含まない上澄水は，表10.4の品質に適合すれば練混ぜ水として使用できる．

表10.2　上水道水の品質

項　目	品　質
色　度	5度以下
濁　度	2度以下
水素イオン濃度（pH）	5.8〜8.6
蒸発残留分	500 ppm以下
塩素イオン	200 ppm以下
過マンガン酸カリウム量	10 ppm以下

［水道法第4条］

表10.3　上水道水以外の水の品質

項　目	品　質
懸濁物質の量	2 g/L以下
溶解性蒸発残留分の量	1 g/L以下
塩化物イオン（Cl$^-$）量	200 ppm以下
セメントの凝結時間の差	始発は30分以内，終結は60分以内
モルタルの圧縮強度の比	材齢7日および材齢28日で90%以上

［JIS A 5308：2014（レディーミクストコンクリート）附属書C］

表10.4　回収水の品質

項　目	品　質
塩化物イオン（Cl$^-$）量	200 ppm以下
セメントの凝結時間の差	始発は30分以内，終結は60分以内
モルタルの圧縮強度の比	材齢7日および材齢28日で90%以上

［JIS A 5308：2014（レディーミクストコンクリート）附属書C］

　ただし，日本建築学会建築工事標準仕様書・同解説 JASS 5 鉄筋コンクリート工事 2015（以後，JASS 5）において，計画供用期間の級が長期および超長期の場合や，高強度コンクリートの場合には回収水を用いないことにしている．これは，現状において回収水を使用したコンクリートの長期耐久性や品質のばらつきに関するデータが十分ではないためである．一方，スラッジを含むスラッジ水は，表10.4の品質に適合し，かつスラッジ固形分率がセメント量の3%を超えない範囲で使用することができる．

　コンクリート1 m^{3}あたりの水の量を**単位水量**（water content per unit volume of concrete）という．通常の範囲では単位水量が大きいとコンクリートの流動性が増し，施工しやすくなる．その半面，単位水量が大きすぎると，材料分離を生じやすく，ブリーディング量が多く，乾燥収縮が大きくなり，低品質のコンクリートとなりやすい．JASS 5では，乾燥収縮などを抑制するため，単位水量の上限を185 kg/m^{3}としている．ただしこの水量で建築工事に必要な流動性のコンクリートをつくるのは難しい場合もあるが，化学混和剤をはじめとする最近の各材料の品質向上などにより単位水量を180 kg/m^{3}以下とすることは十分可能である．

10.2.2　セメント

　コンクリートには，第9章で示したポルトランドセメントや，混合セメントが用いられる．

　コンクリートが硬化するためには**セメント**（cement）が必要であるが，多すぎると水和発熱による温度ひび割れや収縮ひび割れの原因となり，またコストが高くなる．一方で，セメントが少ないとワーカビリティーが低下して施工上の不具合の発生や，耐久性の低下が生じやすくなる．したがって，所要の品質が得られるために必要な最小限のセメントを使用するのが合理的である．

　コンクリート1 m^{3}あたりのセメントの量を**単位セメント量**（cement content per unit volume of concrete）という．JASS 5では一般仕様のコンクリートの単位セメント量の下限を270 kg/m^3

としている．

単位セメント量の大きいコンクリートを富調合の（セメントリッチな）コンクリートということがある．

水とセメントの質量比を**水セメント比**（water-cement ratio）という．また水セメント比の逆数である，セメント水比（cement-water ratio）が用いられることもある．水セメント比が $40〜70\%$ の範囲では，水セメント比が大きいほどコンクリートの強度は低く，小さいほど強度は高くなる（水セメント比説）．セメント水比でいえば，セメント水比が大きいほど強度は大きくなる．

建築で通常用いられるコンクリートの強度は設計基準強度で $21〜27\,\mathrm{N/mm^2}$ 程度のものが多く，55% 前後の水セメント比となる．この場合，単位水量は $180\,\mathrm{kg/m^3}$ 前後となることが多いので単位セメント量は $300\,\mathrm{kg/m^3}$ 程度となる．

同様に，高強度コンクリートでは，水セメント比を小さくするためには単位セメント量を大きくする必要がある．つまり，高強度のコンクリートほど，より富調合のコンクリートとなる．

また，水セメント比が小さくなるほど施工のしにくいコンクリートとなり，極端に水セメント比を小さくすると，練混ぜさえ困難となる．したがってコンクリートを低水セメント比とする場合には種々の混和材料を用いることが多い．たとえば高性能 AE 減水剤（10.2.4 項 b(6)参照）を用いれば水セメント比 20% 以下の超高強度コンクリートが製造可能である．

一方，耐久性に関しては，水セメント比が大きくなるほど，中性化をはじめ種々の耐久性が低くなるため，JASS 5 では普通ポルトランドセメントを使用する通常のコンクリートの水セメント比の上限を 65% としている．

なお，ポルトランドセメント以外の材料（たとえばシリカフューム）が混和材として併用される場合には，水セメント比の代わりに，水量を結合材の質量（この場合セメントとシリカフュームの質量の和）で割った水結合材比（あるいは水粉体比）が用いられる．

10.2.3 骨 材

骨材（aggregate）はコンクリート体積の約 7 割を占める．コンクリートで骨材を用いる理由に以下のことがあげられる．

① コンクリートの構成材料のうち，最も価格の高いセメントの使用量を減らす．

② セメントの使用量が減るので，水和発熱による温度上昇を低減できる．

③ セメントペースト部分の体積が小さくなるので，硬化や乾燥に伴う収縮を低減できる．

④ コンクリートの流動性や分離抵抗性を調節する．

⑤ コンクリートの耐摩耗性などを向上させる．

a. 要求性能

要求される性能としては，下記のようなことがあげられる．

① コンクリート打込みの際，鉄筋相互の間隙を容易に通過し，隅々まで充填できるよう，粒の大きさの分布（粒度）や粒形がよいこと．

② セメントペースト部分よりも高い強度・剛性を有すること．およびコンクリートの強度低下の原因となる粘土分や泥分などを多く含まないこと．

③ 所要の耐久性および耐火性を有すること．

④ セメントの水和に有害な，有機不純物などを多く含まないこと．

⑤ アルカリシリカ反応の原因となる反応性鉱物を多く含まないこと．

⑥ 鉄筋発錆の原因となる塩分を多く含まないこと．

b. 寸法による分類

全体の 85% 以上（質量比）が $5\,\mathrm{mm}$ ふるいを通過する骨材を**細骨材**（fine aggregate），全体の 85%（質量比）以上が $5\,\mathrm{mm}$ ふるいにとどまる骨材を**粗骨材**（coarse aggregate）と呼ぶ．骨材の分類を表 10.5 に示す．

建築構造物は土木構造物と比較すると，小さい部材断面の中に鉄筋が密に配筋されていることが多い．コンクリートはこの間隙を，骨材を分離することなく通過し，隅々まで均一に充填される必要がある．これらの理由から粗骨材の最大寸法（maximum size of coarse aggregate）は，梁，

表10.5 骨材の分類[1]

密度による分類	成因による分類		
	天然骨材	人工骨材	副産骨材
普通骨材[1]	川砂・川砂利 山砂・山砂利[4] 陸砂・陸砂利[5] 海砂・海砂利	砕砂・砕石	高炉スラグ骨材, フェロニッケルス ラグ骨材, 再生骨 材
		焼成フライ アッシュな ど	
軽量骨材[2]	大島・浅間山などの 火山れき・火山砂		膨張スラグなど
		膨張頁岩	
重量骨材[3]	重晶石・鉄鉱石な ど	—	銅スラグ細骨材, 電気炉酸化スラ グ骨材

1) 自然作用により岩石からできた砂・砂利, 岩石を破砕して
つくった砕砂・砕石, 再生骨材およびスラグ骨材で, 絶乾
密度2.5〜2.8g/cm³程度のもの.
2) 普通骨材より密度の小さい骨材.
3) 普通骨材より密度の大きい骨材.
4) 河川床などが隆起した丘陵地から採取した砂・砂利. 陸
砂・陸砂利よりも風化が進んでいる.
5) 山砂・山砂利より年代の新しい旧河川周辺の陸地から表土
を除いて採取した砂・砂利.

表10.6 使用箇所に応ずる粗骨材の最大寸法

使用箇所	粗骨材の最大寸法 [mm]	
	砂利	砕石・高炉 スラグ砕石
柱・梁・スラブ・壁	20, 25	20
基　礎	20, 25, 40	20, 25, 40

[JASS 5：2015]

柱, 壁, および床スラブに用いられる場合には,
砂利の場合で25mm, 砕石では粒形 (shape of
aggregate, particle shape) が角張っていて間隙
通過性が悪いので20mmと定められている. 基礎
部分では最大寸法40mmのものが使用される (表
10.6). なお, 粗骨材の最大寸法 (maximum size) と
は, JIS A 0203：2014 (コンクリート用語)でいう
「質量で骨材の90%以上が通るふるいのうち, 最小
寸法のふるいの呼び寸法で示される粗骨材の寸法」
のことであり, 表10.10の場合25mmとなる.

細骨材は, 従来は川砂 (river sand) が一般的で
あったが, 高度経済成長期以降に海砂 (sea sand)
の使用が増大した. 近年は海砂の採取が規制され
るようになり, 砕砂 (crushed sand, manufactur-
ed sand) の使用量が増加傾向にある.

海砂の問題点として塩分がある. 塩分の多い海
砂をそのまま使用すると, コンクリート中の鉄筋
のさびの原因となり, 構造物の寿命を極端に低下
させることがある. したがって, 海砂を使用する

表10.7 骨材の品質規定値

品質項目	JASS 5：2015		JIS A 5005：2009	
	砂利	砂	砕石	砕砂
絶乾密度[g/cm³]	2.5以上	2.5以上	2.5以上	2.5以上
吸水率[%]	3.0以下	3.5以下	3.0以下	3.0以下
粘土塊量[%]	0.25以下	1.0以下	—	—
安定性[%]	—	—	12以下	10以下
すりへり減量[%]	—	—	40以下	—
微粒分量[%]	1.0以下[1]	3.0以下[1]	3.0以下[2] [許容差±1.0]	9.0以下 [許容差±2.0]
粒形判定実積率[%]	—	—	55以上	53以上
有機不純物	—	色が淡い[3]	—	—
塩化物(NaClとして)[%]	—	0.04以下[4]	—	—

1) 微粒分量試験.
2) 粒形判定実積率が58%以上の場合は最大値を5.0%とし
てよい.
3) 標準色液または色見本の色より淡い.
4) 計画供用期間の級が"長期"および"超長期"の場合は,
0.02%以下とする.
[JASS 5：日本建築学会建築工事標準仕様書・同解説 JASS
5鉄筋コンクリート工事, JIS A 5005：コンクリート用砕石及
び砕砂より作成]

場合には, 水洗いを行って, 塩分含有量を規定値
以下にする必要がある (表10.7).

粗骨材は, 従来はほとんどが川砂利 (river
gravel) であったが, 河川保護の目的で採取が制
限されるようになり, 現在では砕石 (crushed
stone) が主流となっている. また, 高炉スラグ粗
骨材や, 解体コンクリートより得られる再生骨材
も使用され始めている.

コンクリート用砕石としては, 安山岩, 硬質砂
岩, 石灰岩などが用いられる. 水セメント比が同
じであれば, 砕石を用いたコンクリートの圧縮強
度は, モルタル部分との付着がよいため, 川砂利
を用いた場合よりも若干大きくなる傾向がある.

c. 密度による分類

骨材は密度 (density) により, 普通骨材, 軽量
骨材, 重量骨材に分けられる (表10.5).

(1) 普通骨材 (normal-weight aggregate)：
通常に用いられる, 天然の砂利や砂, 砕石や砕砂
など. **絶乾密度** (density in oven-dry (absolute
dry) condition) は2.5〜2.8g/cm³程度である.

普通骨材を用いたコンクリートを普通コンク
リートという. 気乾単位容積質量は2.2〜2.4t/
m³程度である.

(2) 軽量骨材 (light-weight aggregate)：コン
クリートを軽量にするために用いられる. 絶乾密

表10.8 軽量骨材の絶乾密度による区分

区分	絶乾密度 [g/cm³]	
	細骨材	粗骨材
L	1.3未満	1.0未満
M	1.3以上1.8未満	1.0以上1.5未満
H	1.8以上2.3未満	1.5以上2.0未満

[JIS A 5002：2003 構造用軽量コンクリート骨材]

度は，粗骨材で2.0 g/cm³未満，細骨材で2.3 g/cm³未満である（表10.8）．

膨張頁岩あるいはフライアッシュなどを焼成した**人工軽量骨材**（artificial light-weight aggregate）や，天然軽量骨材などがある．

粗骨材に人工軽量骨材，細骨材に通常の砂や砕砂などを使用したコンクリートを軽量コンクリート1種，粗骨材に主として人工軽量骨材を，細骨材にも主として人工軽量骨材を用いたものを軽量コンクリート2種という．軽量コンクリートの気乾単位容積質量は1種が1.8～2.1 t/m³，2種が1.4～1.8 t/m³である．

人工軽量骨材には粒形の丸い造粒型と角張った非造粒型がある．これらは吸水率が大きいので，練混ぜ前に十分吸水させる必要がある（プレウェッチング）．吸水が不十分な場合，練混ぜ中の吸水により，スランプ変動などの悪影響が出る．また，ポンプ圧送中には，骨材が圧力吸水を生じてポンプ閉塞の原因となる．

(3) **重量骨材**（heavy-weight aggregate）：鉄鉱石やバライト（重晶石，barite）など，密度が大きい骨材．絶乾密度は3～5 g/cm³前後．重量骨材を用いた重量コンクリートは放射線を遮蔽する目的で使用されるが，使用頻度は少ない．

(4) **その他の骨材**：副産物の有効利用，骨材資源の枯渇化への対応といった観点から規格化された骨材として，再生骨材や各種のスラグ骨材があげられる．またJIS A 5308（レディーミクストコンクリート）が2014年に改正され，未使用のコンクリートから洗浄して得られた回収骨材が使用できるようになった．

再生骨材は，鉄筋コンクリート造建築物の解体によって生じたコンクリート塊を破砕または磨砕して製造される．再生骨材の品質は，原コンクリートの品質の影響を受ける．また，再生骨材中のモルタル分の割合が多いほど，これを用いたコンクリートの強度は低下し，収縮は増大する．したがって，再生骨材はその品質の高い順に，H，M，Lとランク分けされており，JIS A 5021：2011（コンクリート用再生骨材H），JIS A 5022：2012（再生骨材Mを用いたコンクリート），JIS A 5023：2012（再生骨材Lを用いたコンクリート）の形で規格化されている．回収骨材は，現場で余った生コンを水で洗浄して得られた細骨材および粗骨材であり，一定の条件のもとで再度生コンの骨材として使用できる．

スラグ骨材としては，高炉スラグ細骨材，高炉スラグ粗骨材，フェロニッケル細骨材，銅スラグ細骨材，電気炉酸化スラグ細骨材，電気炉酸化スラグ粗骨材など，副産物である各種スラグを有効利用した骨材がJIS A 5011：2013（コンクリート用スラグ骨材）に規定されている．また，廃棄物や下水汚泥などから製造される溶融スラグ細骨材が，JIS A 5031：2016（一般廃棄物，下水汚泥又はそれらの焼却灰を溶融固化したコンクリート用溶融スラグ骨材）として規格化されている．ただし，溶融スラグ骨材は，JIS A 5308：2014（レディーミクストコンクリート）において，レディーミクストコンクリート用骨材として規定されていない．

d. 骨材の含水状態

図10.4に骨材の含水状態の概念図を示す．絶乾状態（絶対乾燥状態，oven-dry state of aggregate（absolute dry condition））は，骨材が完全に乾燥し，内部にまったく水分を含んでいない状態である．骨材は，洗浄後，あるいは雨ざらしの状態で保管すると，内部は飽水状態で，表面には水滴が付着した状態となる．この状態を**湿潤状態**（wet (damp) state of aggregate），表面の水滴を

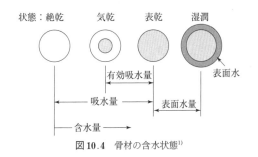

図10.4 骨材の含水状態[1]

表面水（surface moisture）という．内部が完全に水で飽和し，表面に水滴がまったくない状態を**表乾状態**（表面乾燥飽水状態，saturated surface-dry state of aggregate）という．骨材を空気中に長期間放置すると，乾燥して外気の湿度と釣り合った状態で安定する．この状態を**気乾状態**（air-dry state of aggregate）という．コンクリートに用いられる骨材は，通常，気乾状態から湿潤状態の間のいずれかの状態にある．

骨材の含水状態は，**含水率**（water content, water content in percentage of total weight）で表される．

$$含水率 = \frac{含水量}{骨材の絶乾質量} \times 100 \; [\%]$$

また，表乾状態での含水率を**吸水率**（water absorption, percentage of water absorption）という．

骨材の含水率は，骨材が現在どの程度の水分を含んでいるのか，含水の状態を表すのに対し，吸水率は骨材中の空隙量の大小など，骨材自身の品質を反映した量である．吸水率が大きい骨材を用いたコンクリートは収縮が大きく，強度は低くなる傾向があるので，骨材の吸水率は小さいほうが望ましい．先の表10.7に示したように，砂利や砕石・砕砂は吸水率が3.0%以下，砂は3.5%以下のものを用いるよう規定されている．

表面水率は骨材表面に付着した表面水の質量を表乾状態の骨材の質量で割った値である．

$$表面水率 = \frac{表面水量}{骨材の表乾質量} \times 100 \; [\%]$$

含水率や表面水率は，レディーミクストコンクリート工場での骨材管理で重要となる．表乾状態よりも含水率の小さい状態，すなわち内部が飽水していない骨材を使用した場合，その骨材の含水率と吸水率との差（有効吸水量, effective absorption；図10.4参照）の分だけ練混ぜ中あるいは運搬中に骨材が吸水するため，結果として所定の水量よりも少ない水量で練混ぜを行ったことになり，スランプなどコンクリートの所要の品質が得られにくくなる．逆に，表面水を持つ骨材を用いると，表面水の分だけ水を多く加えたことになり，強度や耐久性の低下を招く．したがって計量の際には，骨材の含水状態により，水量の補正を行う必要がある．生コンの製造にあたっては，使用する骨材の吸水率，および使用時の含水状態を正確に把握しておく必要がある．

c項で示した絶乾密度は，絶乾状態での骨材の密度である．絶乾密度が小さい骨材を用いたコンクリートは，強度が低く，収縮が大きくなるなど，性能が低下する傾向にあるため，表10.7に示したように，細骨材，粗骨材ともに2.5g/cm³以上と規定されている．表乾状態での骨材の密度を**表乾密度**（density in saturated surface-dry condition）といい，次のように表される．

表10.9 砂利・砂および砕石・砕砂の標準粒度（ふるいを通るものの質量百分率 [%] を示す）

種類	最大寸法 [mm]	ふるいの呼び寸法 [mm]												
		50	40	30	25	20	15	10	5	2.5	1.2	0.6	0.3	0.15
砂利	40	100	95〜100	—	—	35〜70	—	10〜30	0〜5	—	—	—	—	—
	25	—	—	100	95〜100	—	30〜70	—	0〜10	0〜5	—	—	—	—
	20	—	—	—	100	90〜100	—	20〜55	0〜10	0〜5	—	—	—	—
砂		—	—	—	—	—	—	100	90〜100	80〜100	50〜90	25〜65	10〜35	2〜10[1)]
砕石	40(4005)	100	95〜100	2)	—	35〜70	—	10〜30	0〜5	—	—	—	—	—
	25(2505)	—	100	2)	95〜100	—	30〜70	—	0〜10	0〜5	—	—	—	—
	20(2005)	—	—	2)	100	90〜100	—	20〜55	0〜10	0〜5	—	—	—	—
砕砂		—	—	2)	—	—	—	100	90〜100	80〜100	50〜90	25〜65	10〜35	2〜15

1) 砕砂またはスラグ砂を混合して使用する場合の混合した細骨材は15%とする．
2) 規定なし．
[砂利・砂 JASS 5：2015，砕石 JIS A 5005：2009]

表10.10 骨材の粗粒率の例

ふるいの番号		⑨	–	–	⑧	–	⑦	⑥	⑤	④	③	②	①	(0)	
ふるいの呼び寸法 [mm]		40	30	25	20	15	10	5	2.5	1.2	0.6	0.3	0.15	0.15以下	計
細骨材	各ふるい残留量 [g]	0	0	0	0	0	0	30	45	105	125	115	70	10	500
	各ふるい残留率 [%]	0	0	0	0	0	0	6	9	21	25	23	14	2	100
	累加残留率 [%]	0	0	0	0	0	0	6	15	36	61	84	98	100	–
	(累加)通過率 [%]	100	100	100	100	100	100	94	85	64	39	16	2	0	–
	粗粒率＝(0＋0＋0＋6＋15＋36＋61＋84＋98)/100＝3.00															
粗骨材	各ふるい残留量 [g]	0	0	100	450	1800	1150	1200	250	50	0	0	0	0	5000
	各ふるい残留率 [%]	0	0	2	9	36	23	24	5	1	0	0	0	0	100
	累加残留率 [%]	0	0	2	11	47	70	94	99	100	100	100	100	100	–
	(累加)通過率 [%]	100	100	98	89	53	30	6	1	0	0	0	0	0	–
	粗粒率＝(0＋11＋70＋94＋99＋100＋100＋100＋100)/100＝6.74															

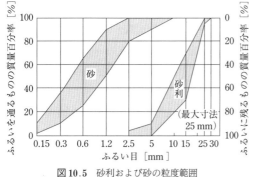

図10.5 砂利および砂の粒度範囲
[JASS 5：2009 より作成][1]

$$絶乾密度 = \frac{絶乾状態の質量}{表乾状態の体積}$$

$$表乾密度 = \frac{表乾状態の質量}{表乾状態の体積}$$

e. 骨材の粒度

所定のポンプ圧送性，鉄筋通過性，充填性，分離抵抗性などワーカビリティーを良好にするためには，骨材の寸法とその割合のバランスが重要となる．これを**粒度**（grading），あるいは**粒度分布**（grading distribution, particle-size distribution）という．骨材は定められた数種類のふるい（表10.9）を通過させてその通過率の分布から良否を判定する．なお表10.9中のふるいの呼び寸法とは，ふるいにおいて縦横に編まれた鉄線相互のあき（隙間の寸法）に対応している．たとえば径8mm程度の粒子は，呼び寸法10mmのふるいは通過するが，5mmのふるいは通過せずにとどまることになる．表10.9に各骨材の標準粒度を，図10.5に粒度分布曲線（grading curve, grading chart）の例を示す．

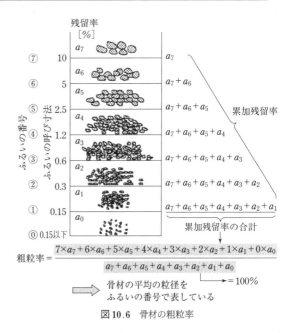

図10.6 骨材の粗粒率

また，骨材の粒の大きさの平均値を示す尺度として**粗粒率**（fineness modulus, FM）が用いられる．粗粒率は図10.6に示すように骨材の平均の寸法に相当するふるいの番号を表している．たとえば表10.10の場合，この細骨材の粗粒率は3であり，3番目のふるいに相当する0.6mm（厳密には0.6〜1.2mmの間の値）がこの細骨材の平均寸法であると判断することができる．なお，表10.10に示すように，粗粒率の計算においては，15mm，30mm，25mmのふるいにおける値は用いず，①0.15mm，②0.3mm，③0.6mm，④1.2mm，⑤2.5mm，⑥5mm，⑦10mm，⑧20mm，⑨40mmのふるいにおける累加残留率を用いる．いずれもある番号（丸数字）の次の番号の

ふるいの寸法は，前の番号のふるいの寸法の約2倍になっている．粗粒率は最大寸法25mmの粗骨材で6.6〜7.1，細骨材で2.2〜3.3程度の値となる．

f. 実積率

実積率（percentage of solid volume）は，ある空間に粒子をできるだけ密に充填したとき，粒子がその空間に占める体積の割合を示している．実積率が大きい骨材ほど骨材どうしの隙間，すなわち空隙率（percentage of void, void ratio of aggregate）が小さくなる．逆に実積率の低い骨材を使用すると，隙間が大きくなるので，単位セメント量，および単位水量を大きくする必要がある．粗骨材の実積率は，砂利で60〜65%程度，砕石で55〜60%程度となる．

また，粒度のバランスのよい骨材どうしでは，粒形がよいほど，つまり角や扁平なものが少ない骨材ほど実積率が大きくなる．表10.7中の粒形判定実積率（solid volume percentage for shape determination）は，定められた粒度分布の粗骨材の実積率から，粒形の良否を評価するものである．

単位容積質量（bulk density of aggregate）は，骨材をある空間に密に充填したときの骨材の質量を空間の体積で割った値で，実積率と密度の積に等しい．

g. 有害物

(1) 軟石および粘土塊：骨材中に，軟石（soft stone, weak particles in coarse aggregate）あるいは死石と呼ばれる風化した石が多く含まれると，これが弱点となってコンクリートの強度が低下する．軟石量はJIS A 1126：2007（ひっかき硬さによる粗骨材中の軟石量試験方法）により試験を行う．粘土塊も同様の悪影響を及ぼすため，JIS A 1137：2014（骨材中に含まれる粘土塊量の試験方法）により測定し，表10.7に示す値以下であることを確認する．

(2) 微粒分量：75μmふるいを通過する微粒分が骨材中に多量に含まれると，所定のワーカビリティーのコンクリートを得るために必要な単位水量が増加したり，凝結時間が変化するなどの悪影響が生じる．微粒分量はJIS A 1103：2014（骨材の微粒分量試験方法）によって測定し，表10.7に示す値以下であることを確認する．

(3) 有機不純物（organic impurities in sand）：フミン酸やタンニン酸などの有機不純物がコンクリート中に混入すると，セメント中の石灰と反応して有機酸石灰を生じ，水和反応に悪影響を起こして凝結遅延や硬化不良などの障害が出る．有機不純物は細骨材に含まれることが多く，JIS A 1105：2015（細骨材の有機不純物試験方法）に示される比色試験で標準色より濃くないことが求められる（表10.7参照）．

(4) 塩分：海砂に含まれる塩分により鉄筋が発錆すると膨張してコンクリートにひび割れを生じるため，鉄筋コンクリートにとってきわめて有害である．

骨材に起因する塩分は，海砂からもたらされる場合がほとんどである．JASS 5では砂に含まれる塩分含有量を，NaClとしての質量比で，通常の場合，0.04%以下に制限している（表10.7参照）．海砂の除塩は散水や雨水による．

(5) 有害鉱物：骨材中のある種の鉱物が，セメントに起因するアルカリと反応して，コンクリートに膨張ひび割れを生じる現象をアルカリシリカ反応という（10.5.5項参照）．

反応性鉱物としては，シリカ鉱物の一種であるトリジマイト，クリストバライト，微小石英，オパール，結晶にひずみを有する石英などがある．

骨材が反応性を有するか否かの判定には，JIS A 1145：2017（骨材のアルカリシリカ反応性試験方法（化学法）），あるいはJIS A 1146：2017（骨材のアルカリシリカ反応性試験方法（モルタルバー法））がある．

その他の有害鉱物として，乾湿の繰返しによりコンクリートを劣化させるローモンタイトやモンモリロナイト，コンクリート中で体積膨張を起こす物質を生成する含鉄ブルーサイトなどがある．

10.2.4 混和材料

コンクリートのいろいろな品質を向上させ，あるいは種々の不具合を改善することを目的として

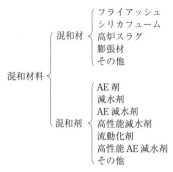

図10.7 混和材料の分類

使用される材料を総称して，**混和材料**（admixture）という．混和材料は，**混和材**（(mineral) admixture）と**混和剤**（chemical admixture）に大別される（図10.7）．混和材は，セメントの代わりとして比較的大量に用いられる．また膨張材のように，コンクリートの収縮ひび割れ低減を目的として用いられるものもある．粉体状のものが多い．混和剤は化学混和剤と呼ばれることもあるが，薬剤的に比較的少量用いられる．液体状のものが多い．

混和材料は種々の産業副産物を有効利用している場合が多い（章末のコラム参照）．

a. 混和材

(1) **ポゾラン**：火山灰など，シリカ分を多く含む粉体は，水と練り混ぜても硬化しないが，石灰などとともに練り混ぜると固まる性質がある．古くはローマ時代にもコンクリート材料として使用されていたが，これらの物質，すなわちカルシウムと反応して水和する性質のある高シリカ質物質を総称して**ポゾラン**（pozzolan）と呼ぶ．また，ポゾランの水和反応をポゾラン反応（pozzolanic reaction）という．

天然ポゾランとしては上記の火山灰が，人工ポゾランとしてはフライアッシュやシリカフュームがある．シリカセメントに用いるシリカ質混和材は，天然のポゾランである．

(2) **フライアッシュ**（fly ash）（JIS A 6201：2015 コンクリート用フライアッシュ）：石炭火力発電の際，石炭の燃焼により生じた石炭灰（coal ash）を捕集して得られる副産物．フライアッシュセメントに用いられるほか，コンクリート用混和材として コンクリートを練り混ぜる際に混合され，シリカ分（二酸化ケイ素）を50～60%程度含む．フライアッシュを用いたコンクリートは以下の性質を有する．

① 通常，球形の粒子を多く含み，単位水量が同じであれば，スランプが大きくなる．または同一スランプを得るための水量を低減することができる．

② 水和発熱を低減することができる．

③ 初期強度は小さいが長期強度の増進が大きい．

④ 緻密な硬化体組織を形成するため，コンクリートの水密性などが向上する．

⑤ セメントと置換して用いた場合には，コンクリート中のカルシウム分が低下するため，置換率によっては中性化が促進される場合もある．

⑥ 燃焼せずに灰の中に残留した炭素分（未燃カーボン）が多いと，AE剤による空気連行性が低下する．

⑦ アルカリシリカ反応を抑制することができる．

(3) **シリカフューム**（JIS A 6207：2016 コンクリート用シリカフューム）：フェロシリコンなどを精製する際に発生する超微粒子の副産物．ノルウェーなどから輸入される．二酸化ケイ素含有率70～90%以上．比表面積 $20\,\mathrm{m^2/g}$ ($200\,000\,\mathrm{cm^2/g}$) 前後，直径がコンマ数 μm～数 μm と，煙草の煙よりも粒の小さい超微粒子で，超高強度コンクリート用混和材として使用されている．輸入品のため，高価である．シリカフュームを用いたコンクリートは以下の性質を有する．

① 水結合材比が大きい領域では粘性増大のためかえってスランプが低下する．水結合材比が40%を下回るような領域では，高性能AE減水剤との併用により，普通ポルトランドセメント単味の場合よりも流動性が向上する．また，単味では困難な低水結合材比での練混ぜが可能となる．

② 粉末度が大きいのでフライアッシュよりも反応性が高く（活性化ポゾラン反応），微粒子がセ

メントの水和物の隙間を充填するマイクロフィ
ラー効果により，組織が緻密化し強度は増大す
る．

(4) 高炉スラグ微粉末（ground granulated
blast furnace slag）（JIS A 6206：2013 コンク
リート用高炉スラグ微粉末）：高炉で発生した溶
融スラグを水で急冷することにより粉砕したも
の．鉄鉱石とともに高炉に投入された石灰石に起
因するカルシウムを多く含む点でポゾランと異な
る（SiO₂ 30% 程度，CaO 約 40%）．水で練り混
ぜただけでは硬化しないが，アルカリ性の物質
が刺激となって水和する，**潜在水硬性**（latent
hydraulicity）を有する．

高炉セメントとして用いられる場合には，カル
シウムを多く含むため，添加率がほかの混合セメ
ントよりも大きく，高炉セメントC種では最大
70% まで添加できる（表 9.5 参照）．通常は高炉セ
メントB種が，特に土木分野でよく使用される．

なお徐冷したものは塊状となり高炉スラグ骨材
として使用される．またスラグウール（2.6 節(3)
参照）としても用いられる．

高炉スラグ微粉末を用いたコンクリートは以下
の性質を有する．

① コンクリートの流動性が向上する．

② 初期強度が小さいが，長期強度の増進が大き
い．

③ 水和発熱が低減される．

④ 硫酸塩や海水に対する抵抗性が向上する．

⑤ 水結合材比が同じ場合，中性化が促進される
傾向にある．

⑥ アルカリシリカ反応を抑制することができ
る．

(5) 膨張材（expansive admixture）（JIS A 6202：
2017 コンクリート用膨張材）：コンクリートに収
縮と同程度の膨張を生じさせることによって，乾
燥収縮ひび割れなどを防止することを目的として
使用される．カルシウム系，せっこう系，CSA
（カルシウムスルホアルミネート）系などがある．
使用に際しては添加量と膨張量との関係を把握し
て適量を使用しないと，強度低下などの原因とな
る．

b. 混和剤

AE 剤や AE 減水剤などは，ワーカビリティー
や耐久性など，コンクリートの性質を改良する目
的で用いられる．これらの混和剤は，界面活性剤
の一種である．界面活性剤は，石けん（洗剤）を
例にとると理解しやすい．これらは通常，親水基
と疎水基（親油基）を有する高分子であり，水と
油の界面で，疎水基が油のほうに吸着し，親水基
が水のほうを向いて配列する．親水基どうしは互
いに反発するため，物理的な撹拌を行ううちに油
分が水中に分散される．つまり水に溶けにくい油
分などを水に分散させる効果を持つ．コンクリー
トでは界面活性剤を主としてセメントの分散や空
気の分散（起泡）を目的として使用する．

(1) AE 剤（air entraining agent）（JIS A 6204：
2011 コンクリート用化学混和剤）：コンクリート
中に微細な空気を連行させ，凍害に対する耐久性
を向上させるために使用する．この空気を**連行空
気**（エントレインドエア，entrained air）という．
空気泡と水の界面上で，AE 剤の疎水基が空気泡
側，親水基が水側を向いて配列し，親水基どうし
は互いに反発し合うため，連行空気は球形で互い
に離れ合った独立気泡となる．この連行空気が，
コンクリート中の水分が冬季に凍結するときに生
じる膨張圧を吸収するため，コンクリートの耐凍
結融解性が向上する．また若干の減水能力（後述
の減水剤を参照）を有するので，同じスランプを
得るための水量を低減させることができる．した
がって空気量の増大により，強度は若干低下する
ものの，耐久性は必ずしも低下しない．計量の際
には水の一部として扱う．つまり AE 剤の使用量
だけ練混ぜ水の量を減らすことになる．

(2) 減水剤（water reducing agent）（JIS A
6204：2011 コンクリート用化学混和剤）：セメン
ト粒子に吸着して，粒子どうしを反発させ水中に
分散させる分散剤．このため，単位水量が同じで
あれば流動性が向上し，スランプが同一であれば
単位水量を低減，つまり減水することができる．
JASS 5 においてコンクリートの単位水量の上限
は乾燥収縮を抑制する目的で 185 kg/m³ に制限
されているが，この水量でスランプ 18 cm を実現

することは困難な場合も多い（スランプについては 10.3.1 項参照）．減水剤はこのような場合に，所定のスランプを得るのに必要な水量を低減するために使用される．吸着した減水剤の分子がセメント粒子と水との直接の接触を妨害するため，減水剤を使用したコンクリートは，使用しない同条件のコンクリートと比較すると凝結時期が遅れる（凝結遅延）．過大に添加すると凝結が極端に遅延するため，減水効果や流動性の向上には限界がある．AE 剤と同様，計量の際には水の一部として扱う．

(3) AE 減水剤（AE water reducing agent）（JIS A 6204：2011 コンクリート用化学混和剤）：空気連行作用と，減水作用をともに有する混和剤．広く使用されている．空気量の微調整は AE 助剤（補助 AE 剤）を用いて行う．パルプ廃液であるリグニンスルホン酸（LSA）などを主成分とする．通常，セメントの質量に対して 0.1〜2.0 の割合で添加する．AE 剤と同様，計量の際には水の一部として扱う．

(4) 高性能減水剤（high-range water reducing agent, superplasticizer）（JIS A 6204：2011 コンクリート用化学混和剤）：大量に添加しても有害な凝結遅延を生じず，減水剤の数倍の減水効果を発揮する．効力が長続きせず，時間とともにスランプが大きく低下する現象（スランプロス）を起こすので，工場で生産されるコンクリート（コンクリート二次製品）に用いられる．

(5) 流動化剤（superplasticizer）（JIS A 6204：2011 コンクリート用化学混和剤）：高性能減水剤の一種とも位置づけられる．スランプロスが大きいため，流動化コンクリート（superplasticized concrete）に用いられる．流動化コンクリートでは，生コン工場で練り混ぜられたコンクリート（この場合ベースコンクリートと呼ばれる）を生コン車で運搬し，現場に到着してから流動化剤を添加して，生コン車のアジテータドラムを高速で回転させてコンクリートを流動化する．通常，スランプが 21〜23 cm 程度のコンクリートとし，減水よりも流動性の向上に主眼をおく．計量において流動化剤は水量には含めない．なお空気は生コ

ン工場で AE 剤により連行する．工場外で加工された製品は JIS 製品とは認められないこと，および高速攪拌の際の騒音が問題となる．

(6) 高性能 AE 減水剤（JIS A 6204：2011 コンクリート用化学混和剤）：従来型の高性能減水剤や流動化剤のようなスランプロスを起こさずに，高い減水能力を発揮する減水剤．ポリカルボン酸系が主流である．高強度コンクリート用，あるいは高流動コンクリート用として広く用いられている．セメント質量の 0.5〜5 と比較的大量に添加される．

近年，高性能 AE 減水剤と AE 減水剤との中間程度の性能を有する多機能型 AE 減水剤（中性能 AE 減水剤）も用いられるようになった．

10.3 フレッシュコンクリート

練り混ぜられてから，凝結・硬化するまでの，"まだ固まらないコンクリート"を，**フレッシュコンクリート**（fresh concrete）という．

フレッシュコンクリートに要求される性能は，主に施工に関するものであり，これを施工性，あるいは**ワーカビリティー**（workability）と呼ぶ．ワーカビリティーは施工性の良否を左右する以下の性質を含んでいる．

① 流動抵抗性（コンシステンシー，consistency）
② 可塑性（プラスティシティー，plasticity）
③ 分離抵抗性
④ ポンプ圧送性（ポンパビリティー，pumpability）
⑤ 鉄筋間隙通過性
⑥ 充填性
⑦ 仕上げ性（フィニッシャビリティー，finishability）

これらは互いに関係があり，独立した性質ではない．たとえば，ポンプ圧送性が高いということは，コンシステンシーが良好で配管中で閉塞を起こさない程度の分離抵抗性を有するということである．また，流動性と分離抵抗性のように互いに相反する性質もある．つまり，流動性が高くなると分離抵抗性は低く，**材料分離**（segregation）が生じやすくなる傾向がある．

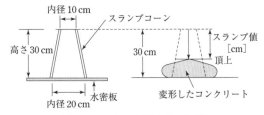

図10.8 スランプ試験方法の概要[3]

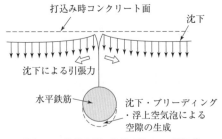

図10.9 鉄筋上部に生じる沈みひび割れ[1]

10.3.1 スランプ

上記のワーカビリティーを厳密に定量化・数値化することは難しく,また,現場で試験を行う性質上,できるだけ簡易な方法で評価することが望ましい.通常はこれらのうち主としてコンシステンシーを大まかに評価する物性値として,スランプ試験(slump test)で測定されるスランプ値が用いられる.スランプ試験では,図10.8の左側に示すように,上部に直径10 cm,下部に直径20 cmの円形の開口部を有するスランプコーンを用いる.コーンを水平な水密板上に置き,上部の開口部からコンクリートを所定の方法で密実に詰めた後,コーンを静かに引き上げ,図10.8の右側に示すように変形したコンクリートの頂部がもとの高さからどれだけ低くなったかをスランプ値として測定する.スランプが適度に大きいコンクリートは流動性がよく,ポンプ圧送性や鉄筋通過性などもよいと判断できる.また,スランプ試験時には目視で分離性状などが検査される.

建築工事では,コンクリートを比較的小断面の部材中に密に配筋された鉄筋の間を通過して充填する必要があること,またポンプ圧送のため,土木工事と比較してかなり軟練りのコンクリートが要求される.一方でスランプの大きいコンクリートは分離しやすく,低品質のコンクリートとなりやすい.結局,両者の兼合いから,スランプ18 cm程度のコンクリートが最もよく使用されている.

なお,空気量が適切であることや,塩化物量が規定値以下であることもフレッシュ時に検査されるが,これらは耐久性に関連して硬化後のコンクリートに要求される品質をコンクリートの受入れ時に検査しているものである.

10.3.2 ブリーディング

打込み後数時間の間に,コンクリート上面に水が浮き上がってくる現象を**ブリーディング**(bleeding)という.ブリーディングは一種の材料分離であり,同時に骨材やセメント粒子の沈降(settlement)が生じてコンクリートの上面が沈下(subsidence)する.コンクリート上面は,ブリーディング水により局部的に水セメント比が大きくなった状態となり,強度や耐久性が低下しやすい.さらに,鉄筋下部にはブリーディング水がたまって付着の低下を起こす.梁の上部では下部よりも沈下量が大きくなるが,鉄筋は固定されているため,鉄筋(上端筋)上部に鉄筋に沿った**沈みひび割れ**(settlement crack,沈降ひび割れ)が生じやすい(図10.9).また開口部分がある壁体などで,開口部の上と横とで沈降量の違いからひび割れが生じる.鉄筋上部の沈みひび割れは,凝結始発以前にタンピングやこて押さえを行う必要がある.なお,上端筋のほうがひび割れや鉄筋下部に空隙が生じやすいため,鉄筋とコンクリートの付着強度は他の鉄筋よりも上端筋のほうが小さくなる(10.4.2項dを参照).

10.4 硬化したコンクリート

フレッシュコンクリートに対して,硬化した後のコンクリートを硬化コンクリートという.硬化コンクリートには強度や剛性などの力学的性質や,耐久性が要求される.

10.4.1 単位容積質量

普通,コンクリートの気乾単位容積質量は,2.2〜2.4 t/m³である.また軽量コンクリート1種が1.7〜2.1 t/m³,2種が1.4〜1.7 t/m³程度である.

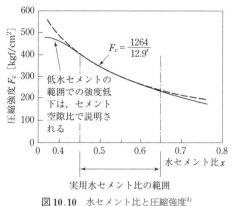

図10.10 水セメント比と圧縮強度[3]

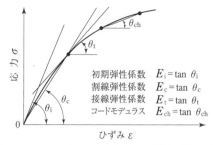

図10.11 コンクリートの応力-ひずみ関係と弾性係数[4]

10.4.2 力学的性質

a. 圧縮強度

鉄筋コンクリート構造では，圧縮力を主にコンクリートが受け持ち，引張力を鉄筋が支える．したがって，コンクリートに要求される強度のうち，最も重要なものは**圧縮強度**（compressive strength）である．また，鉄筋コンクリート構造では鉄筋とコンクリートとの付着が重要なので，**付着強度**（bond strength）も要求される．ほかに**曲げ強度**（flexural strength），**せん断強度**（shear strength），**引張強度**（tensile strength）などがある．いずれも圧縮強度と相関があり，圧縮強度が大きいコンクリートほどほかの強度も大きい．

コンクリートの圧縮強度は，わが国やアメリカなどでは直径と高さの比が1:2の円柱形の試験体を用いて測定される．建築では通常，直径が10 cmで高さが20 cmの供試体を用いることが多い．なお，欧州などでは立方体の試験体が用いられる．品質管理を行う場合には，材齢28日（材齢4週）または91日（材齢13週≒3ヶ月）で試験を行って強度を評価することが多い．28〜91日の間の n 日で行う場合もある（n 日管理）．

コンクリートの圧縮強度は，同じセメントを使用する場合，水セメント比が小さいほど，言い換えるとセメント水比が大きいほど大きくなる（図10.10）．また水セメント比が同じ場合でも，セメントの種類により強度は異なる．

通常用いられるコンクリートの圧縮強度は，設計基準強度で21〜27 N/mm² 前後のものが多い．

ただし，高層の集合住宅をRC造でつくる事例が増え，設計基準強度で200 N/mm² を超える超高強度コンクリートの施工実績も増えつつある．

b. 弾性係数

コンクリートの応力-ひずみ曲線は，軟鋼の場合と異なり，直線部分が存在しない（図10.11）．よって厳密には，コンクリートに生ずる応力度が大きくなるほど**ヤング係数**（弾性係数，Young's modulus, modulus of elasticity, elastic modulus）は小さくなる．しかし，発生応力に応じてヤング係数を変動させて構造計算に用いるのは煩雑であり，現実的ではない．したがって弾性係数を算定する場合には通常，圧縮強度の1/3の応力となる点と原点とを結んだ直線（割線）の傾きを弾性係数として用いる．これを**割線弾性係数**（secant modulus）と呼ぶ．なお，原点を通る接線の傾きを用いる場合もあり，これを**初期弾性係数**（initial tangent modulus）と呼ぶ．

設計基準強度18 N/mm² 程度のコンクリートでは，弾性係数の値は約 2.1×10^4 N/mm² (2.1×10^5 kgf/cm²) 程度となる．コンクリートのヤング

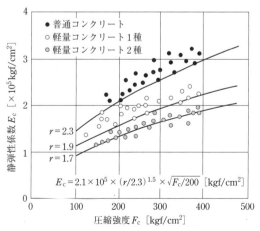

図10.12 コンクリートの圧縮強度と弾性係数[4]

係数は，コンクリートの圧縮強度が高いほど大きくなる．つまり，圧縮強度の大きいコンクリートほど同じ応力に対する変形量が小さくなる．ちなみに鋼材のヤング係数は，強度とは無関係でほぼ一定の値（$2.1\times10^5\,\mathrm{N/mm^2}$）となる．

また，コンクリートのヤング係数は，コンクリートの密度によっても変動し，密度が大きいほど弾性係数も大きくなる傾向がある．設計基準強度が同じ場合，軽量コンクリートのほうが普通コンクリートよりも弾性係数が小さくなる．

普通コンクリートの圧縮強度時のひずみ度，つまりコンクリートの圧縮に対する変形能力は，$0.15\sim0.30\%$（$1500\sim3000\times10^{-6}$）程度である．これは鉄筋が引張降伏するときのひずみ度と同程度である．圧縮強度の大きいコンクリートほど，圧縮強度時のひずみも若干大きくなる傾向がある．

なおコンクリートのせん断弾性係数は，ヤング係数の4割程度，ポアソン比の値は1/6前後である．

c. 引張強度

コンクリートの引張強度は圧縮に比べて非常に小さく，通常の強度のコンクリートで，圧縮強度のほぼ1/10である．圧縮強度が大きくなるほど引張強度も大きくなるが，圧縮強度に対する割合は小さくなる．また引張に対するコンクリートの変形能力は 200×10^{-6} 程度と非常に小さい．このようにコンクリートは引張に弱く，通常，構造部材として引張強度をコンクリートに期待することはない．しかし，ひび割れ抑制の観点からは，コンクリートにある程度の引張強度があることは耐久性の面からも必要である．

コンクリートの引張強度は，直接引張試験を行って測定するのが難しく，手間もかかるので，通常は円柱供試体を用いた割裂試験により間接的に求められる（14.3.3項c(2)参照）．

d. 付着強度

コンクリートと鉄筋の付着強度は，コンクリートと鉄筋それぞれの性質が影響する．コンクリート側では圧縮強度が大きいほど付着強度は大きくなる．一方，鉄筋側では，異形鉄筋を用いた場合のほうが，丸鋼を用いた場合よりも大きくなる．

梁の上端筋付近のコンクリートには，沈降ひび割れが生じやすい．また，ブリーディング水による付着力の低下は上端筋で顕著であり，付着力を

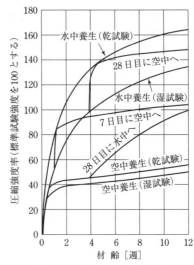

図10.13 養生条件と圧縮強度[6]

表10.11 鉄筋のコンクリートに対する許容付着応力度[5]

	長 期		短 期
	上 端 筋	その他の鉄筋	
異形鉄筋	$\dfrac{1}{15}F_c$ かつ $\left(0.9+\dfrac{2}{75}F_c\right)$ 以下	$\dfrac{1}{10}F_c$ かつ $\left(1.35+\dfrac{1}{25}F_c\right)$ 以下	長期に対する値の1.5倍
丸 鋼	$\dfrac{4}{100}F_c$ かつ0.9以下	$\dfrac{6}{100}F_c$ かつ1.35以下	

注：F_c はコンクリートの設計基準強度［単位：$\mathrm{N/mm^2}$］．
　　上端筋とは曲げ材にあってその鉄筋の下に300 mm以上のコンクリートが打ち込まれる場合の水平鉄筋をいう．
　　異形鉄筋で，鉄筋までのコンクリートかぶりの厚さが鉄筋の径の1.5倍未満の場合には，許容付着応力度は，この表の値に「かぶり厚さ／（鉄筋径の1.5倍）」を乗じた値とする．

3割程度低下させる．したがって日本建築学会鉄筋コンクリート構造計算規準では，表10.11に示すように上端筋の許容付着応力度を他の鉄筋よりも小さく設定している．

e. 養生と強度

コンクリートの強度および耐久性にとって**養生**（curing）の影響は非常に大きい．たとえば，空気中に放置したものより，水中養生した場合のほうが長期にわたって強度が増進する（図10.13）．特に初期の養生が大切であり，打込み後，通常7日間程度は湿潤養生とする必要がある．

なお，養生とは別に，強度試験時の試験体の含水状態も強度や弾性係数に影響を及ぼす．コンクリートの圧縮強度は通常，乾燥している場合のほうが大きい値となる．逆に弾性係数は，乾燥している場合のほうが小さい値となる．

f. 三軸圧縮応力状態

通常の圧縮試験のようにコンクリートが1方向から圧縮を受ける場合を一軸圧縮応力状態という．これに対して3方向から圧縮を受ける場合を**三軸圧縮応力状態**という．一軸圧縮応力状態では加力方向と垂直な方向の変形が生じるが，三軸圧縮応力状態ではこの変形が拘束されるため，三軸圧縮応力状態の圧縮強度は，一軸圧縮応力状態の圧縮強度より大きい．

g. 試験体の形状

円柱供試体を用いる場合には，直径に対する高さの比が小さくなると，上述の三軸圧縮応力状態と同様に載荷方向と直交する方向の変形が拘束されるため，圧縮強度が大きくなる（図10.14）．

h. 支圧強度

プレストレストコンクリートでは，コンクリートにプレストレスを与えるために挿入したPC鋼材などの緊張材の定着端で，コンクリートに局部的な圧縮力が作用する．このような局部圧縮応力を受ける場合の圧縮強度を**支圧強度**（bearing strength）という．支圧強度は普通，全面に圧縮力を受けるときの圧縮強度よりも大きい．

i. 疲労

通常の圧縮強度は，所定の載荷速度の1回の加力でコンクリートを破壊させたときの最大応力で

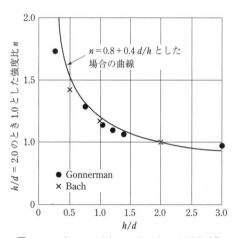

図10.14 高さ h と直径 d の比 h/d と圧縮強度[3]

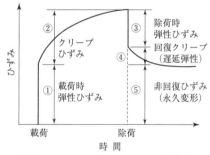

図10.16 コンクリートのクリープ性状[4]

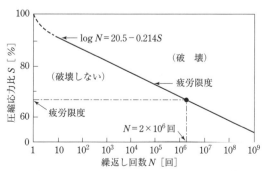

図10.15 コンクリートの疲労性状（S/N曲線）[3]

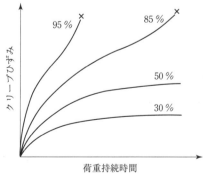

図10.17 応力レベルとクリープ性状[7]

ある（静的強度）．これより小さい力が働いた場合でも，繰り返し力が作用すれば，それが圧縮強度より小さくても破壊が生じる．これを**疲労**（fatigue）あるいは**疲労破壊**（fatigue failure）と呼ぶ．応力が小さいほど破壊に至るまでの繰り返し回数は多くなり，一定以下の応力では無限に繰り返しを行っても疲労破壊は生じなくなる．これを**疲労限度**（耐久限，fatigue limit）と呼ぶ．コンクリートは疲労限度が明確でないため，200万回繰り返し載荷を行ったときにちょうど疲労破壊が生じる応力を便宜的に疲労限度（時間強度）とし，通常，静的強度の65%程度の値となる（図10.15）．

j．クリープ

完全な固体では，外力と変形（応力とひずみ）が釣り合った後は，外力の大きさが変動しない限りひずみも一定であり，また，変形量が一定であれば応力も一定である．一方，流体（気体および液体）は外力が作用する限り変形し続ける．固体において，応力とひずみが釣り合った後も，流体のようにひずみが徐々に増加していく現象を示す場合がある．この現象を**クリープ**（creep）という．

コンクリートでは数ヶ月から数年をかけてクリープひずみを生じる（図10.16）．持続載荷されるときの応力が小さい場合には，クリープは一定の値に近づく（図10.17）．応力が大きい場合にはクリープにより破壊を生じる．これを**クリープ破壊**（creep failure）といい，クリープ破壊が生じる応力の下限値を，**クリープ限度**（creep limit）という．クリープ限度は通常，静的強度に対する百分率で表す．コンクリートは，疲労限度は明確でないが，クリープ限度は存在し，ばらつきは大きいが静的強度の75〜85%程度の値となる．

k．載荷速度

材料強度の試験値は，強度試験における**載荷速度**（rate of loading）が大きくなるほど大きくなる．逆に載荷速度が小さくなると，クリープ破壊からも類推できるように，強度は小さくなる．このため，コンクリートの強度試験を行う場合には載荷荷重の上昇速度の範囲が規定されており，JIS A 1108：2006（コンクリートの圧縮強度試験方法）では，毎秒 $0.6\pm0.4\,N/mm^2$ と規定されている．

l．寸法効果

一般に，形状や材質が同じであれば，大きいものほど内部に欠陥を含む確率が大きくなるので強度が低くなる．逆に小さいものほど強度は高くなる．これを**寸法効果**（scale effect）という．コンクリートの場合も，試験体の寸法が大きいほど圧縮強度が小さくなる傾向がある．

m．線膨張係数

コンクリートの常温における**線膨張係数**（linear coefficient of expansion；熱膨張率，coefficient of thermal expansion）は $9\sim12\times10^{-6}/°C$ 程度で，鋼材やガラスの線膨張係数とほぼ等しい．また木材の繊維方向の値よりも大きい．

コンクリートと鋼材の線膨張係数が等しいことは，鉄筋コンクリート構造としたときに，温度が変化してもコンクリートと鉄筋との間に応力が生じにくく，一体となって熱変形を生じることができるため非常に都合がよい．

10.5 耐 久 性

10.5.1 中 性 化

新しいコンクリートは，pH 13 程度の強いアルカリ性を示す．これは，水和反応の進行とともに水酸化カルシウム $Ca(OH)_2$ が発生するからである（9.2.2項参照）．

鋼材は，空気中では容易に酸化するが，アルカリ性（pH 11 以上）の雰囲気では表面に安定で緻密な酸化皮膜（不動態皮膜）を形成し，塩化物イオンが存在しなければさびない．

しかし，空気中の炭酸ガスがコンクリートに侵入し，内部の水酸化カルシウムと反応して，弱アルカリ性の炭酸カルシウム $CaCO_3$ を生じることにより，表面から次第にアルカリ性が低下していく．

$$Ca(OH)_2 + H_2CO_3 \longrightarrow CaCO_3 + 2\,H_2O$$

コンクリート中の物質が炭酸ガスと反応して炭酸塩などを生じることを**炭酸化**（carbonation）といい，炭酸化などに伴うアルカリ性の低下を**中性化**（neutralization）と呼ぶ．中性化は，酸による中性化など，炭酸ガス以外の原因によって生じ

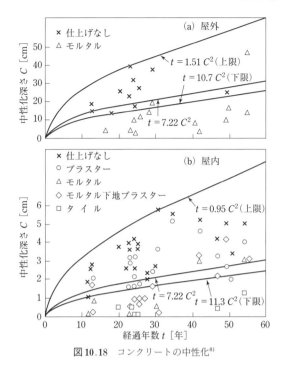

図10.18 コンクリートの中性化[8]

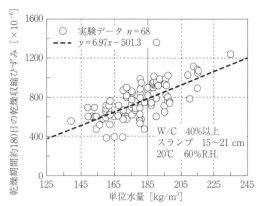

図10.19 単位水量と乾燥収縮率（6ヶ月）の関係[9]
普通ポルトランドセメント，天然骨材使用

$$C = A\sqrt{t}$$

中性化深さは，コンクリートの断面にフェノールフタレインのアルコール溶液を塗って測定する．赤紫色に変色しない領域が中性化された領域である．

JASS 5 では，中性化抑制などの目的で水セメント比の上限を，通常のコンクリートで65％と規定している．

10.5.2 乾燥収縮

コンクリートやモルタルなどが水分の乾燥に伴って収縮することを**乾燥収縮**（drying shrinkage）といい，これにより生じるひび割れを乾燥収縮ひび割れという．硬化に伴う収縮が，打込み後，比較的初期の短い期間に生じるのに対して，乾燥収縮は数ヶ月から数年の間に進行する．

コンクリートの乾燥収縮は通常，
・単位水量が多いほど
・スランプの大きいほど
・水セメント比が大きいほど
大きくなる傾向がある．

通常のコンクリートでは乾燥収縮ひずみを 8×10^{-4} 程度に抑えることを目標として，単位水量の上限を $185\,\text{kg/m}^3$ に定めている（図10.19）．単位水量を抑えながら所定のスランプのコンクリートを得るためには減水剤などを使用する．

また，乾燥収縮は骨材の岩種にも影響を受け，石灰岩を用いた場合に小さくなる．

なお，水中あるいは地中にあるコンクリートで

ることもある．

鉄筋の外側を覆っているかぶりコンクリートが中性化し，鉄筋周囲のpHが低下すると，鉄筋にさびが生じ始める．コンクリート自体は，炭酸化しても直接的な悪影響は少ない．しかし鉄筋はさびると体積が2～4倍に膨張するのでコンクリートにひび割れが容易に発生し，これがさらに鉄筋のさびを助長するので，補修を行わなければ急速に劣化が進行し，鉄筋コンクリート構造として供用できない状態となる．

鉄筋コンクリート構造ではかぶりコンクリートが中性化して中性化深さが主筋の位置に達するまでの期間を耐用年数の目安としている．つまり鉄筋コンクリートの寿命は中性化によって左右されることになる．

コンクリートの中性化は表面から次第に内部に進行していく．中性化の速さは，セメントなど使用した材料や，コンクリートの緻密さおよび仕上げの種類，また温度・湿度・炭酸ガス濃度などの環境条件によって影響を受ける（図10.18）．

中性化深さ C [cm] と材齢 t [年] との間には，次式のようないわゆる $\sqrt{t}$ 則（ルート t 則）が成り立つ．比例定数 A は中性化速度係数と呼ばれ，上記の要因によって変化する．

は，収縮量は小さい．

10.5.3 凍害

凍害（frost damage, freezing damage）は，打込み後の養生期間に生じる初期凍害と，長期的な凍結融解の繰返しにより生じる凍害に分けられる．

初期凍害の生じる時期，つまり施工後十分に硬化しない時期にコンクリート中の水分が凍結すると，まだ強度の出ていない硬化体組織が損傷を受ける．初期凍害はコンクリートの圧縮強度が5.0 N/mm^{2}以下のときに生じやすいといわれる．初期凍害のおそれのある時期に施工されるコンクリート工事を寒中コンクリート工事という．初期凍害を防止するため，JASS 5では，通常よりも品質の下限を高く（調合管理強度24 N/mm^{2}以上，旧JASS 5では水セメント比60%以下），単位水量はできるだけ少なくするよう規定されている（調合管理強度については11.2.2項a参照）．また，圧縮強度が5.0 N/mm^{2}となるまでの時期，いわゆる初期養生期間にはコンクリートが凍結しないように適切な保温対策を講じる．

凍害とは狭義には，冬期のコンクリート中の水分の凍結による膨張と融解の繰返しにより，コンクリート表面の剥がれ，ひび割れ，およびこれらによりコンクリートがやせていくことをいう．

コンクリートの耐凍結融解性（resistance to freezing and thawing）を向上させるために，**AE剤**あるいは**AE減水剤**を用いてコンクリート中に微細な空気を連行させる．この空気を**連行空気**（entrained air）という．連行空気は互いに独立した球形の気泡であり，凍結に伴う膨張圧を吸収する作用がある．JASS 5では，コンクリート中の空気量として，練混ぜによる巻込み空気（entrapped air，コンクリート全体の1〜2%程度）と連行空気をあわせて4.5±1.5%の範囲に規定している．

吸水率の大きい軽量骨材を用いた軽量コンクリートでは，通常の骨材を用いた場合よりも凍害を受けやすい．

10.5.4 塩害

コンクリートの中にある一定以上の塩分が存在すると，コンクリートが中性化していなくても鉄筋にさびが生じる．鉄筋の発錆に伴う膨張により，コンクリートにひび割れが生じ，さらに発錆が助長される．これを鉄筋コンクリートの**塩害**（salt damage）と呼ぶ．鉄筋コンクリートが建設後のきわめて早い時期に使用不能となるなどの損害を受けることがあり，アルカリシリカ反応とともに，コンクリートの**早期劣化**と呼ばれることがある．

塩害の原因としては，材料中に含まれていた塩分が原因となる場合と，外部環境からもたらされる塩分，たとえば海岸付近での飛来塩分による場合とがある．

材料の中で最も塩分が混入しやすいのは海砂で，次に練混ぜ水があげられる．海砂は除塩して用い，JASS 5では通常，骨材中の塩化物量がNaClとして0.04%以下となるようにする．練混ぜ水も塩化物イオン（Cl$^-$）量の上限が上水道水と同じ200 ppmと，厳しい制限となっている．しかし，これ以外の材料，たとえばセメントや混和剤からも塩分が供給されるおそれがあるため，各材料個別の塩分含有量の規制のほかに，コンクリート全体についても規制を行っている．これを塩化物の総量規制という．JASS 5では，コンクリート1 m^{3}あたりの塩化物量を塩化物イオン（Cl$^-$）として0.30 kg以下と規定している．

塩化物量は建設現場で生コンクリートの受入検査のときにスランプや空気量試験と同時に行う必要がある．

飛来塩分による塩害の対策としては，緻密なコンクリートを用いる，適切な仕上げを施すなどがあげられる．

10.5.5 アルカリシリカ反応

アルカリシリカ反応（alkali silica reaction, ASR）は，セメント中のアルカリと一部の骨材との反応により，コンクリートにひび割れなどが生ずる現象である．

アルカリシリカ反応では，まず，セメントに含

まれていたアルカリ金属のイオン（Na⁺, K⁺）と，骨材中の反応性シリカが反応して，水ガラス（アルカリシリケートゲル）を生成する．この水ガラスが，吸水することにより膨張し，コンクリートに網目状あるいは亀甲状の膨張ひび割れが多数発生する．またコンクリート表面では，ひび割れからゲルの滲出が見られることが多く，骨材のポップアウトも生じる．生じたひび割れは，中性化や凍害など他の劣化を助長する要因ともなる．なお水ガラスが生成しただけでは膨張は生じず，これが吸水して膨張したときにひび割れが発生する．

アルカリシリカ反応はすべての骨材で生じるものではなく，反応性を有する一部の骨材（反応性骨材）を使用したときに発生する．反応性骨材は，シリカ鉱物の一種であるトリジマイト，クリストバライト，微小石英，オパール，結晶にひずみを有する石英など，不安定なシリカ鉱物を含む骨材であり，一部の砕石で問題となることがほとんどである．また反応性骨材の量が多いほど膨張量が大きくなるわけではなく，反応性が最も高くなる骨材の量（**ペシマム量**, pessimun value）が存在する．

対策としては，①コンクリート中のアルカリ量を低減すること，②反応性骨材を使用しないこと，③外部からの水の浸入を防止すること，などがあげられる．

①に関しては，低アルカリ型ポルトランドセメントや混合セメント（B種，C種）の使用などがあげられる．建設省（当時）は，「アルカリ骨材反応抑制対策に関する指針について」（建設省住指発第244号，1989年7月）において，コンクリート全体のアルカリ量を，Na₂Oで換算して3 kg/m³以下とするよう規定している（総量規制）．

②については，骨材の反応性の試験法として，10.2.3項gおよび11.4節cで示す化学法やモルタルバー法，さらには遅延膨張性の骨材判定に有効なASTMC 1260（促進モルタルバー法）などがある．

③は，コンクリート表面に遮水性や撥水性の塗料を塗って外部からの水分の浸入を抑制する（表面処理工法）．補修の際には水分浸入の抑制と同

時に内部の水を放出できる撥水系が有効である．

10.5.6 高温性状

コンクリートは，建築材料の中では耐火性の大きい材料である．鉄筋コンクリート造は耐火性の低い鉄筋をコンクリートが被覆しており，所定の基準に適合すれば「建築基準法」第2条第七号の耐火構造に該当する．ただし高温になればひび割れが発生し，強度や弾性係数の低下が生じる．500℃で圧縮強度は常温の約1/2程度となる．また弾性係数は強度よりも温度上昇に伴う低下が大きい．

10.5.7 化学抵抗性

コンクリートは硫酸や硝酸，塩酸などの強酸や，弱酸，また硫酸塩などの塩類に侵される．

硫酸塩劣化対策としては，耐硫酸塩ポルトランドセメントの使用や水セメント比を小さくすることなどがあげられるが，完全な防止は難しい．

近年，排水溝で発生する硫化水素や硫酸への対策として，結合材として合成樹脂を使用した，耐薬品性の高いレジンコンクリート（ポリマーコンクリート）が用いられる場合がある．

10.6 特殊なコンクリート

10.6.1 要求性能

a. 高強度コンクリート（high-strength concrete）

「設計基準強度が36 N/mm²を超える場合のコンクリート（JASS 5, 17節）」を参照．1993年版JASS 5では27～36 N/mm²のコンクリートが該当した．しかし，実施工されるコンクリートが，高層鉄筋コンクリート構造物の普及に伴って年々高強度化しつつあることに対応して，36 N/mm²を超えるコンクリートが該当することとなった．要求品質としては，強度以外に，弾性係数，耐久性，耐火性，施工性があげられる．水セメント比が非常に小さいコンクリートとなるため，高性能AE減水剤などの混和剤の使用が前提となる．また，単位セメント量が大きくなるため，水和発熱に対する配慮も必要である．耐久性に関しては，単位水量175 kg/m³以下，空気量は凍害のおそれ

がある場合は 4.5%，ない場合は 3.0% 以下が標準とされている．

b. 高流動コンクリート（high-fluidity concrete）

「フレッシュ時の材料分離抵抗性を損なうことなく流動性を著しく高めたコンクリート（JASS 5，16 節)」を参照．製造から運搬，打込みを通じて材料分離を生じることなく，締固めを行わなくても充填可能な自己充填性を有するコンクリートである．省力化が図れるとともに，配筋が過密な場合や鋼管コンクリートなど，通常は打込みや締固めが困難な場所への施工が可能となる．

c. 凍結融解作用を受けるコンクリート

「凍結融解作用を受けるコンクリート（JASS 5，26 節)」および 10.5.3 項を参照．

d. 海水の作用を受けるコンクリート

「海水の作用を受けるコンクリート（JASS 5，25 節)」を参照．海中や海岸地域にある鉄筋コンクリート構造物が対象となる．塩分の浸透や発錆を抑制するため緻密なコンクリートとする必要があり，水セメント比の上限が，海水作用の区分により 45～55%（普通ポルトランドセメント）に制限されている．ほかに，下記のような項目があげられる．

・海水に対する耐久性の観点より，セメントは中庸熱ポルトランドセメントや，高炉セメント，フライアッシュセメントが望ましい．
・かぶり厚さを通常よりも大きくする．
・適切な仕上げを施す．

ほかに，流動化コンクリート（superplasticized concrete；10.2.4 項 b 参照），プレストレストコンクリート，遮蔽用コンクリート，水密コンクリート，簡易コンクリートなどがある．

10.6.2 施工条件

a. マスコンクリート（mass concrete）

マスコンクリートとは，「部材断面の最小寸法が大きく，セメントの水和熱による温度上昇で，有害なひび割れが入るおそれがある部分のコンクリート（JASS 5，21 節)」である．部材断面の最小寸法が 80 cm 以上のコンクリートで問題とな

ることが多い．水和反応によるコンクリートの温度上昇がひび割れの原因となるので，所要の品質が得られる範囲で単位セメント量を少なくする，低発熱形のセメントを使用する，コンクリートの練上がり温度を低くするなどの対策が行われる．セメントは，中庸熱，あるいは低熱ポルトランドセメント，あるいは混合セメントの B 種，C 種が適する．早強型のセメントは使用すべきでない．養生に関しては，表面が過度に冷却されて内部との間に温度差が生じないように養生する必要がある．

b. 暑中コンクリート工事（hot weather concreting）

暑中コンクリートは，「気温が高く，コンクリートのスランプ低下や水分の急激な蒸発のおそれがある時期に施工されるコンクリート（JASS 5，13 節)」である．国内では夏期に工事の行われる場合が該当する．練混ぜから運搬，打込み，および養生を通じてコンクリート温度が高くなり，輸送中のスランプ低下（スランプロス）や，コールドジョイント，ひび割れなどが生じやすい．強度に関しては初期強度が高くなるが，長期強度が伸びない．また，初期の蒸発のため，硬化体組織が緻密にならず，耐久性が低下する．

対策としては，コンクリート温度が高くなりすぎないよう，材料や運搬面での配慮を行うこと，および，特に初期の養生が重要である．

c. 寒中コンクリート工事（cold weather concreting）

「コンクリート打込み後の養生期間に，コンクリートが凍結するおそれのある時期に施工されるコンクリート（JASS 5，12 節)」である．温暖地域を除く国内の冬期工事で該当し，いわゆる初期凍害が問題となる（10.5.3 項参照）．

調合管理強度が 24 N/mm² 以上と，通常よりも品質の下限を厳しく規定されている．セメントは早強ポルトランドセメントなどが適する．空気量の確保もきわめて重要である．このほか，

・荷卸し時のコンクリート温度を 10～20℃ とする．
・セメントは一様な加熱が難しく，部分的な凝結促進のおそれがあるため加熱しない．

・加熱した材料を用いる場合，セメントを投入する直前のミキサ内の材料温度を 40℃以下とする．

・適切な保温および加熱養生を行う．

などが必要である．

d. 水中コンクリート（underwater concreting）

「現場打ち杭および連続地中壁など，トレミー管などを用いて安定液または静水中に打ち込むコンクリート（JASS 5，24 節）」である．水中で施工されるため，コンクリートに高い流動性と分離抵抗性が要求される．**トレミー管**（tremie pipe）はコンクリートを水底などに打ち込む際に，コンクリートが途中の水と接しないよう，使用される管である．安定液は場所打ちコンクリート杭の施工で，掘削した穴の壁面の崩落を防止するために使用される．掘削後，トレミー管などを用いて安定液と置き換えながらコンクリートを打設する．

10.7 コンクリート製品

現場施工のコンクリートに対して，工場で生産されるコンクリート製品を，コンクリート（二次）製品，あるいは**プレキャストコンクリート**（precast concrete）という．

近年，コンクリート二次製品は，建築構造物の施工の省力化・短期化およびリサイクル材料の活用に基づく CO_2 排出削減に寄与する資材として社会的要請が高くなってきており，現状，高炉スラグ微粉末，フライアッシュ，再生骨材などを使用している工場もある．

10.7.1 特 徴

コンクリート二次製品は，現場施工のコンクリートと比較して以下の利点がある．

① 工場で製造を行うため，品質管理が容易であり，高精度，高品質の製品の大量生産が可能となる．

② 成形および締固めは，大型の型枠バイブレーターや振動台締固め機による強力な締固めが可能で，現場打ちコンクリートよりも硬練りのコンクリートが使用できる．場合によってはゼロスランプのコンクリートが用いられ，即時脱型も可能である．また，遠心力締固めは，遠心力で分離された余分な水が絞り出されるので，高品質，高強度のコンクリートが得られる．

③ 蒸気養生やオートクレーブ養生など，現場施工では困難な，特殊な養生が可能であり，短期間の養生で強度が発現できる．

④ 硬化した製品を現場で取り付けるので工期の短縮が図れる．

一方で，下記のような欠点もある．

① 運搬に際しての制約上，重量や大きさが制限される．

② 同じものを大量生産する関係上，寸法や形状などの種類が限定される．

10.7.2 成形・締固め

締固め方法には，振動締固め，遠心締固め，加圧締固めがあり，それぞれ目的に応じて用いられている．また，近年では高流動コンクリートの使用も増えつつある．

a. 振動締固め

多くの製品で用いられている方法であり，棒状の振動機をコンクリートの内部に差し込んで行う内部振動機と型枠もしくは型枠を置く台に取り付けた外部振動機がある．

b. 遠心力締固め

ローラーの上に型枠を置き，コンクリートを円筒状の型枠に流し込んで，遠心力を利用して成形する方法で，この方法で成形したコンクリートは，振動で成形したものに比べて，余分な水が遠心脱水しコンクリート強度が増加する．また，コンクリートが緻密になることなど締固め効果に優れており，生産効率もよい．

c. 加圧締固め

コンクリートを振動締固めした後に圧力（0.5〜1.0 N/mm²）を加えて成形する方法と，真空脱気を併用する方法があり，コンクリートの余分な水が除去されること，コンクリートが緻密になることにより強度および耐久性が増加する．

10.7.3 養生方法

コンクリート製品は，型枠の回転率を上げること，出荷を早めるために目標強度を早期に達成することが必要であり，多くの工場で促進養生を行っている．促進養生としては，蒸気養生およびオートクレーブ養生が行われている．

a. 蒸気養生（steam curing）

型枠に打込んだコンクリートに，高温の水蒸気を用い常圧の状態で促進養生を行う．最高温度は，通常55〜75℃程度で，1日程度の養生でかなりの強度発現が期待できる．型枠の回転が速くなり，短期間に効率のよい生産が可能である．

また，一部では型枠の回転を上げるため，早強セメントや早強性混和材を用い，蒸気養生の短縮を行っている．

蒸気養生されたコンクリートの収縮は，通常のコンクリートの収縮よりも小さくなる．温度が高く，養生期間が長いほど収縮は小さくなる．

b. オートクレーブ養生（autocrave curing）

蒸気養生などの一次養生を施したコンクリート製品を，大型の圧力容器（オートクレーブ）の中に入れ，高温高圧（約10気圧，180℃前後）の飽和蒸気を通して養生を行う．シリカセメントはオートクレーブ養生に適している．

オートクレーブ養生は，養生後に所定強度が得られるため出荷材齢が短縮できること，寸法安定性に優れること，高強度が得られることなど優れた特性が得られる．しかし，初期投資および維持費がかかることから，高強度混和材を使用することにより，オートクレーブ養生をせずに高強度コンクリートを製造する工場が増加している．

10.7.4 製品

（1）**鉄筋コンクリート管**：鉄筋コンクリート製の管で，下水管などに用いる．遠心成形（ヒューム管，Hume pipe）やロール転圧，振動機などにより成形される．

（2）**プレストレストコンクリート杭**：遠心成形によりつくられた中空のコンクリート杭である．遠心力で成形，締め固められるため，余分な水分が絞り出され，高強度の製品が得られる．杭基礎

に用いられる．

（3）**U型・L型側溝**：鉄筋コンクリート製の側溝である．振動機による締固めや加圧成形で製造される．

（4）**建築用コンクリートブロック**：硬練りコンクリートを振動機により締め固めて成形する，コンクリート製のブロックである．空洞に一定間隔で鉄筋を挿入してコンクリートを充填する補強コンクリートブロック構造や，間仕切り壁，ブロック塀などに用いる．

（5）**インターロッキングブロック**：歩道，公園などの舗装用である．ゼロスランプの硬練りコンクリートを，振動締固めにより成形して即時脱型する．普通インターロッキングブロックと，透水性インターロッキングブロックがある．

（6）**ALC（autoclaved light-weight concrete）**：アルミニウム粉末などの発泡剤により発泡，あるいは気泡を混入して，成形した後，オートクレーブで養生して製造される，軽量の気泡コンクリートである．原料として，けい砂あるいはセメントなどのケイ酸質原料，生石灰またはセメントなどの石灰質原料が用いられる．アルミニウム粉末とこれらの原料に起因するアルカリ分とが反応して発生した水素ガスにより，気泡が生じる．気乾比重が約0.6と非常に軽い．断熱性や耐火性が大きい．遮音性は通常のコンクリートに劣る．吸水が大きいので凍害には注意が必要．建物内・外壁や，床，および耐火被覆などに用いられる．

（7）**GRC（glass fiber reinforced concrete）**：耐アルカリ性の高いガラス繊維で補強されたコンクリート製品で，耐衝撃性に優れている．GRCパネルなどがある．

（8）**その他**：矢板，電柱，擁壁ブロック，鉄道のまくら木，消波ブロック，コンクリート用プレキャスト型枠などがある．

演 習 問 題

10.1 コンクリートに関する以下の記述のうち，最も不適当なものを示せ．

1. コンクリートの練混ぜに用いる水に含有される塩化物イオンの上限値は，上水道水を用いる場合

も，上水道水以外の水を用いる場合も 200 ppm である．

2．空気量の少ないコンクリートは，凍結融解に対する抵抗性が高くなる．

3．コンクリートは，スランプの小さいものほど，分離しにくくなる．

4．AE 減水剤を用いれば，同一スランプのコンクリートを得るために必要な単位水量を小さくすることができる．

5．流動化剤により流動性を向上させたコンクリートのスランプは，時間とともに急速に低下する．

10.2　コンクリートに関する以下の記述のうち，最も不適当なものを示せ．

1．コンクリートの圧縮強度は，使用材料など他の条件が同じ場合，水セメント比が大きいほど小さい．

2．一般に圧縮強度の大きいコンクリートほど，ヤング係数も大きい．

3．コンクリートの圧縮強度は，形状など他の条件が同じであれば，通常，寸法の大きいものほど小さい．

4．コンクリートの許容付着応力度は，他の条件が同じであれば，梁の下端筋よりも上端筋のほうが小さくなる．

5．打込み時の温度が高いほど，セメントの水和反応が活発となるので，コンクリートの強度が長期にわたって伸び続ける．

10.3　コンクリートに関する以下の記述のうち，最も不適当なものを示せ．

1．水セメント比の大きいコンクリートは，中性化の進行が速い．

2．単位水量の多いコンクリートは，硬化後の乾燥収縮が大きくなる．

3．コンクリートの線膨張係数は，鉄筋の線膨張係数とほぼ等しい．

4．JASS 5 では，コンクリートに含まれる塩化物量は，NaCl として 0.3 kg/m³ 以下と規定されている．

5．コンクリートの圧縮強度は，500℃で常温の約 1/2 程度となる．

［解答］

10.1　2：空気量の少ないコンクリートは，凍結融解に対する抵抗性が低くなる．

10.2　5：打込み時の温度が高いと，コンクリートの長期強度が伸びなくなる．

10.3　4：塩化物イオン（Cl⁻）量として 0.3 kg/m³ 以下と規定されている．

■**参考文献**

1)　日本建築学会 編：建築材料用教材，日本建築学会（2006）．

2)　田村 恭：建築材料要説，産業図書（1981）．

3)　佐治泰次 編：建築材料，建築構造講座 7，コロナ社（1984）．

4)　日本コンクリート工学協会 編：コンクリート便覧，技報堂（1996）．

5)　日本建築学会：鉄筋コンクリート構造計算規準・同解説（2010）．

6)　H. J. Gilky：The Effect of Varied Curing Conditions Upon the Compressive Strength of Mortars and Concrete, *Proc. ACI*, **22**（1986）．

7)　阪田憲次：コンクリートと力(4)，コンクリート工学，**17**, 7（1979）．

8)　嵩 英雄，和泉意登志ほか：既存 RC 構造物におけるコンクリートの中性化と鉄筋腐食について（その 1～3），日本建築学会大会（1983）．

9)　日本建築学会：建築工事標準仕様書・同解説 JASS 5 鉄筋コンクリート工事（2015）．

COLUMN　産業副産物起源の混和材

産業副産物である高炉スラグおよび石炭灰のわが国における発生量は，近年，それぞれ年間2400万～2500万t程度および1100万～1200万t程度で推移しており，今後の増加も予想されている．

産業副産物である高炉スラグ微粉末やフライアッシュ（石炭灰）などは，コンクリート混和材として使用すれば，適切な設計・施工により長期的に優れた性能を有する建築物を製造できる．そのため，コンクリートの性能向上および資源の有効利用の観点から，さまざまな用途で使用されてきた．また，最近では，地球温暖化に影響を及ぼすCO_2排出量の削減を目的としてその有効利用が求められている．

高炉スラグ微粉末（高炉セメント）は，高炉水砕スラグ（図10.20）を粉砕して製造される．最初の製造は1910年に八幡製鐵所においてであり，建築物としては1958年に竣工した国立霞ヶ丘競技場がある．一方，フライアッシュ（図10.21）の最初の製造は1953年であり，東京電力の須田貝ダムの建設で用いられている．

これらの材料のその後の活用経緯としては，高炉スラグ微粉末については，1950年にセメントとしてのJISが制定されたが，混和材としてのJISは1995年になってからである．一方，フライアッシュは1958年に混和材として，1960年にセメントとしてJISが制定されている．また，日本建築学会からは，混合セメントとしての利用についてはいずれも1978年に，コンクリート用混和材としての利用については高炉スラグ微粉末が1996年，フライアッシュが1999年に調合設計・施工指針が刊行され，その後逐次改定がなされている．そのような中，これらの材料は，1980年代後半からはアルカリ骨材反応の抑制対策の一つとして位置づけられ，フライアッシュは，近年，細骨材代替混和材としての利用もなされつつある．

しかしながら，高炉スラグ微粉末は温度ひび割れや収縮ひび割れの懸念から，また，フライアッシュはその品質変動や中性化の懸念から，建築物における利用が本格的に進まない状況が続いている．

今後の建築分野での利用拡大においては，上記の懸念を払拭するとともに，これらの材料が，地域の条件，建物の部材の環境条件ならびに環境負荷低減を考慮して適材適所で活用される方策を見出すことが重要と考えられる．

具体的な方策としては，①基礎・地下構造体・鋼管充填コンクリートにおける利用，②低炭素化を前面に出した利用などが考えられる．

環境配慮型コンクリートの材料の選定にあたっては，それらを使用する地域の環境保全施策を尊重し，産業副産物を優先し，地域での流通による環境負荷を最小限にすることが求められている．そして，環境配慮型コンクリートの普及の中で，コンクリート材料の地産地消が積極的に進められていくものと考えられる．

図10.20　高炉水砕スラグ

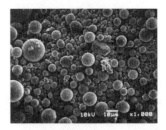

図10.21　フライアッシュ

11. コンクリートの調合設計

11.1 調合と調合設計

コンクリートは，水，セメント，粗骨材，細骨材の4種類の材料に，化学混和剤や混和材を加えてつくられる．**調合** (mix proportions, 配合ともいう) とは，これら材料の混合割合のことをいい，**調合設計** (mix proportioning, mix design) とは，第10章で述べられているコンクリートに要求される性能 (コンクリートの三要素)，および設計図書で指定される条件を満足するように，必要な空気量を加えて計算により材料の混合割合を決定することをいう．ここでは日本建築学会から発行されている JASS 5[1-3] および「コンクリートの調合設計指針・同解説」[4] (以下，調合設計指針と記す) に準じて，普通ポルトランドセメントおよび普通骨材を使用する一般的な建築用コンクリートを例に計算手順について述べる．高強度コンクリートをはじめ，その他のコンクリートの調合設計を行う際には上記文献を参考にするとよい．

11.2 調合設計の手順

11.2.1 調合設計の概要

設計図書には，当該建築物の構造計算結果，計画供用期間 (期待耐用年数)，形状および環境条件などをもとに，設計基準強度，計画供用期間の級 (あるいは耐久設計基準強度)，スランプ，空気量，セメントの種類などが特記される．

設計基準強度は，構造設計において基準とするコンクリートの圧縮強度のことで，言い換えれば，構造設計により求められた構造体コンクリートが有するべき最低限の圧縮強度のことである．普通骨材を用いる一般のコンクリートの場合，18，21，24，27，30，33 および 36 N/mm² であり特記される．

耐久設計基準強度は，中性化をはじめとしたコンクリートの耐久性を確保するために設けられているもので，計画供用期間の級に応じて特記される．コンクリートの耐久性は，水セメント比に支配されるところが大きいが，水セメント比を品質管理試験で測定することは困難で，圧縮強度で表す方法によれば，耐久設計で確保すべき所要の耐久性と構造設計で確保すべき所要の強度 (設計基準強度) を一元化でき，圧縮強度を検査することで耐久性も検査できることから，JASS 5 では，表11.1に示すように計画供用期間の級ごとに圧縮強度を指標にして定められている[1-3]．なお計画供用期間の級は，JASS 5 2003[3] では「長期」までであったが，JASS 5 2009[2] で「超長期」が設けられた．これは，国土交通省が促進している 200 年住宅に応じたものである．

したがって構造体コンクリートは，設計基準強度および耐久設計基準強度のいずれも満足する必要があり，両者の大きいほうの値を**品質基準強度** F_q という．

一方 JIS[5] では，普通コンクリートの場合，**呼び強度** (nominal strength) が 18〜45 まで 3 刻みで定められている．呼び強度とは，施工者が生コン工場に発注する際に指定する強度のことで (呼び強度に単位はないが，実質の単位は N/mm² で

表 11.1 耐久設計基準強度 (普通骨材の場合)[2,4]

計画供用期間の級[*1]	耐久設計基準強度 [N/mm²]
短 期 (30 年)	18
標 準 (65 年)	24
長 期 (100 年)	30
超長期 (200 年)[*2]	36[*3]

[*1] ( ) はおよその計画供用期間.
[*2] JASS 5 2009 から設けられた.
[*3] かぶり厚さを 10 mm 増やすと 30 とすることができる.

ある），後述する施工者が行う補正後のコンクリート強度に対応している．

スランプおよび空気量は，第10章で詳述されているように，対象建築物の形状や環境条件により，コンクリートの施工性および耐久性を確保するために定められる．

調合設計は，簡単にいえばこれら設計図書に記される条件を満足するように材料の混合割合を求める行為である．また，特別に設計図書に記されることは少ないものの，コンクリートに関するJISやJASS 5に定められる最低限の条件があり（第10章参照），調合設計に直接関連する事項を整理すると表11.2のようになる．したがって調合設計は，表11.2の条件を前提とし，設計図書に記される工事対象建築物個々の条件を満足するように，材料の混合割合を求め，これをもとに試し練りおよび調整を行い，計画調合を決定し，現場設計を補正することまで含めた一連の行為といえる．調合計画表の算出までを調合計算ということもある[3]．

ここで標準的な調合設計の手順を図11.1に記す．なお，調合設計は練上がりコンクリート$1\,m^3$を標準単位とするが，これを構成する水，セメント，粗骨材，細骨材，空気量の体積を絶対容積といい，それぞれ，V_w，V_c，V_g，V_s，V_{air}と表すと式（11.1）が基本式となる．

$$V_w + V_c + V_g + V_s + V_{air} = 1000\ [L/m^3] \quad (11.1)$$

計算結果から表11.3のような計画調合表を作成する．骨材は表乾状態を標準とするが，骨材試験結果が絶乾状態のものであれば，計算過程あるいは調合表にまとめる前に換算するとよい．絶乾

表11.2 コンクリート調合計画上の条件と主な理由

項目	条件	理由など（詳述されている基準など）
単位水量	$185\,kg/m^3$以下	ひび割れ抵抗性（JASS 5）
単位セメント量	$270\,kg/m^3$以上	ワーカビリティー，耐久性（JASS 5）
水セメント比	65%以下	耐久性：中性化，塩化物イオン浸透性，表面劣化など計画供用期間の級が超長期の場合は55%以下（JASS 5）
使用骨材	密度，粒度分布	ワーカビリティー（JIS A 5005, JIS A 5308, JASS 5）

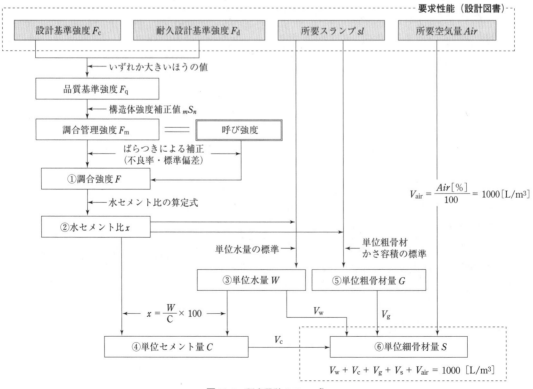

図11.1 調合設計のフロー[6]

表 11.3　計画調合の表し方[4]

品質基準強度	調合管理強度	調合強度	スランプ	空気量	水セメント比*	粗骨材の最大寸法	細骨材率	単位水量	絶対容積 [L/m³]				質　量 [kg/m³]				化学混和剤の使用量 [mL/m³] または [C×%]	計画調合上の最大塩化物イオン量 [kg/m³]
									セメント	細骨材	粗骨材	混和材	セメント	細骨材**	粗骨材**	混和材		
[N/mm²]	[N/mm²]	[N/mm²]	[cm]	[%]	[%]	[mm]	[%]	[kg/m³]	V_c	V_s	V_g	V_p	G_c	G_s	G_g	G_p		

*混和材を結合材の一部とする場合は，水結合材比とする．
**絶乾状態か表乾状態かを明記する．軽量骨材は絶乾状態で表す．

状態の骨材による計画調合表を作成するときはその旨を必ず明記する．なお，$1\,\mathrm{m}^3$ あたりの混合量（質量）をそれぞれ，単位水量（water content），単位セメント量（cement content），単位粗骨材量（content of coarse aggregate），単位細骨材量（content of fine aggregate）という．本書では順に，G_w，G_c，G_g，G_s と略記する．

以下，図 11.1 に沿った調合設計手順の例を示す．

11.2.2　調合設計手順の実際

a.　調合強度

前述したように構造体コンクリートが満たすべき最低限の圧縮強度，すなわち品質基準強度 F_q は，設計図書に記される設計基準強度 F_c，耐久設計基準強度 F_d の大きいほうの値である．調合強度 F は，打込み後の養生条件や製造時のばらつきなど，さまざまな条件下でも構造体コンクリートが品質基準強度 F_q を満足するように定める，目標とするコンクリートの強度のことである．調合強度 F は以下の順で定める．

まず，構造体強度補正値 $_mS_n$[1] を用いて，式 (11.2) で調合管理強度 F_m[1] を定める*．

$$F_m = F_q + {}_mS_n \ [\mathrm{N/mm^2}] \qquad (11.2)$$

調合管理強度 F_m とは，構造体コンクリートが品質基準強度 F_q を満足するようにコンクリートの調合を定める場合，標準養生した供試体が満足しなければならない圧縮強度のことで，構造体強度補正値 $_mS_n$ は，標準養生した供試体の材齢 m 日における圧縮強度と，材齢 n 日における構造体

---

*　レディーミクストコンクリートを用いる場合は，調合管理強度 F_m をもとに"呼び強度"（F_n）で発注する．

表 11.4　構造体強度補正値 $_{28}S_{91}$ の標準値[1]

セメントの種類	コンクリートの打込みから28日までの期間の予想平均気温 θ の範囲 [°C]	
早強ポルトランドセメント	$5 \leqq \theta$	$0 \leqq \theta < 5$
普通ポルトランドセメント	$8 \leqq \theta$	$0 \leqq \theta < 8$
中庸熱ポルトランドセメント	$11 \leqq \theta$	$0 \leqq \theta < 11$
低熱ポルトランドセメント	$14 \leqq \theta$	$0 \leqq \theta < 14$
フライアッシュセメント B 種	$9 \leqq \theta$	$0 \leqq \theta < 9$
高炉セメント B 種	$13 \leqq \theta$	$0 \leqq \theta < 13$
構造体強度補正値 $_{28}S_{91}\,[\mathrm{N/mm^2}]$	3	6

注：暑中期間における構造体強度補正値 $_{28}S_{91}$ は，$6\,\mathrm{N/mm^2}$ とする．

コンクリートの強度の差を意味する補正値である．調合管理強度 F_m を定める材齢は原則として 28 日とし，構造体コンクリートの強度が品質基準強度 F_q を満足しなければならない材齢は 91 日である[1]．よって構造体強度補正値 $_mS_n$ は，一般的には $_{28}S_{91}$ となる．JASS 5[1] では $_{28}S_{91}$ の標準値が表 11.4 のように記されている．

このように，構造体強度補正値 $_mS_n$ は，構造体コンクリートと管理用供試体の強度差，養生温度による補正の両方の要素を含むもので，JASS 5 2003[2] まではそれぞれに設けられていた，構造体コンクリートと管理用供試体の強度差の補正値 ΔF および予想平均気温ごとに定められた温度補正値 $T(T_n)$ が，JASS 5 2009 から一元化されたと考えてよい．

また JASS 5 では，コンクリートの圧縮強度を下記の 2 種類に分けて規定している．調合計画上でのコンクリートの強度は，材齢 28 日の標準養生供試体の圧縮強度，構造体コンクリートの圧縮強度は，材齢 28 日までは標準養生供試体の圧縮強度および材齢 91 日のコアによる圧縮強度（現

場封かん養生供試体の圧縮強度を代替値とできる）による．これらの判定基準については，JASS 5 2015[1]を参考にされたい．

- **使用するコンクリートの強度**：使用するコンクリートが本来発揮しうる圧縮強度（＝ポテンシャルの圧縮強度）
- **構造体コンクリートの圧縮強度**：構造体に打ち込まれたコンクリートの圧縮強度

調合管理強度 F_m が得られると，製造時のばらつきを考慮し，以下の式 (11.3) および式 (11.4) より，大きいほうの値を調合強度 F と定める．

$$F = F_m + 1.73\sigma \quad [\text{N/mm}^2] \quad (11.3)$$
$$F = 0.85 \times F_m + 3\sigma \quad [\text{N/mm}^2] \quad (11.4)$$

標準偏差 σ は，生コン工場では，製造実績に基づいた値による．標準偏差 σ が明らかでないような場合には，$0.1F_m$ または $2.5\,\text{N/mm}^2$ の大きいほうを用いる．

ここで，式 (11.3) および式 (11.4) の意味を簡単に解説する．コンクリートの圧縮強度は正規分布に従うため，ばらつきによる補正を行う必要がある．式 (11.3) は，調合管理強度 F_m に普通コンクリートでは 1.73σ を加える．これは，不良率が 4% 以下となるように，あらかじめ目標とする圧縮強度を高めに設定することを意味している（図 11.2(a)）．式 (11.4) は，F_m に 0.85 を乗じた値に 3σ を加えることで，この値に対する不良率がほぼゼロになる，すなわちほとんどすべての場合で最小限界値として定められる調合管理強度 F_m の 85% を満足するように，目標とする圧縮強度を高めに設定することを意味する（図 11.2(b)）．

最小限界値については種々の考え方があるが，F_m に乗じる定数 0.85 は，最小限界値がコンクリートの短期許容応力度以上となる，すなわち $2/3F_c$ 以上となるようにという考え方から，1965 年版の JASS 5 より 0.7 が用いられていたが，安全率を高めるなどの理由から，数回の変更を経て，0.85 が用いられるようになったようである．また JIS では，3 回の試験体による平均が呼び強度を満たし，1 回の試験体は呼び強度の 0.85 以上となるように定められているが，これらは式 (11.3) および式 (11.4) を満足することとほぼ同じ意味をもつ．

b．水セメント比

水セメント比 x は，コンクリートの強度が水セメント比により決定されるという理論に基づいて，先に求めた調合強度 F，セメント強さ K との関係を表す式 (11.5) により求める*．

$$x = \frac{51}{F/K + 0.31} \quad [\%] \quad (11.5)$$

ここで，セメント強さ K はセメント強さ試験結果，セメント会社から公表される試験成績書の値による．これらがない場合には $60\,\text{N/mm}^2$ を目安

表 11.5 水セメント比の算定式[1,4]

セメントの種類		水セメント比の範囲 [%]	水セメント比算定式 [%]
ポルトランドセメント	普通	40〜65	$x = \dfrac{51}{F/K + 0.31}$
	早強	40〜65	$x = \dfrac{41}{F/K + 0.17}$
	中庸熱	40〜65	$x = \dfrac{66}{F/K + 0.64}$
高炉セメント	A 種	40〜65	$x = \dfrac{46}{F/K + 0.23}$
	B 種	40〜60	$x = \dfrac{51}{F/K + 0.29}$
	C 種	40〜60	$x = \dfrac{44}{F/K + 0.29}$
シリカセメント	A 種	40〜65	$x = \dfrac{51}{F/K + 0.45}$
	B 種	40〜60	$x = \dfrac{71}{F/K + 0.62}$
フライアッシュセメント	A 種	40〜65	$x = \dfrac{64}{F/K + 0.55}$
	B 種	40〜60	$x = \dfrac{66}{F/K + 0.59}$

x：セメント比，F：調合強度，K：セメント強さ

* 生コン工場では，製造実績から必要な強度を得る水セメント比あるいはその逆数であるセメント水比が定められており，これによる場合が多い．

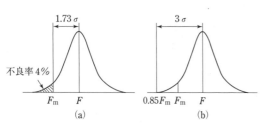

図 11.2 調合強度式[2]

にするとよい．なお，計算した水セメント比が65%を超えるような場合には，表11.2に記したように上限値の65%とする．普通ポルトランドセメント以外のセメントを使用する場合は表11.5の式を用いるとよい[4]．

c. 単位水量

第10章でも述べられているように，コンクリートのワーカビリティーはスランプを指標とし，スランプは構成材料の量的関係によって決定される．簡単にいえば，セメントおよび骨材の量と水量の関係でスランプは決まる．ここで，JASS 5では設計基準強度33 N/mm² 未満の普通コンクリートのスランプには上限値18 cmを設けており，高性能AE減水剤を用いる場合は，試し練りにより材料分離などが生じないことなどを確認し，上限よりも大きいスランプのコンクリートを製造してもよいとしている．なおJISでは，呼び強度21〜45のコンクリートでは，スランプ21 cmまでと規定されている．

スランプ（ワーカビリティー）は，使用する骨材の性質，特に密度，粒形，粒度に左右されるため，単位水量 $W(G_w, V_w)$ は，実績によるデータに基づいて決定されることが望ましい．実績によるデータがない場合は，過去の研究実績をもとに，水セメント比，細骨材の粗粒率，スランプごとに，標準的な量を記してあるJASS 5の参考表[1-3]あるいは調合設計指針の参考調合表（表11.6）[4]を用いるとよい．骨材の粒形が悪く実積率が小さい場合には必要に応じて補正を行う（実積率をもとに行う）[1,2]．また使用するコンクリートの水セメント比，細骨材の粗粒率に対応する値が上記参考表にない場合には，前後の値から直線補間して求める．単位水量が185 kg/m³ を超えるような場合には，細骨材率を変える，細骨材の種類（粒度）を変える，あるいは減水性能の高い化学混和剤を用いるなどして，再計算を行い単位水量が185 kg/m³ 以下になるようにする．なお水の絶対容積を求める際には，実用上密度を $\rho_w = 1$ g/cm³ とし，$G_w = V_w$ として差し支えない．

d. 単位セメント量

水セメント比 x と単位水量 $W(G_w)$ が得られると，水セメント比の定義式である式 (11.6) を式 (11.7) に変形して，単位セメント量 $C(G_c)$ が得られる．単位セメント量 $C(G_c)$ が得られるとセメントの密度 ρ_c を用いて，式 (11.8) によりセメントの絶対容積 V_c を求めておく．

$$x = \frac{W(=G_w)}{C(=G_c)} \times 100 \ [\%] \tag{11.6}$$

$$C(=G_c) = \frac{W(=G_w)}{x} \times 100 \ [\mathrm{kg/m^3}] \tag{11.7}$$

$$V_c = \frac{G_c}{\rho_c} \ [\mathrm{L/m^3}] \tag{11.8}$$

e. 単位粗骨材量

単位粗骨材量 $G(G_g, V_g)$ も単位水量と同様に，参考表[1,2]あるいは参考調合表（表11.6）[3]を用いて，該当する「単位粗骨材かさ容積の標準」から，計算により粗骨材の絶対容積 V_g および単位粗骨材量 G_g を求めるか，表中[3]の絶対容積の値を用いる．このときも参考表にない場合は直線補間を行う．粗骨材の絶対容積 V_g および単位粗骨材量 G_g は，式 (11.9) および式 (11.10) で得られる．なお，単位容積質量試験および実積率試験は絶乾状態の骨材により行われるため，表乾状態の粗骨材量を得るためには，式 (11.10) のように吸水率による補正を行う．表乾密度が明らかな場合には，式 (11.11) に示すように，式 (11.9) で得られた絶対容積に表乾密度を乗じて単位粗骨材量を求めてもよい．

V_g＝単位粗骨材かさ容積標準 $[\mathrm{m^3/m^3}]$
$\quad \times$（実積率$[\%]/100$）$\times 1000$ $[\mathrm{L/m^3}]$
(11.9)

G_g＝単位粗骨材かさ容積標準 $[\mathrm{m^3/m^3}]$
$\quad \times$単位容積質量 $[\mathrm{kg/L}] \times 1000$
$\quad \times$（$1+$吸水率$/100$）$[\mathrm{kg/m^3}]$ (11.10)

または，

$G_g = V_g \times$（粗骨材の表乾密度 $[\mathrm{kg/L}]$）$[\mathrm{kg/m^3}]$
(11.11)

f. 単位細骨材量

細骨材は，全体から，水，セメント，粗骨材，空気を引いた残りとして計算する．すなわち，調合設計の基本式である式 (11.1) から，式 (11.12)

表11.6 参考調合表[4]

(a) AE減水剤使用，砂（細骨材）の粗粒率2.2の場合

W/C [%]	スランプ [cm]	s/a [%]	単位水量 W [kg/m³]	絶対容積 [L/m³]			質量 [kg/m³]			単位粗骨材 かさ容積 [m³/m³]
				セメント V_c	細骨材 V_s	粗骨材 V_g	セメント G_s	細骨材 G_s	粗骨材 G_g	
40	8	34.9	168	133	228	426	420	593	1108	0.71
	12	34.2	177	140	218	420	443	567	1092	0.70
	15	34.0	183	145	213	414	458	554	1076	0.69
	18	36.0	(193)	153	219	390	483	569	1014	0.65
	21	38.0	(204)	161	224	366	510	582	952	0.61
45	8	37.1	163	115	251	426	362	653	1108	0.71
	12	36.6	172	121	242	420	382	629	1092	0.70
	15	36.3	179	126	236	414	398	614	1076	0.69
	18	38.4	(189)	133	243	390	420	632	1014	0.65
	21	40.4	(200)	141	248	366	444	645	952	0.61
50	8	38.4	161	102	266	426	322	692	1108	0.71
	12	38.1	169	107	259	420	338	673	1092	0.70
	15	38.1	175	111	255	414	350	663	1076	0.69
	18	40.1	(186)	118	261	390	372	679	1014	0.65
	21	42.2	(197)	125	267	366	394	694	952	0.61
55	8	39.6	159	91	279	426	289	725	1108	0.71
	12	39.4	166	96	273	420	302	710	1092	0.70
	15	39.5	172	99	270	414	313	702	1076	0.69
	18	41.6	182	105	278	390	331	723	1014	0.65
	21	43.8	(193)	111	285	366	351	741	952	0.61
60	8	40.4	157	83	289	426	262	751	1108	0.71
	12	40.5	163	86	286	420	272	744	1092	0.70
	15	40.6	169	89	283	414	282	736	1076	0.69
	18	42.8	179	94	292	390	298	759	1014	0.65
	21	45.0	(189)	100	300	366	315	780	952	0.61
65	8	41.7	157	77	301	420	242	783	1092	0.70
	12	41.9	163	79	299	414	251	777	1076	0.69
	15	42.0	169	82	296	408	260	770	1061	0.68
	18	44.3	179	87	305	384	275	793	998	0.64
	21	46.6	(189)	92	314	360	291	816	936	0.60

(b) AE減水剤使用，砂（細骨材）の粗粒率2.7の場合

W/C [%]	スランプ [cm]	s/a [%]	単位水量 W [kg/m³]	絶対容積 [L/m³]			質量 [kg/m³]			単位粗骨材 かさ容積 [m³/m³]
				セメント V_c	細骨材 V_s	粗骨材 V_g	セメント G_s	細骨材 G_s	粗骨材 G_g	
40	8	40.3	163	129	267	396	408	694	1030	0.66
	12	39.5	173	137	255	390	433	663	1014	0.65
	15	39.1	181	143	247	384	453	642	998	0.64
	18	41.1	(192)	152	251	360	480	653	936	0.60
	21	43.1	(203)	161	255	336	508	663	874	0.56
45	8	42.3	158	111	290	396	351	754	1030	0.66
	12	41.7	168	118	279	390	373	725	1014	0.65
	15	41.4	176	124	271	384	391	705	998	0.64
	18	43.4	(187)	132	276	360	416	718	936	0.60
	21	45.6	(198)	139	282	336	440	733	874	0.56
50	8	43.3	157	99	303	396	314	788	1030	0.66
	12	43.1	165	104	296	390	330	770	1014	0.65
	15	43.0	172	109	290	384	344	754	998	0.64
	18	45.1	183	116	296	360	366	770	936	0.60
	21	47.3	(194)	123	302	336	388	785	874	0.56
55	8	44.3	155	89	315	396	282	819	1030	0.66
	12	44.3	162	93	310	390	295	806	1014	0.65
	15	44.3	168	97	306	384	305	796	998	0.64
	18	46.5	179	103	313	360	325	814	936	0.60
	21	48.8	(190)	109	320	336	345	832	874	0.56
60	8	45.1	153	81	325	396	255	845	1035	0.66
	12	45.1	160	84	321	390	267	835	1014	0.65
	15	45.2	166	88	317	384	277	824	998	0.64
	18	47.5	176	93	326	360	293	848	936	0.60
	21	49.9	(186)	98	335	336	310	871	874	0.56
65	8	46.4	153	74	338	390	235	879	1014	0.65
	12	46.4	160	78	333	384	246	866	998	0.64
	15	46.6	166	81	330	378	255	858	983	0.63
	18	48.9	176	86	339	354	271	881	920	0.59
	21	51.3	(186)	91	348	330	286	905	858	0.55

[注] 用いられている骨材の物理的性質
砂：密度（絶乾状態）2.60 g/cm³
砕石：最大寸法 20 mm，密度（絶乾状態）2.60 g/cm³，単位容積質量 1.54 kg/L，実積率 60.0%
単位水量が 185 kg/m³ を超える場合は，高性能 AE 減水剤や AE 減水剤高機能タイプを用いる．

に示すように，全体（＝1m³＝1000L）から各材料の絶対容積を引けば細骨材の絶対容積 V_s が得られる．さらに，細骨材の表乾密度 ρ_s[kg/L または g/cm³] を乗じて単位細骨材量 G_s が得られる．

$$V_s = 1000 - (W + V_c + V_g + V_{air}) \ [\text{L/m}^3] \tag{11.12}$$

$$G_s = V_s \times \rho_s \ [\text{kg/m}^3] \tag{11.13}$$

g. 細骨材率

細骨材率 s/a は，骨材全体の容積に占める細骨材の割合のことである．細骨材率が高いと粘性が高く，逆に細骨材率が低いとぱさついたコンクリートになりやすい．よって，細骨材率により練上がりのフレッシュコンクリートの状態が予測できる*．

$$\frac{s}{a} = \frac{V_s}{V_s + V_g} \times 100 \ [\%] \tag{11.14}$$

h. 水量の補正

水量の補正は，化学混和剤の添加や使用する骨材の状態（気乾状態，湿潤状態）により，水セメント比および単位水量が変わることのないように水量を増減することである．ここでは，以下の2点に注意する．

① 化学混和剤添加量は，単位水量に加える．

② 使用する骨材の含水状態により，骨材が吸収する水量（＝有効吸水量）あるいは骨材表面の余剰となる水量（＝表面水量）を計算し，単位水量を増減する．表乾状態で計画調合表を作成した場合の補正方法を表11.7に記す．

このようにして調合が定められたら，必ず試し練りを行い，フレッシュコンクリートの状態が所要の条件を満たしていない場合には，細骨材率を変える，化学混和剤を使用する，あるいは化学混

表11.7 水量の補正

使用する骨材の状態	補正する水量	単位水量	単位細骨材量	単位粗骨材量
気乾状態の場合	有効吸水量	＋有効吸水量（細，粗）	－有効吸水量（細）	－有効吸水量（粗）
湿潤状態の場合	表面水量	－表面水量（細，粗）	＋表面水量（細）	＋表面水量（粗）

---

* 水セメント比を求めた後，単位水量および細骨材率をあらかじめ定めて行う調合方法もある．

和剤の種類や添加率を変えるなどして調節する．また，常に標準養生した供試体の圧縮強度が調合強度と異なる場合には，セメント強さ K を設定する．すなわち水セメント比算定式を独自に決めておくとよい．

11.3 計 算 例

この計算例では，強度に影響する水セメント比，単位水量，単位セメント量は，安全側の判断で決定している．

設計基準強度 $F_c = 27\,\text{N/mm}^2$，計画供用期間の級を短期とし，スランプ＝18cm，空気量4.5%，AE減水剤を使用するコンクリートの調合を行う．構造体コンクリートの強度管理材齢は28日とする．また，打込み後の予想平均気温は18℃である．使用するセメントの種類は普通ポルトランドセメントで，セメント強さ K は $60\,\text{N/mm}^2$ である．骨材の試験結果は表11.8のとおりであった．

a. 調合強度 F

表11.8 骨材の試験結果

	細骨材（海砂）	粗骨材（砕石）
最大寸法 [mm]	5	20
絶乾密度 [g/cm³]	2.52	2.63
表乾密度 [g/cm³]	2.55	2.65
吸水率 [%]	1.19	0.76
粗粒率	2.5	6.6
単位容積質量（絶乾）[kg/m³]	1562	1578
実積率 [%]	62.0	60.0
打設時の表面水率 [%]	1.00	0.50

(1) 品質基準強度 F_q：品質基準強度 F_q は，設計基準強度 F_c および計画供用期間から得られる耐久設計基準強度 F_d の大きいほうとする．

① 設計基準強度 F_c から

$$F_c = 27 \ [\text{N/mm}^2]$$

② 計画供用期間が短期なので，表11.1から，耐久設計基準強度 F_d は $18\,\text{N/mm}^2$ である．

$$F_d = 18 \ [\text{N/mm}^2]$$

よって品質基準強度 F_q は $27\,\text{N/mm}^2$ となる．設計基準強度のほうが耐久設計基準強度より大きい例である．

(2) 調合管理強度 F_m（呼び強度 F_n）：品質基準

強度が決まると温度および構造体コンクリートと管理用供試体の差 $_mS_n(=_{28}S_{91})$ による補正を行う．予想される平均気温が18°Cなので，表11.4から，$_{28}S_{91}=3\,\mathrm{N/mm^2}$ となる．

$$F_m = F_q + {_{28}S_{91}} = 27 + 3 = 30\,[\mathrm{N/mm^2}]$$

よって調合管理強度 F_m は，$30\,\mathrm{N/mm^2}$ となる．

> 注：生コン工場へ発注する際には，ここまでを計算して，コンクリートの種類，呼び強度，スランプ，粗骨材の最大寸法，セメントの種類，空気量を指定する．この場合，セメント種類までを順に示した「普通30-18-20-N」といった記号で表すことが多い．

(3) 調合強度 F：ばらつきによる補正を行い，調合強度 F（目標とする強度）を求める．

標準偏差 σ は与えられていないので，σ は $0.1F_m$ または $2.5\,\mathrm{N/mm^2}$ の大きいほうとする．$0.1F_m = 3.0\,\mathrm{N/mm^2}$ であるから，σ は $3.0\,\mathrm{N/mm^2}$ とする．

調合強度 F は，次の2式から得られる値の大きいほうとなる．

$$F = F_m + 1.73\sigma\,[\mathrm{N/mm^2}]$$
$$F = 0.85F_m + 3\sigma\,[\mathrm{N/mm^2}]$$

上式に F_m および σ を代入して，

$$F = 30 + 1.73 \times 3.0 = 35.2\,[\mathrm{N/mm^2}]$$
$$F = 0.85 \times 30 + 3 \times 3.0 = 34.5\,[\mathrm{N/mm^2}]$$

よって調合強度 F は，$35.2\,\mathrm{N/mm^2}$ とする（有効数字3桁に切り上げ）．

b. 水セメント比 x

調合強度 F，セメント強さ K が得られているので，表11.5の普通ポルトランドセメントを使用する場合の水セメント比算定式に代入して水セメント比を決定する．

$$x = \frac{51}{F/K + 0.31}$$
$$= \frac{51}{35.2/60 + 0.31} = 56.8\,[\%]$$

水セメント比の最大値65%を満足しており，水セメント比 x は，56.8% とする（有効数字3桁に切り捨て）．

c. 単位水量 $W\,(G_w,\ V_w)$

単位水量は，参考表を用いて求める．調合設計基準[3]に記載されている参考調合表は，水セメント比が5%刻み，細骨材の粗粒率が2.2の場合と2.7の場合のものであるため，これらの間にある場合は直線補間を行う．

① 細骨材の粗粒率が2.2の場合

スランプ18cmで，水セメント比55%の場合 $182\,\mathrm{kg/m^3}$，水セメント比60%の場合 $179\,\mathrm{kg/m^3}$ である．よって，水セメント比56.8%の場合は次のようになる．

$$W_{2.2} = 179 + (182 - 179) \times \frac{60 - 56.8}{60 - 55}$$
$$= 180.9\,[\mathrm{kg/m^3}]$$

② 細骨材の粗粒率が2.7の場合

スランプ18cmで，水セメント比55%の場合 $179\,\mathrm{kg/m^3}$，水セメント比60%の場合 $176\,\mathrm{kg/m^3}$ である．よって，水セメント比56.8%の場合は次のようになる．

$$W_{2.7} = 176 + (179 - 176) \times \frac{60 - 56.8}{60 - 55}$$
$$= 177.9\,[\mathrm{kg/m^3}]$$

③ 細骨材の粗粒率が2.5の場合

①粗粒率2.2および②粗粒率2.7の結果から次のようになる．

$$W_{2.5} = 177.9 + (180.9 - 177.9) \times \frac{2.7 - 2.5}{2.7 - 2.2}$$
$$= 179.1\,[\mathrm{kg/m^3}]$$

ここに，単位水量 $W\,(=G_w)$ は $179\,\mathrm{kg/m^3}$ とする（整数に切り捨て）．

$$G_w = 179\,[\mathrm{kg/m^3}],\quad V_w = 179\,[\mathrm{L/m^3}]$$

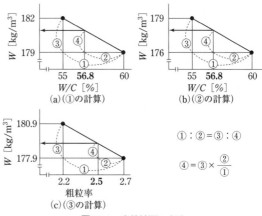

図11.3　直線補間の方法

d. 単位セメント量 C(G_c, V_c)

$\dfrac{W(=G_w)}{C(=G_c)} \times 100 = 56.8$ [%]　なので,

$$C(=G_c) = \frac{W(=G_w) \times 100}{56.8}$$

$$= \frac{179 \times 100}{56.8} = 315.1 \, [\text{kg/m}^3]$$

ここに, 単位セメント量 C($=G_c$) は $316\,\text{kg/m}^3$ とする (整数に切り上げ).

セメントの密度が $3.16\,\text{g/cm}^3$ なので,

$$V_c = \frac{316}{3.16} = 100.0 \, [\text{L/m}^3]$$

ここに, セメントの絶対容積 V_c は $100\,\text{L/m}^3$ とする (整数に四捨五入).

e. 単位粗骨材量 G(G_g, V_g)

単位水量と同じように, 水セメント比 55%, 60% の場合の「単位粗骨材かさ容積の標準」から直線補間により求める. ここで参考調合表から, 粗粒率が 2.2 の場合, 水セメント比 55% のとき 0.65, 水セメント比 60% のとき 0.65 と同じである. よって, 水セメント比 56.8% のときも 0.65 となる. また, 粗粒率が 2.7 の場合, 水セメント比 55% のとき 0.60, 水セメント比 60% のとき 0.60 で粗粒率が 2.2 の場合と同じである. よって, 水セメント比 57.7% のときも 0.60 となる. したがって, 粗粒率が 2.5 の場合を直線補間により求めると,

$$0.60 + (0.65 - 0.60) \times \frac{2.7 - 2.5}{2.7 - 2.2} = 0.620 \, [\text{m}^3/\text{m}^3]$$

となる.

絶対容積 V_g は, 実積率を用いた次式で得られる.

$$V_g = \frac{0.620 \times 60.0}{100} \times 1000 = 372.0 \, [\text{L/m}^3]$$

単位粗骨材量 G_g は, 絶乾状態では単位容積質量を用いて,

$$G_g = 0.620 \times 1578 = 978.4 \, [\text{kg/m}^3]$$

となる. 表乾状態では, 上記結果に吸水量を別途計算して加えるか, 次式で直接得られる.

$$G_g = 0.620 \times 1578 \times (1 + 0.76/100)$$

$$= 985.8 \, [\text{kg/m}^3]$$

ここに, 単位粗骨材量は $986\,\text{kg/m}^3$ とする (整数に四捨五入).

> **注**：上記 2 式は, 絶対容積 V_g に絶乾密度, 表乾密度を乗じてもよい. 参考までに計算結果を記しておく.
>
> $G_g = 372 \times 2.63 = 978.4 \, [\text{kg/m}^3]$　(絶乾)
>
> $G_g = 372 \times 2.65 = 985.8 \, [\text{kg/m}^3]$　(表乾)

f. 単位細骨材量 S(G_s, V_s)

基本式から, 細骨材の絶対容積 V_s は,

$V_s = 1000 - (V_w + V_c + V_g + V_{air})$

$= 1000 - (179 + 100 + 372 + 45) = 304 \, [\text{L/m}^3]$

となり, 絶対容積に表乾密度を乗じて

$$G_s = 304 \times 2.55 = 775.2 \,(\text{表乾})$$

ここに, 単位細骨材量 G_s は $775\,\text{kg/m}^3$ とする (整数に四捨五入).

g. 細骨材率 s/a

細骨材率を求めておく.

$$\frac{s}{a} = \frac{V_s}{V_s + V_g} = \frac{304}{304 + 372} \times 100 = 45.0 \, [\%]$$

以上から計画調合表 (表 11.9) に整理する.

h. 水量の補正

骨材は湿潤状態にあるため, 表面水率から表面水量を求め補正する.

細骨材の表面水量は, 表面水率が 1.0% であるから,

表 11.9　計算例の "計画調合表"（骨材は表乾状態）

品質基準強度	調合管理強度	調合強度	スランプ	空気量	水セメント比	粗骨材の最大寸法	細骨材率	単位水量	絶対容積 [L/m³]				質　量 [kg/m³]				化学混和剤の使用量 [mL/m³] または [C×%]	計画調合上の最大塩化物イオン量 [kg/m³]
									セメント	細骨材	粗骨材	混和材	セメント	細骨材	粗骨材	混和材		
[N/mm²]	[N/mm²]	[N/mm²]	[cm]	[%]	[%]	[mm]	[%]	[kg/m³]	V_c	V_s	V_g	V_p	G_c	G_s	G_g	G_p		
27	30	35.2	18	4.5	56.8	20	45.0	179	100	304	372	—	316	775	986	—	—	—

$$\frac{775 \times 1.0}{100} = 7.75 \,[\mathrm{kg/m^3}]$$

となる．粗骨材の表面水量は，表面水率が 0.5% であるから，次のようになる．

$$\frac{986 \times 0.5}{100} = 4.93 \,[\mathrm{kg/m^3}]$$

計算結果および調合表をもとに補正し計量する．

- 単位水量　　$W\,(=G_{\mathrm{w}}) = 179 - (7.75 + 4.93)$
  $$= 166.32 \ \ [\mathrm{kg/m^3}]$$
- 単位細骨材量　$S\,(=G_{\mathrm{s}}) = 775 + 7.75$
  $$= 782.75 \ \ [\mathrm{kg/m^3}]$$
- 単位粗骨材量　$G\,(=G_{\mathrm{g}}) = 986 + 4.93$
  $$= 990.93 \ \ [\mathrm{kg/m^3}]$$

演 習 問 題

11.1 調合計算を行ったところ下記の表 11.10 の計画調合表が得られた．各問いに答えなさい．なお，骨材は表乾状態の単位量で示しており，化学混和剤添加量は単位水量に含まれているものとする．混和材は使用しておらず，セメントには普通ポルトランドセメントを使用している．

1. 水セメント比①はいくらか．
2. セメントの密度はいくらか．
3. 細骨材の絶対容積③はいくらか．
4. 細骨材率②はいくらか．
5. 粗骨材の表乾密度はいくらか．
6. 粗骨材はコンクリート $1\,\mathrm{m^3}$ あたりのかさ容積 $0.645\,\mathrm{m^3}$ で計算している．粗骨材の実積率はいくらか．

7. セメント強さはいくらとしているか．
8. 練上がりコンクリートの単位容積質量はいくらか．

11.2 表 11.11 は，計画調合表の一部である．この表から得られる①〜⑤の事項と計算式について，不適当なものの組合せを選びなさい．

① セメント水比

　$170/309 \times 100 = 55 \,[\%]$

② 練上がりコンクリートの単位容積質量

　$170 + 309 + 743 + 1014 = 2236 \,[\mathrm{kg/m^3}]$

③ コンクリートの空気量

　$$\frac{\{1000 - (170 + 98 + 297 + 390)\} \times 100}{1000} = 4.5 \,[\%]$$

④ セメントの密度

　$$\frac{309}{98} = 3.15 \,[\mathrm{kg/L}] \,([\mathrm{g/cm^3}])$$

⑤ 細骨材率

　$$\frac{743}{743 + 1014} \times 100 = 42.3 \,[\%]$$

1. ①と③　　2. ①と⑤　　3. ②と③
4. ③と④　　5. ④と⑤

11.3 以下の①〜⑤の記述のうち，不適当なものの組合せを選びなさい．

① 使用セメントは普通ポルトランドセメント，コンクリートの種類は「普通」，計画供用期間の級は「標準」，設計基準強度は $24\,\mathrm{N/mm^2}$ と特記されている．打込みから 28 日までに予想される平均気温が $6^\circ\mathrm{C}$ であったので，構造体強度補正値 $_{28}S_{91}$ を $6\,\mathrm{N/mm^2}$ とし，$24\,\mathrm{N/mm^2}$ にこの値を加えた呼び強度 30 で発注した．

② 普通ポルトランドセメントを用いるコンクリートの水セメント比の最大値は，計画供用期間の級

表11.10 問題 11.1 の "計画調合表"（骨材は表乾状態）

調合強度	スランプ	空気量	水セメント比	粗骨材の最大寸法	細骨材率	単位水量	絶対容積 [L/m³]				質 量 [kg/m³]			
							セメント	細骨材	粗骨材	混和材	セメント	細骨材	粗骨材	混和材
[N/mm²]	[cm]	[%]	[%]	[mm]	[%]	[kg/m³]	V_{c}	V_{s}	V_{g}	V_{p}	G_{c}	G_{s}	G_{g}	G_{p}
30.0	18	4.5	①	20	②	180	95	③	380	—	300	765	988	—

表11.11 問題 11.2 の "計画調合表"（骨材は表乾状態）

単位水量	絶対容積 [L/m³]			質 量 [kg/m³]		
	セメント	細骨材	粗骨材	セメント	細骨材	粗骨材
[kg/m³]	V_{c}	V_{s}	V_{g}	G_{c}	G_{s}	G_{g}
170	98	297	390	309	743	1014

に関わらず65%である．

③ 同一日，同一区画でのコンクリートの打込み数量が160 m³であったので，構造体コンクリート強度の検査として，圧縮強度試験を1回行った．

④ 構造体コンクリートの乾燥収縮ひび割れを抑制するために，粒形判定実積率の大きい粗骨材に変更し，コンクリートの単位水量は170 kg/m³とした．

⑤ 高性能AE減水剤を用いる普通コンクリートの単位セメント量の最小値は270 kg/m³である．

1. ①と②と③　2. ①と②と⑤　3. ①と③と④
4. ②と③と④　5. ②と③と⑤

[解答]

11.1

1. $x = \dfrac{W(=G_w)}{C(=G_c)} \times 100 = \dfrac{180}{300} \times 100 = 60.0 \, [\%]$

2. $\rho_c = \dfrac{G_c}{V_c} = \dfrac{300}{95} = 3.16 \, [\text{g/cm}^3]$

3. $V_s = 1000 - (V_w + V_c + V_g + V_{air})$
   $= 1000 - (180 + 95 + 380 + 45) = 300 \, [\text{L/m}^3]$

4. $s/a = \dfrac{V_s}{V_s + V_g} \times 100 = \dfrac{300}{300 + 380} \times 100 = 44.1 \, [\%]$

5. $\rho_g = \dfrac{G_g}{V_g} = \dfrac{988}{380} = 2.60 \, [\text{g/cm}^3]$

6. $\dfrac{380}{0.645 \times 1000} \times 100 = 58.9 \, [\%]$

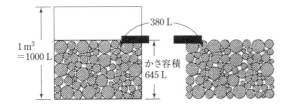

7. $\dfrac{51}{F/K + 0.31} = \dfrac{51}{30.0/K + 0.31} = 60.0$
   これを解いて，$K = 55.6 \, [\text{N/mm}^2]$

8. $180 + 300 + 765 + 988 = 2233 \, [\text{kg/m}^3]$

11.2 2：①の式は，水セメント比を求める式で，セメント水比は309/170≒1.82となる．⑤細骨材率は，骨材全体に占める細骨材容積の割合で，正しくは，297/(297+390)×100≒43.2 [%] となる．

11.3 5：②計画供用期間の級が超長期の場合は，水セメント比の上限を55%とする．③圧縮強度の試験回数は，打込み工区ごと，打込み日ごと，かつ150 m³またはその端数ごとに1回行う．⑤高性能AE減水剤を用いる場合の単位セメント量の最小値は290 kg/m³である．

■参考文献

1) 日本建築学会：建築工事標準仕様書・同解説　JASS 5 鉄筋コンクリート工事 2015（2015）．
2) 日本建築学会：建築工事標準仕様書・同解説　JASS 5 鉄筋コンクリート工事 2009（2009）．
3) 日本建築学会：建築工事標準仕様書・同解説　JASS 5 鉄筋コンクリート工事 2003（2003）．
4) 日本建築学会：コンクリートの調合設計指針・同解説（2015）．
5) 日本規格協会：JIS A 5308：2003 レディーミクストコンクリート（2003）．
6) 日本建築学会 編：建築材料実験用教材，日本建築学会（2000）．
7) 長瀧重義 ほか：図解コンクリート用語辞典，山海堂（2000）．

12. 材料の強度と許容応力度

12.1 建築材料の強度

建築物を安全かつ快適に支える背骨である構造躯体は，一般に床スラブ，梁，柱または耐力壁，および基礎といった構造部材（component）から構成される．構造部材のサイズや材料の使用量などを合理的に決めるためには，部材に使われる建築材料の強度（strength）が必要不可欠な指標となる．

材料の強度は，外来作用（external action）あるいは荷重（load）に対する材料の抵抗能力を表すものである．材料の抵抗能力は，荷重を受けて変形する材料の変形量の増大に伴って高くなり，その上限値は**終局強度**（ultimate strength）と呼ばれる．つまり，材料の抵抗能力を高いほうに生かして構造設計を行う場合は，構造部材と躯体自身の変形も大きくなるという副作用が伴う．

一方，建築物の構造躯体に作用する荷重は多種多様で，荷重の大きさも建築物の規模や機能などによって大きく異なる．したがって，建築構造の設計を行う際には材料の終局強度という指標はめったに使わない．代わりに，諸種の荷重の組合せと荷重の大きさに対して，相応の**設計性能目標**（performance objective）を設定し，設定された性能目標に応じて，大きさの異なる材料強度を用

いて構造設計を行うことになっている．

表 12.1 は現在，日本やアメリカなど世界の主要な地震国で推奨されている，鉄筋コンクリート構造における性能目標とそれに応じた構造設計時に用いる材料強度との対応関係を示す．表中の長期荷重は，構造躯体や内外仕上材などの重量を含む固定荷重（dead load）と建築空間内にあるさまざまな設備，家具，および人間などの重量を包括する積載荷重（live load）を合計した荷重である．長期荷重は鉛直下向きに働く重力で，建築物の使用開始から建物の寿命まで長期にわたってずっと作用し続けるものである．短期荷重は長期荷重と，中小地震時に生じる水平方向に作用する地震作用（seismic action）または地震荷重（seismic load）を組み合わせた荷重である．非常時荷重は長期荷重と，きわめて稀に発生する大地震時に発生する地震荷重を組み合わせた荷重である．

表 12.1 によれば，正しく構造設計を行うためには，大きさの異なる 4 ランクの材料強度の意義とその決め方を知っておく必要がある．また，諸種の荷重を受けて構造躯体を構成する部材に生じる応力は，引張力をはじめ，圧縮力やせん断力など幾種もある．したがって，構造部材の設計時には各ランクの材料強度をさらに応力の種類に応じてそれぞれ用意しておく必要がある．つまり構造

表 12.1　鉄筋コンクリート構造の性能目標と設計時に用いる材料強度の対応関係

設計荷重	性能目標	材料強度	設計方法	主な要求性能
長期荷重	使用性	長期許容応力度		①部材の最大応力は長期許容応力度以下である ②ひび割れは肉眼で観察できないほど小さい
短期荷重	機能性	短期許容応力度	弾性設計	①部材の最大応力は短期許容応力度以下である ②ひび割れの幅は最大 0.2 mm 以下である
	修復性	基準強度		①部材の最大応力は基準強度以下である ②ひび割れ幅は最大 1.0 mm 以下である
非常時荷重	安全性	上限強度*	塑性設計	①部材の最大応力は上限強度以下である ②躯体は大きく揺れて変形しても崩壊しない

＊　コンクリートと鋼板の場合は上限強度として一般に基準強度を用いる．

設計者は，構造部材に用いる主要な建築材料の一つ一つについて，材料強度は一つの値しかとらないのではなく，構造設計時に設けた性能目標と構造部材に生じうる応力の種類に応じて幾種もあるということと，それぞれの材料強度の定義と定め方を知っておかなければならない．

木造の一戸建て住宅を別として，一般建築物の構造軀体に用いる主な建築材料は鋼材とコンクリートの二つである．本章は鋼材とコンクリートに限定して，諸種の材料強度の定義と定め方について解説する．また，より高いレベルの知識の習得を目指す学生のために，最終節では，最近注目されつつある**コンファインドコンクリート**（confined concrete）の材料特性と強度について概説する．

12.2 鋼材の強度と許容応力度

建築構造用鋼材は，鉄骨構造（steel structure）用の形鋼と鉄筋コンクリート構造（reinforced concrete structure）用の棒鋼の二つの形態に分けることができる．形鋼（die steel）にはさまざまな断面形状があるが，建築構造に最も広く利用されているのは図 12.1 に示す H 形鋼，角形鋼管，および円形鋼管の三つの断面形状である．棒鋼（bar）は一般に鉄筋と呼ばれ，表面に凹凸のある異形鉄筋と凹凸のない丸鋼の 2 種類がある．丸鋼は周辺のコンクリートとの間の付着性能が非常に低く，鋼材としての重要な機能があまり期待できないことから，現在，鉄筋コンクリート構造（RC 構造）にはほとんど使われなくなっている．

また，鋼材はその構成成分の違いから低炭素鋼と高張力鋼（high tensile steel）の二つに分類されている．低炭素鋼は一般に軟鋼（mild steel）と呼ばれている．

12.2.1 鋼材の力学的特性

建築構造の分野では，材料の力学的特性は，外力（荷重）によって生じる諸種の応力に対する材料の抵抗特性を意味し，一般に材料の公称応力度と公称ひずみ度との関係曲線で表されるが，慣習的に材料の応力-ひずみ関係と略称される．鋼材の応力-ひずみ関係を得る方法については第 14 章で詳しく解説されているので，ここでは説明を省略する．なお，**公称応力度**（nominal stress）は，外力を鋼材の標準試験片（test coupon）の初期断面積で割った，単位面積あたりの力を表し，単位は N/mm^2 である．一方，**公称ひずみ度**（nominal strain）は標準試験片の伸びあるいは縮み量の検定長さ（gage length）に対する割合で，材料の伸縮変形の度合いを表し，単位は持たない．以下では慣習に従って，応力度とひずみ度をそれぞれ応力とひずみと略称する．

外力によって構造軀体または部材に生じる応力は，図 12.2 に示すように，軸方向引張応力，軸方向圧縮応力，およびせん断応力の 3 種類に集約できる．この 3 種類の応力に対応した応力-ひずみ関係の特性がわかれば，建築用鋼材の力学的特性を把握することができる．ただし，鉄筋コンクリート構造をはじめとするコンクリート系構造に使われる棒鋼の場合，鉄筋と周辺のコンクリートとの間の付着性能の善し悪しは部材の耐力（capacity）に大きな影響を及ぼすことがある．そのため，棒鋼の力学的特性を表すのに，前述した 3 種類の応力-ひずみ関係に加えて，棒鋼とコンクリートとの間の**付着応力**（bond stress）と付着す

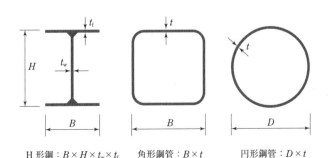

H 形鋼：$B \times H \times t_w \times t_f$　　角形鋼管：$B \times t$　　円形鋼管：$D \times t$

図 12.1　形鋼の主要な断面形状

12. 材料の強度と許容応力度

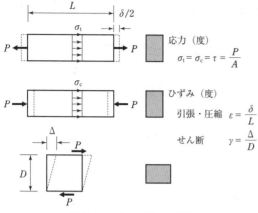

図12.2 応力とひずみの定義

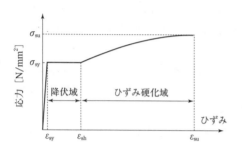

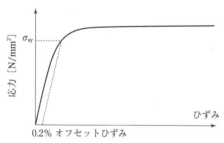

図12.3 引張応力-ひずみ関係の概略図

ある値に達すると，鋼材は変形（ひずみ）がさらに進んでも，応力がほとんど変化しないという降伏域（塑性域）に入る．応力-ひずみ関係曲線にみられる塑性域の部分を降伏棚（塑性棚，plastic plateau）と呼び，塑性棚での応力を**降伏強度**（yield strength）または降伏応力（yield stress）という．変形がさらに進むと応力は再び増加し始め，ピーク点に向かっていく．この領域のことをひずみ硬化域（strain hardening）といい，ピーク点での応力は**引張強さ**（tensile strength）と呼ばれる．引張強さは鋼材の引張力に対する終局強度である．

一方，高張力鋼は軟鋼のように明瞭な降伏棚を示さない．そのため，高張力鋼の降伏強度は一般に 0.2% オフセットひずみに対応した応力をもって評価する．0.2% オフセット降伏強度の求め方については図12.3を参照されたい．

降伏強度と引張強さの比は**降伏比**（yield ratio）という．降伏比は鋼材の**靱性**（ductility）または延性を表す指標で，その値が小さいほど鋼材の靱性が高い．JIS規格では，一般建築用鋼材の降伏比を 0.8 以下と規定している．軟鋼の降伏比は約 0.7 前後であるが，高張力鋼の降伏比は 0.8 以上となっている．つまり，鋼材は引張強さが高いほど脆い（brittle）．

建築物の構造設計を行うにあたって，構造躯体および部材の変形は微小であるという前提条件が設けられている．微小変形の範囲内では，圧縮力を受ける鋼材の応力-ひずみ関係曲線は，図12.3 に示す引張応力-ひずみ関係曲線と合同であるとみなせる．また鋼材のせん断応力（shear stress）とせん断ひずみ関係曲線は，図12.3 に示す引張応力-ひずみ関係曲線におけるヤング係数 E_s と引張降伏強度 σ_{sy} をそれぞれ式 (12.1) によって定義されるせん断剛性 G_s とせん断降伏強度 τ_{sy} に置き換えれば描ける．ここでは，鋼材の軸圧縮応力とせん断応力を受ける際の応力-ひずみ関係を省略する．

$$G_s = \frac{E_s}{2(1+\nu)}, \quad \tau_{sy} = \frac{\sqrt{3}}{3}\sigma_{sy} \qquad (12.1)$$

ここに，E_s：鋼材のヤング係数（205000 N/mm²）で，ν：鋼材のポアソン比（=0.3）．

べり（slip）との関係も不可欠である．

図12.3 は鋼材の軸方向引張応力-ひずみ関係の概略図を示す．ひずみの増大に伴って応力が高くなっていくことは軟鋼と高張力鋼の共通の特徴である．応力は単位面積あたりの力であるが，建築材料を変形させようとする外力に対する，材料内部からの反発力（reaction）でもある．したがって図12.3 の応力-ひずみ関係からは，鋼材の変形が大きくなると，鋼材からの反発力である抵抗能力も高くなることがわかる．

引張応力を受ける軟鋼は，変形の小さい段階では応力がひずみに比例して高くなっていく．この比例係数はヤング係数（Young's modulus）といい，鋼材の種類に関係なく一定値をとる．応力が

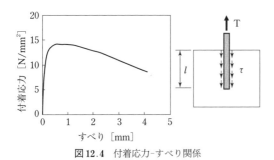

図12.4 付着応力-すべり関係

図12.4には引き抜き試験で得られた，異形鉄筋の平均付着応力-すべり関係曲線を例示している．付着応力は，引き抜かれていく鉄筋を周辺のコンクリートが引き留めようとする際に生じる，鉄筋とコンクリートとの間に働くせん断応力である．厳密にいえば，鉄筋の定着長さに沿った付着応力の分布は一様ではない．しかし構造設計の利便性のため，一般に付着の定着領域にわたる平均的な付着応力をもって鉄筋の付着特性を評価する．つまり，付着応力は定着長さに沿って一様に分布していると仮定すれば，鉄筋の平均付着応力は式 (12.2) で算定できる．

$$\tau = \frac{T}{\phi l} \tag{12.2}$$

ここに，T：鉄筋を引き抜く力（図12.4参照），l：鉄筋の定着長さ，ϕ：鉄筋の公称周長．

異形鉄筋の付着抵抗力は主に鉄筋とコンクリート間の化学的粘着力，摩擦力，および鉄筋表面の凹凸と周辺コンクリートとの間の機械的抵抗力の三つからなる．異形鉄筋の付着強度は，鉄筋自身の材質よりも，鉄筋の表面形状，周辺のコンクリートの材質や広さなどの影響を主に受ける．すなわち鉄筋の表面が凹凸であるほど，コンクリート強度が高いほど，周りのコンクリートの範囲が広いほど，鉄筋の付着強度が高くなる．一方，丸鋼は表面に凹凸がないので，材料間の化学的粘着力と摩擦力しかなく，付着強度は異形鉄筋よりもはるかに低い．

異形鉄筋の付着応力-すべり関係曲線におけるピーク点の縦座標の値は付着強度（bond strength）という．付着強度に達してから材料間の機械的抵抗力が低下し，それに伴って付着抵抗力が低くなっていく．

12.2.2 鋼材の基準強度

鉄筋の付着特性を別として，鋼材の力学的特性が，図12.2に示す引張応力-ひずみ関係曲線をもって包括的に表現できることは前節で述べた通りである．鋼材の引張力に対する最大抵抗力は引張強さである．建築物に用いる形鋼の材質はX-Y-Zの形式で表記される．Xは鋼材の種類を表す英文字，Yは鋼材の引張強さの下限値を表す数字，ZはJIS規格で規定した化学成分と機械的性質の限度に起因する鋼材の品質種別を表す英文字である．一方，棒鋼の品質はX-Yの形式で表される．XはSDまたはSRといった英文字で異形や丸鋼などの鉄筋の表面形状を表し，Yは数字で鉄筋の基準強度を表している．ここで留意してほしいのは，形鋼の材質表記記号にある数字は鋼材の引張強さを表すのに対して，棒鋼の材質表記記号にある数字は鉄筋の基準強度を表す点である．具体的な材質の表記例については，表12.2と表12.3を参照されたい．

鋼材の引張強さをいっぱいまで利用して構造設計を行うと，理論上からは最も経済的な設計ができる．しかし材料の強さにおける余裕がまったくなくなるので，2011年3月11日に発生した東北地方太平洋沖地震のような，現行の設計基準で想定されていなかった突発的な緊急事態に対処できず，構造物は壊滅的なダメージを受けてしまう恐れがある．構造設計上に余裕を持たせるため，現在の設計基準では，鋼材の構造設計用の強度として鋼材の終局強度である引張強さの代わりに，降伏強度を用いることとしている．

一方，鋼材はまったく同じ生産環境と材料条件のもとで製造されたとしても，製品の品質にはばらつきが避けられない．同じ工場と設備で生産された鋼材の降伏強度は，引張強さと同様に，同じ値にならない．それぞれ数千本の試験片に対して行われた引張試験の結果によれば，形鋼にしても棒鋼にしても，市販鋼材の降伏強度は図12.5のように，平均値 m と標準偏差 σ を有する正規分布にほぼ従ってばらつく．

品質のばらつきを完全になくすのは不可能なので，現行基準では，材質のばらつきによる影響を

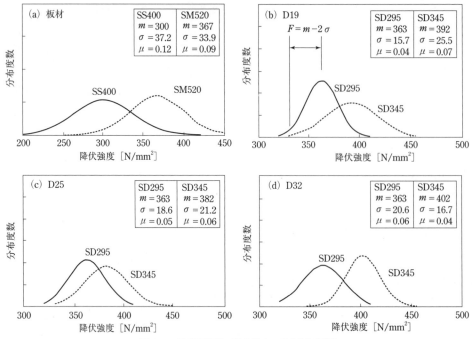

図 12.5 建築用鋼材の降伏強度の分布状況例[1,2)]

できるだけ低減させる観点から，降伏強度の平均値から標準偏差の 2 倍を引いた値を鋼材の基準強度 F としている．このように規定される基準強度 F は降伏強度の下限値にほぼ相当し，強度の保証確率が約 97% である．たとえば SD345 異形鉄筋の場合，鉄筋の基準強度が 97% の確率で 345 N/mm² を上回ることが保証される．

表 12.2 と表 12.3 はそれぞれ建築構造に用いる主な JIS 規格形鋼の降伏強度，引張強さ，および基準強度の一覧と，JIS 規格棒鋼の諸種強度の一覧を示す．なお，JIS 規格鋼材の降伏強度の下限値は規格降伏強度（specified yield strength）といい，鋼材の基準強度 F は規格降伏強度と等しくなっている．

表 12.2 より，鉄骨構造（S 構造）に使われている JIS 規格鋼材は，下限引張強さが 500 N/mm² 以下のものに限定されていることがわかる．この強さは自動車や船舶に活用されている超高強度鋼材

表 12.2 JIS 規格鋼材の強度一覧 [N/mm²][3)]

鋼材の種類	区分記号	降伏強度 下限値/上限値	引張強さ 下限値/上限値	基準強度 F $t \leqq 40$ mm	基準強度 F $t > 40$ mm
一般構造用圧延板材	SS400	235 以上	400/510	235	215
	SS490	275 以上	490/610	275	255
	SS540	390 以上	540 以上	375	—
溶接構造用圧延板材	SM400	235 以上	400/510	235	215
	SM490	315 以上	490/610	325	295
	SM520	350/430	515/635	355	335
建築構造用圧延板材	SN400	235/335	400/510	235	215
	SN490	325/445	490/610	325	295
一般構造用炭素鋼管	STK400	235 以上	400/510	235	215
	STK490	315 以上	490/610	325	295
一般構造用角形鋼管	STKR400	245 以上	400/510	235	215
	STKR490	325 以上	490/610	325	295
建築構造用炭素鋼管	STKRN400	235 以上	400/510	235	215
	STKRN490	325/445	490/610	325	295

t は板材の板厚または鋼管の肉厚である．

12.2 鋼材の強度と許容応力度

表 12.3 JIS 規格棒鋼の強度一覧 [N/mm²][4]

棒鋼種類	記 号	降伏強度 下限値	引張強さ 下限値	基準強度 F
異形鉄筋	SD295A	295	440	295
	SD295B	295	440	295
	SD345	345	490	345
	SD390	390	560	390
	SD490	490	620	490
丸 鋼	SR235	235	400	235
	SR295	295	490	295

の強さより低い．これには主に三つの理由がある．

第一に，この程度の強さでも，現行の耐震設計基準に設けられている性能目標を満足させることが十分にできるからである．

第二に，より強い鋼材の利用に伴う構造性能上のメリットと高くなる製造コストとの経済的なバランスの問題があるからである．材料の強度が高ければ，構造部材の断面サイズが小さく設計でき，鋼材の使用量の減少につながり，一定の経済的効果が期待できる．しかしS構造の場合は，柱や梁といった構造部材に座屈という宿命的な弱点がある．部材の**座屈** (buckling) とは，圧縮力を受ける場合にのみ生じる現象で，材料の強さが十分に発揮される前に，部材全体または局所においてもとの形状が崩れ始め，部材全体が**不安定** (instable) になってしまう，一種の形状破壊現象である．鉄骨部材の座屈に対する抵抗力は主に部材の断面形状と支持境界条件に支配される．したがって，超高強度の鋼材を使っても，鉄骨部材の座屈耐力は比例的に増えないので，経済的なメリットがあまり期待できない．

第三に，高強度鋼材の利用に伴う溶接の難易度が高くなる問題があるからである．座屈問題のほか，S構造のもう一つの難点は部材と部材との間の接合部にある．現在，S構造における接合方法の主流は溶接である．溶接部分の出来の善し悪しは構造全体の耐力や靭性に決定的な影響を及ぼすが，溶接部の品質は溶接材料の材質に大きく依存する．鋼材が強いほど，溶接の精度に加えて，溶接材料の強さに対する要求も高くなるが，溶接材料の高強度化が鋼材のそれに追い付いていないのが現状である．

一方，2004年度から2008年度にかけて，国土交通省をはじめとする府省連携プロジェクトである「革新的構造材料による新構造システム建築物の開発」[5] が推進された．このプロジェクトでいう革新的構造材料は，0.2% オフセット降伏強度が 700 N/mm² 以上，引張強さが 780 N/mm² 以上の HSA700 鋼材のことを指す．研究開発プロジェクトの主な目的は，超高強度鋼材を活用して，震度7クラスの巨大地震に対しても損傷しないという高い機能を持つS造建築物の開発である．プロジェクトが終了した後も，鉄鋼メーカーは継続的に高強度鋼材の開発に力を注ぐとともに，建設会社も高強度鋼材の実建物への応用を試みてきた．高強度鋼材の最も有名な適用例は東京スカイツリーである．東京スカイツリーには鉄鋼メーカーが開発した，降伏強度が 630 N/mm² 以上の超高強度円形鋼管が数千 t 使われている[6]．

また，RC構造に使用される JIS 規格異形鉄筋も降伏強度の下限値が 490 N/mm² 以下のものに限定されている（表 12.3 参照）．鉄筋コンクリートに使われる鉄筋は，基本的にコンクリートに囲まれているので，座屈が生じにくい．それにもかかわらず，1990年までは高強度異形鉄筋の開発と実用が行われていなかった．その理由として，それまでRC構造に対しては行政指導による規制があったためと推測される．

そのような状況を打破するために，1988年度から1992年度にかけて，当時の建設省は産官民による「鉄筋コンクリート造建築物の超軽量・超強度化技術の開発研究」という総合技術開発プロジェクト[7]を推進した．このプロジェクトは「NewRC プロジェクト」として知られ，目的は超高強度鉄筋および超高強度コンクリートの開発と実用化を推進し，RC構造の超高層建築物への応用の道を開くことである．5ヶ年にわたる産官民を挙げての共同研究を経て，2種類の超高強度異形鉄筋 USD685 と USD980（降伏強度の下限値が 685 N/mm² と 980 N/mm²）の開発と規格化に成功した．現在，USD685 鉄筋などは超高層RC造建築物に活用されているだけではなく，土木構造物にも用いられている[8]．

超高強度鋼材は一般に明瞭な降伏棚を示さない

かまたは降伏比が高いものが多い．鋼材の強度が高いほど鋼材の靱性が低くなるので，鋼材に十分な靱性をもたらすという観点から，超高強度鋼材の基準強度 F は，0.2％オフセット降伏強度の下限値と引張強さの下限値の7割のうちの小さいほうの値をとることとなっている．たとえば日本鉄鋼連盟が規格化した HSA700 材は，基準強度 F が引張強さの下限値である 700 N/mm² の7割に相当する 500 N/mm² としている．

鉄筋の付着に関する基準強度は，鉄筋の引き抜き試験より得られた，付着応力-すべり関係曲線におけるピーク点での応力 τ_{bu} をとる．付着に関する基準強度は，鉄筋の強さとの関連性がまったくない．付着基準強度に影響を及ぼす主な因子は，鉄筋の表面形状および周辺コンクリートの強度とかぶり厚さである．付着基準強度を正確に評価するのは非常に難しいが，日本建築学会の「鉄筋コンクリート構造計算規準・同解説 2010」[9] が推奨する評価式を参照されたい．

12.2.3　鋼材の上限強度

S 構造に用いる形鋼の場合は，きわめて稀に発生する大地震に対する安全設計時に不可欠な材料の上限強度は鋼材の基準強度 F をとる．

一方，RC 構造に用いる異形鉄筋の場合は，上限強度として規格降伏強度（基準強度）の 1.1 倍をとってよい．日本建築学会の「鉄筋コンクリート造建築物の靱性保証型耐震設計指針」[10] では，異形鉄筋のグレードによって，鉄筋の上限強度は基準強度の 1.25 倍をとってもよいとしている．

RC 構造に用いる異形鉄筋の上限強度を基準強度 F より高くとることが許容される主な理由は二つある．第一に RC 構造では，主役たる材料はコンクリートであって，鉄筋ではない．鉄筋はコンクリートの引張力に対する弱さを補うための補強材料であるのにすぎないからである．第二に安全側に設定された鉄筋の基準強度をそのまま使う場合，約 500 年に1回の確率で発生する大地震に対する構造の安全余裕率が高すぎて，不経済な設計になりかねないからである．

12.2.4　鋼材の許容応力度

許容応力度（permissible stress）とは，材料の基準強度 F をある安全率 K で割った，弾性設計を行う際に用いる材料の設計用強さのことで，荷重によって部材に生じる諸応力の許容できる限界値を表している．安全率 K が 1.0 以上の値をとることはいうまでもない．

材料の許容応力度は長期と短期の2種類に分けられる．表 12.1 によれば，許容応力度が必要となるのは，長期荷重時の使用性と，短期荷重時の機能性と修復性を確保するための設計を行う場合である．特に長期荷重に対しては，建築物の使用性を確保するために，構造部材に生じる各種応力の大きさを絶対に材料の弾性限度以内に抑えなければならないので，安全率をより高く設定し，材料の強さを低く見積もる必要がある．

形鋼の場合は，長期許容応力度の安全率 K は 1.5 であるが，短期許容応力度の安全率は 1.0 である．一方，異形鉄筋の場合は，短期許容応力度の安全率は 1.0 で，形鋼のそれと同じであるが，長期許容応力度の安全率は基準強度によって異なる値をとっている．

表 12.4 と表 12.5 はそれぞれ JIS 規格形鋼と

表 12.4　JIS 規格形鋼の許容応力度 [N/mm²] [11]

材種と引張強さの下限	SS 板材，SN 板材，SM 板材，STK 鋼管，STKR 鋼管，STKRN 鋼管							
	400				490			
許容応力度の種類	長　期		短　期		長　期		短　期	
	$t \leqq 40$	$t > 40$	$t \leqq 40$	$t > 40$	$t \leqq 40$	$t > 40$	$t \leqq 40$	$t > 40$
引　　張	156	143	235	215	216	196	325	295
圧　　縮	156	143	235	215	216	196	325	295
せ ん 断	90.4	82.7	135	124	125	113	187	169

注：t は鋼材の板厚で，単位は mm である．

表 12.5 JIS 規格鉄筋の許容応力度 $[\text{N/mm}^2]$ [11]

種類 記号	長 期		短 期	
	引張・圧縮 $_t f_L$	せん断 $_w f_L$	引張・圧縮 $_t f_s$	せん断 $_w f_s$
SD295A	195	195	295	295
SD295B	195	195	295	295
SD345	215*	195	345	345
SD390	215*	195	390	390
SD490	215*	195	490	490
SR235	155	155	235	235
SR295	155	195	295	295

* 直径が 29 mm 以上の場合，195 N/mm^2 となる．

表 12.6 鉄筋の付着許容応力度 $[\text{N/mm}^2]$ [9]

鉄筋種別	長 期		短期 $_B f_s$
	水平材の上端筋*	その他の鉄筋 $_B f_L$	
異 形	$1/15\,F_c$ かつ 0.9 $+2/75\,F_c$ 以下	左の値の 1.5 倍	長期に対する値の 1.5 倍
丸 鋼	$1/25\,F_c$ かつ 0.9 以下	左の値の 1.5 倍	

* 曲げ材（梁，床スラブ）にあって，その鉄筋の下に 300 mm 以上のコンクリートは打ちこまれている水平鉄筋のこと．コンクリートのかぶり厚さが鉄筋径の 1.5 倍以下の場合，上記値はかぶり厚さと鉄筋径の 1.5 倍の比で低減する．

JIS 規格棒鋼の各種許容応力度を示す．表 12.4 より，形鋼の引張と圧縮の許容応力度は等しいことがわかる．これは引張と圧縮の基準強度が等しいからである．また式 (12.1) からわかるように，鋼材のせん断基準強度は引張基準強度の $\sqrt{3}/3$ 倍となるので，許容せん断応力度は許容引張応力度の $\sqrt{3}/3$ 倍となっている．

一方，鉄筋の短期許容応力度は基準強度と等しいが，長期許容応力度は基準強度と比例して大きくならない．表 12.5 からわかるように，基準強度が 295 N/mm^2 以上の異形鉄筋は，長期許容応力度が一律 215 N/mm^2 または 195 N/mm^2 までに限定されている．これは，長期許容応力度を基準強度に比例して高く設定すると，それに応じてコンクリートにも高い応力負担が要求される．このことは建築物の長期荷重時の使用性を確保する観点から望ましくないためである．

表 12.5 の許容せん断応力度は，鉄筋がせん断補強筋として用いられるときの許容応力度を意味する．せん断補強筋は，基本的に伸びることによって鉄筋コンクリート部材に生じるせん断力に抵抗するので，その許容応力度は鉄筋の許容引張応力度と等しくなるのである．

表 12.6 は現行 RC 設計基準から抜粋した鉄筋の許容付着応力度を示す．許容付着応力度は鉄筋の表面形状，配置位置，およびコンクリートの設計基準強度 F_c によって定まることが明らかである．

[例題 1] SD345 異形鉄筋 D25 の基準強度，上限強度，長期および短期の許容引張応力度，許容せん断応力度と，$F_c 30$ のコンクリートに埋め込まれる場合の許容付着応力度を求めよ．

[解] 表 12.5 と表 12.6 より，諸強度と許容応力度は次のように求められる．

基準強度 $F = 345$ N/mm^2

上限強度 $= 1.25 \times F = 431$ N/mm^2

長期許容応力度：

$_t f_L = 215$ N/mm^2，　$_w f_L = 195$ N/mm^2

$_B f_L = 1.5 \times \min\left(\dfrac{30}{15},\ 0.9 + \dfrac{2}{75} \times 30 \right)$

$\quad\quad = 2.55$ N/mm^2

短期許容応力度：

$_t f_s = {}_w f_s = 345$ N/mm^2，　$_B f_L = 3.83$ N/mm^2

12.3 コンクリートの強度と許容応力度

コンクリートは水，セメント，細骨材（砂），および粗骨材からなる複合材料である．天然の石が細かく砕かれてできた粗骨材を，セメントペーストという接着剤でつなぎ合わせることによって再形成された人工石でもある．

コンクリートは，使われる粗骨材によって普通コンクリートと軽量コンクリートに分類される．前者は天然粗骨材（砕石や砂利など）を用いるが，後者は人工軽量骨材を使用する．建築物の構造材料としては，軽量コンクリートは床スラブによく用いられるが，構造の躯体にあまり使用されない．軽量コンクリートは，密度が小さく弾性係数がやや低いこと以外，普通コンクリートとほぼ同じ材料特性を有する．以後の内容は普通コンクリート（単にコンクリートと呼ぶ）を中心とする．

12.3.1 コンクリートの力学的特性

天然の石と同じく，コンクリートは圧縮力に対しては反発力が強いが，引張力に対しては非常に弱いといった特徴を持っている．

コンクリートの力学的特性は，一般に標準試験体に対して中心圧縮試験を行うことによって得られる圧縮応力-ひずみ関係曲線をもって評価する．図12.6はコンクリートの典型的な圧縮応力-ひずみ関係曲線を示す．圧縮応力-ひずみ関係曲線のピーク点での応力を**圧縮強度**（compressive strength）といい，F_cといった記号で表すことが多い．圧縮強度F_cはコンクリートの材料特性を表す最も重要な指標である．

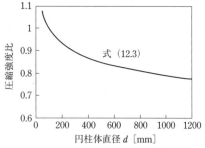

図12.7 圧縮強度における寸法影響[13]

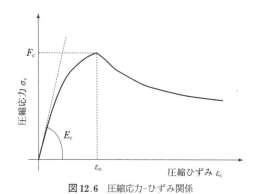

図12.6 圧縮応力-ひずみ関係

圧縮強度は基本的に水セメント比に依存するが，標準試験体の形状と**アスペクト比**（aspect ratio, 高さと横幅または直径の比）の影響をも強く受ける．世界各国で用いられるコンクリートの圧縮試験用の標準試験体は，円柱体（cylinder）と立方体（cube）の2種類がある．アメリカでは直径が150mmで高さが300mmの円柱体を用いるが，EUと中国などでは一辺の長さが150mmの立方体を用いる．この2種類の標準試験体によって得られる圧縮強度は異なり，円柱体強度は立方体強度の約0.8倍である．つまり，立方体の圧縮強度は同じ横幅（直径）を有する円柱体の圧縮強度より25%ほど高い．

日本ではコンクリートの標準試験体に円柱体が使用されているが，土木学会がアメリカと同じサイズの円柱体を用いるのに対して，建築学会では直径が100mmで高さが200mmと一回り小さな円柱体を用いることとしている．

また，同じ形状とアスペクト比を有する標準試験体の場合は，サイズが大きいほど圧縮強度が低くなるという**寸法効果**（size effect）が指摘されている．

図12.7はBlankの実験研究[12]に基づいて得られたコンクリート円柱体の寸法影響を表す曲線である．円柱体の高さと断面直径の比は2.0である．図中の横軸は円柱体の断面直径で，縦軸は直径d [mm]の円柱体の圧縮強度F_dと直径100mmの円柱体の強度F_{100}との比である．圧縮強度の寸法影響を表す曲線は式（12.3）によって定義できる[13]．

$$\frac{F_d}{F_{100}} = 1.61 \times (d)^{-0.1} \qquad (12.3)$$

式（12.3）によれば，直径150mmの円柱体の圧縮強度は直径100mmの標準円柱体の圧縮強度の約96%となっている．

鋼材と異なり，空気の存在と乾燥収縮の影響でセメントペーストには微細なひび割れがあるので，コンクリートの圧縮応力-ひずみ関係は応力の初期段階から線形性を示さない．線形性とは，応力がひずみに比例して増減する性質のことである．また，コンクリートは圧縮強度に達してからは，内部ひび割れの進展と拡大に伴って圧縮力に対する抵抗能力が低下していく．

図12.8は圧縮強度が異なるコンクリートの圧縮応力-ひずみ関係の比較を示す．図12.8によれば，コンクリートは圧縮強度が高ければ強度時のひずみと初期剛性が高くなるが，圧縮強度を過ぎた後の応力下降部分の勾配が激しくなる．応力下降部分の勾配は下り勾配といい，下り勾配の値が高いほどコンクリートの粘りが低いことを意味す

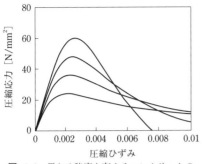

図12.8 異なる強度を有するコンクリートの応力-ひずみ関係の比較

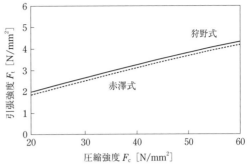

図12.9 引張強度と圧縮強度の関係例

る．高強度のコンクリートを地震の多い地域に立地する建築物に使う際に，いかにしてコンクリートの粘りを向上させるかが重要である．

コンクリートの圧縮強度時のひずみ ε_0 は次のように求めることができる[13]．

$$\varepsilon_0 = 0.94 \times (F_c)^{0.25} \times 10^{-3} \quad (12.4)$$

ここで F_c は圧縮強度で，単位は N/mm^2 である．

また，線形性を示さないコンクリートの初期剛性（弾性係数）は，応力-ひずみ関係曲線の上昇部分にある，圧縮強度の1/3となる点と原点を結ぶ直線の勾配である**割線剛性**（secant modulus）をもって評価する．初期剛性はコンクリートの圧縮強度のみならず，骨材の種類などにも影響されるから，世界各国でさまざまな計算式が提案されている．日本建築学会は普通コンクリートの初期剛性 E_c の計算式として次の式を推奨している[9]．

$$E_c = 3.35 \times \left(\frac{\gamma}{24}\right)^2 \times \left(\frac{F_c}{60}\right)^{1/3} \times 10^4 \quad (12.5)$$

ここに，γ：コンクリートの単位体積重量，F_c：コンクリートの圧縮強度．

コンクリートの単位体積重量は圧縮強度が高いほど大きくなる．これは，圧縮強度の高いコンクリートでは，密度の高いセメントの使用量が相対的に多くなるからである．表12.7は日本建築学会の計算規準より抜粋した，コンクリートの単位体積重量と圧縮強度との対応関係を示す．

なお，日本建築学会の計算規準では1998年に，適用できるコンクリートの強度上限を $36 N/mm^2$ から $60 N/mm^2$ に引き上げている．圧縮強度が $60 N/mm^2$ 以上のコンクリートは超高強度コンクリートと呼ばれ，使用する場合には，構造設計の全般について日本建築センターなど専門的認定機構の審査を受けなければならない．

コンクリートが引張力を受ける際の力学的特性については，コンクリートの試験体に直接引張力を加える試験が非常に難しいので，研究情報が少ない．これまでの限られた研究によれば，コンクリートの引張応力-ひずみ関係曲線は，原点と引張強度点を結ぶ一本の直線で近似できることがわかっている[14]．この直線の傾きは圧縮応力-ひずみ関係曲線の初期剛性とほぼ等しい．

図12.9は，引張強度 F_t と圧縮強度 F_c との関係を示す．図中に記す赤澤式[15]と狩野式[16]は，それぞれ式（12.6）と式（12.7）である．

$$F_t = 0.212 \times (F_c)^{0.73} \quad (赤澤式) \quad (12.6)$$

$$F_t = 0.25 \times (F_c)^{0.695} \quad (狩野式) \quad (12.7)$$

ここで，F_t と F_c の単位はともに N/mm^2 である．

図12.9によれば，コンクリートの引張強度と圧縮強度の比率は，圧縮強度の増加に伴い，初期の約1/10程度から1/14まで小さくなっていく．

コンクリートの引張強度は，構造部材のひび割れ幅やたわみ制限値の検定などに用いられるが，設計の簡便性のため，部材の曲げ耐力と軸耐力の計算の際には一般に無視される．

コンクリートがせん断力を受ける際，2種類の破壊形式が考えられる．破壊メカニズムの概念を図12.10に示す．図（a）に示す直接せん断破壊に対する抵抗力は図（b）の斜めせん断破壊に対す

表12.7 単位体積重量と圧縮強度の関係[9]

圧縮強度 $F_c [N/mm^2]$	≤36	≤48	≤60
$\gamma [kN/m^3]$	24.0	24.5	25.0

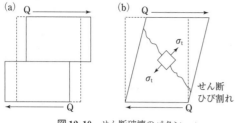

図12.10 せん断破壊のパタン

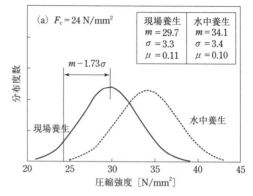

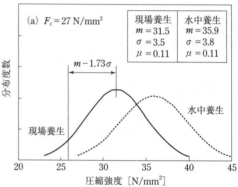

図12.11 圧縮強度の分布状況例[17]

る抵抗よりはるかに高いので，コンクリートのせん断破壊は一般に図 (b) の形式で発生する．

コンクリートは直接せん断に対するせん断強度は圧縮強度の 1/5〜1/7 倍である．一方，斜めせん断破壊は，せん断力によってコンクリート内に生じる主応力 σ_t がコンクリートの引張強度を超える際に発生するので，コンクリートのせん断強度は引張強度とほぼ等しく，圧縮強度の約 1/10 程度である．RC 造梁や柱部材の曲げ耐力と軸耐力を計算する際に無視されている引張強度は，せん断破壊面のコンクリートの面積が大きいことから，部材のせん断耐力を計算する際にはしっかりと考慮に入れられている．

12.3.2 コンクリートの設計基準強度

鋼材の基準強度は応力-ひずみ関係曲線のピーク点における応力の代わりに規格最小降伏強度をとるが，コンクリートの基準強度は圧縮応力-ひずみ関係曲線のピーク点での応力である圧縮強度をとることになっている．

圧縮強度は水セメント比に依存するが，コンクリートの養生条件，試験方法，ないし力を加える際の載荷スピードなど多くの因子の影響を受けるため，ばらつきが大きい．図 12.11 には日本建築総合試験場が行った 2 種類のコンクリートの圧縮試験[17] から得られた圧縮強度の分布例を示す．

図 12.11 によれば，原材料の性質，調合，および製造条件をまったく同一にして得られたコンクリートの圧縮強度は大きくばらついている．鋼材の降伏強度と同じく，コンクリートの圧縮強度はほぼ正規分布にしたがって分布している．また，水中養生コンクリートの圧縮強度は現場養生コンクリートのそれより高い．

強度分布のばらつきの大きさを表すパラメーターは正規分布の変動係数である．変動係数 μ は圧縮強度の標準偏差 σ と平均値 m との比で，その値が大きいほどばらつきが大きい．図 12.11 に記載されている統計結果の数値を図 12.5 に示す鋼材の数値と比べれば，コンクリートの圧縮強度のばらつきは鋼材のそれより大きいことがわかる．

図 12.11 に示すように，圧縮強度のばらつきを踏まえて，コンクリートの基準強度は，少なくとも平均値 m から標準偏差 σ の 1.73 倍を引いた値以上であるといった方針で定まる．この方針にしたがって定めたコンクリートの基準強度は 96% 程度の強度保証率を有する．

なおコンクリートの場合，基準強度は一般に設計基準強度と呼ばれる．設計基準強度はコンクリート本来の強さではなく，品質誤差などの影響を加味した，構造設計のときに用いる強度のことを意味する．

12.3.3 コンクリートの許容応力度

コンクリートの許容応力度は，鋼材のそれと同じく，設計基準強度 F_c を安全率で割った，長期荷

重および短期荷重に対する設計用強さである。長期許容圧縮応力度の設計基準強度に対する安全率は3で，短期許容圧縮応力度の安全率は1.5である。これらの安全率の値は鋼材の安全率（それぞれ1.5と1.0）より大きい。

コンクリートの許容応力度の安全率を高くとる主な理由は二つある。一つはコンクリートの材料強度のばらつきが鋼材のそれよりも高いためである。もう一つは，高い安全率をとることを通して，コンクリートに許容できる応力を初期の近似的な線形弾性変形領域に留めさせて，構造部材ないし構造全体の使用性と修復性を設計の段階で確保しておきたいからである。

表12.8は日本建築学会のRC構造計算規準より抜粋した，コンクリートの許容応力度の算定式一覧である。軽量コンクリートは密度が小さくて軽いが，初期剛性のほか，許容応力度は普通コンクリートより小さいことがわかる。

表12.8では，コンクリートの許容引張応力度については明記していない。実設計では，コンクリートの引張強度が低いことを踏まえ，構造計算の簡便性のため，許容引張応力度を無視してよいことになっている。計算規準で許容引張応力度を明確にゼロと規定しないのは，コンクリートの引張強度がゼロではないからである。

コンクリートの許容せん断応力度については，まず長期許容応力度の算式に注目してみる。引張強度が圧縮強度の約1/10であることと，許容圧縮応力度の安全率が3であることから，$F_c/30$で定義される長期許容せん断応力度は引張強度を安全率3で割った長期許容引張応力度と考えてよい。つまり，コンクリートの引張強度がせん断力に対する設計の際に生かされている。ただし，引張強度の圧縮強度に対する割合は圧縮強度の増加

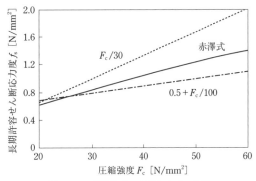

図12.12 長期許容せん断応力度の比較

に伴い初期の1/10程度からさらに小さくなっていくので（図12.9を参照），これを考慮したのは許容せん断応力度の算式中の2番目の式である。

図12.12は赤澤式（式(12.6)）で表す引張強度を単純に安全率3で割って得られた許容引張応力度，表12.8に示す長期許容せん断応力度に関する二つの算定式による計算結果を比較している。学会規準で推奨している長期許容せん断応力度の算定式は安全側の値を与えることがわかる。

許容応力度についてもう一つ注目すべき点は，短期の許容圧縮応力度は長期の許容圧縮応力度の2.0倍であるのに対して，短期の許容せん断応力度は長期の許容せん断応力度の1.5倍しかとっていないことである。これは，コンクリートのせん断破壊は非常に**脆い**（brittle）**破壊**であり，短期許容せん断応力度をより低い値に設定することによって，ぜひとも避けたいからである。

[**例題2**] F_c27とF_c48のコンクリートの長期と短期の許容圧縮応力度と許容せん断応力度をそれぞれ求めよ。

[**解**] 表12.8より，諸許容応力度は以下のように求められる。

表12.8 コンクリートの許容応力度[9]

許容応力度 コンクリート種類	長期 圧縮 f_{cL}	長期 引張	長期 せん断 f_{sL}	短期 圧縮 f_{cs}	短期 引張	短期 せん断 f_{ss}
普通コンクリート	$\frac{1}{3}F_c$	—	$\min\left(\frac{F_c}{30},\ 0.5+\frac{F_c}{100}\right)$	$\frac{2}{3}F_c$	—	長期の1.5倍
軽量コンクリート			上記の0.9倍			

長期許容応力度：

$f_{cL} = 1/3 \times F_c = 9(16)\,\mathrm{N/mm^2}$

$f_{sL} = \min\left(\dfrac{27(48)}{30},\ 0.5+\dfrac{27(48)}{100}\right)$

$= 0.77(0.98)\,\mathrm{N/mm^2}$

短期許容応力度：

$f_{cS} = 2 \times f_{cL} = 18(32)\,\mathrm{N/mm^2}$

$f_{sS} = 1.5 \times f_{sL} = 1.16(1.47)\,\mathrm{N/mm^2}$

12.4 コンファインドコンクリートの力学的特性

本節では，近年凄まじい勢いで進んできたコンクリートの超高強度化の開発背景と現状，それに相まって発展してきた超高強度コンクリートに対する**横拘束**（transverse confinement）材料と工法，および拘束されたコンクリートの力学的特性を紹介する．建築材料の超高強度化が最も寄与するのは，建築構造の使用性よりも，むしろ巨大地震時に発揮する極限耐震性能の向上である．鋼材の高強度化の現状についてはすでに述べたので，本節ではコンクリートの超高強度化の現状と拘束されたコンクリートの力学的特性について概説する．

12.4.1 コンクリートの超高強度化

日本の建築構造物に用いるコンクリートの圧縮強度の上限値は1990年代中ごろまで36 N/mm² 程度に留まっていた．圧縮強度が高いほど，コンクリートの粘り（ductility）がなくなり，部材の耐震性が低くなる（図12.7参照）．これが，世界でも有数の地震国である日本で高強度コンクリートの使用が制限された所以である．

使用できるコンクリートの強度が低ければ，建築物を支える主要な部材である柱の断面サイズを大きくせざるをえない．そうすると，建築物が高くなるにつれて，下層部の柱の断面サイズが十分な生活空間を作り出せないほど大きくなってしまう．その結果，1990年までに日本で設計された高層建築物のうち，RC造建物はわずか数%しかなかった．それまでは高層と超高層（軒高が60 m以上の）建築物には鉄骨鉄筋コンクリート構造（steel reinforced concrete, SRC）とS構造が使われていた．

日本の高層と超高層の建物において経済性と居住性に優れるRC構造の活用を推進するためには，三つの課題を解決しなければならない．圧縮強度の高いコンクリートの開発，高強度コンクリートの脆い破壊性質を改善するための材料と工法の開発，および高強度材料を用いた部材と構造全体の耐震性能を含めた力学的性能の評価と設計方法の構築の三つである．前節で触れたNewRC総合研究プロジェクトはこれらの課題の解決を目的としたものであった．

図12.13はNewRCプロジェクトで開発しようとする建築材料の強度範囲を示す．1988年度から開始した同プロジェクトは三つのフェーズに分けて，高強度材料の開発と高強度材料を用いるRC造部材と構造の耐震設計法の構築を図った．5年の研究を経て，同プロジェクトは普通のRC造建築物に用いる材料の強度上限の約4倍にも達する超高強度のコンクリートと鉄筋の開発に成功し，日本の超高層RC造建物の基礎を築いた．

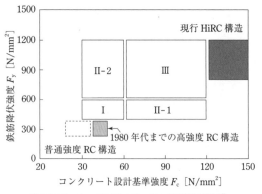

図12.13 NewRCプロジェクト材料強度範囲[7]

NewRCプロジェクトが終了した後も，超高強度RC構造の実用化や開発研究などが継続的に行われた．21世紀に入ってからは，日本で毎年建設される超高層建築物のうち半数以上はRC構造によって建設されるようになっている．また，RC構造の超高層建築物への活用例が増加するにつれて，建築物の下層部に用いるコンクリートの最高圧縮強度はますます高くなっている．たとえば2008年に竣工した47階建てのRC造タワー型マンションには，設計基準強度が150 N/mm²級の超高強度コンクリートが用いられた．それ以後

も，より強いコンクリートの開発が進み続け，2013年には設計基準強度 F_c が 300 N/mm² 級の超超高強度コンクリートがある民間建設会社の技術センター棟に適用され[18]，鉄鋼並みの圧縮強さを持つ人工石が誕生するまでになっている．

12.4.2 コンクリートの拘束形態

コンクリートは設計基準強度が高いほど耐久性が向上し，長寿命の建築物の材料として適するようになる半面，材料固有の脆い破壊性質も顕著となる．建築物の寿命が長ければ，環境負荷の低減につながる一方，より強い地震動に遭遇するリスクも高くなる．したがって，地震国の建築物において超高強度コンクリートの利用を推進するためには，コンクリートに十分な靱性を確保することが不可欠である．

図 12.14 は鉄筋コンクリート部材の典型的な断面構成を示す．部材の材軸方向に平行して配置されている鉄筋は主筋（longitudinal bar）と呼ばれ，コンクリートの引張力に弱い性質を補う役割がある．材軸と垂直する方向に配置される鉄筋は**横補強筋**（transverse steel）である．梁と柱に用いる横補強筋は，それぞれあばら筋，帯筋ともいう．横補強筋によって囲まれたコンクリートの部分をコアコンクリート，その外側にあるコンクリートをかぶりコンクリートとそれぞれ呼ぶ．

図 12.14 に示すように，横補強筋にはさまざまな配置形式があるが，横補強筋の力学上の役割は主に主筋の座屈を防ぐこと，せん断力を抵抗すること，およびコンクリートの横方向の膨らみを拘束することの三つである．このうち主筋の座屈止めとせん断抵抗の二つについては，現行の設計基準と指針で定量的な評価式または構造規定が示されているが，三番目の役割であるコンクリートへの拘束効果については，多くの構造因子が拘束効果へ影響を及ぼすので，それを直接評価するための設計式がまだ確立されていない．なお横補強筋の拘束効果を受けるのはコアコンクリートの部分だけであり，コアコンクリートのことを**コンファインドコンクリート**（confined concrete）とも呼ぶ．

RC造部材のコンクリートは軸圧縮力を受ける際に，材軸方向に沿って縮むとともに，材軸に垂直の方向，いわゆる横方向へ膨らむ．横膨らみの度合いを表す横ひずみと軸方向の圧縮ひずみの比の絶対値であるポアソン比は，圧縮応力が圧縮強度の約 7 割程度になるまで，ほぼ 0.2 前後で一定である．一方，応力が圧縮強度に近づくにつれて，コンクリートのポアソン比が増大し横膨らみが急増する．横膨らみの急増は，コンクリートの軸方向抵抗力の低下と粘りの欠如を招く主因である．したがって，この横膨らみを有効に抑制できれば，コンクリートの強度と粘りの上昇が期待できる．横補強筋はコンクリートの横膨らみを拘束することによって，コンクリートに対する拘束効果を発揮する．

図 12.15 によれば，RC造部材の断面形状によって，あばら筋や帯筋などの横補強筋による拘束形態は，直線周辺を有する長方形断面や正方形断面での**直線型**（rectilinear）**拘束**と，円形断面での円形型拘束に大別できる．直線型拘束の場合

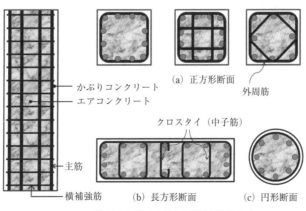

図 12.14 RC 部材の典型的な配筋形式

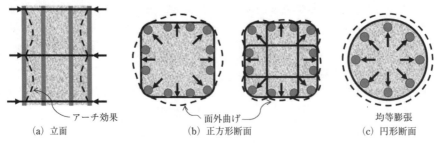

図12.15 拘束メカニズムの概念図

は，外周補強筋は直線状になっているので，コアコンクリートの横膨らみによる面外への押し出し力を受ける際に，面外へ曲げ出し，外周補強筋に周方向の引張応力のほか，曲げ応力が同時に生じるので，補強筋による拘束効果が大きく低減してしまう．図12.14に示すように，外周筋と併用するクロスタイ（中子筋）は，外周筋の面外曲げを緩和するのに有効な補助筋で，直線型補強筋の拘束効果の維持と向上に重要な役割を果たしている．そのため現行の設計基準では，横補強筋によって拘束された主筋の部材断面内での間隔が200 mm以下となるように，必ずクロスタイの併用を推奨している．

一方，円形型拘束の場合は，外周補強筋はコンクリートの横膨らみを拘束する際に，一様に膨張するので，補強筋には円周方向の軸引張応力しか生じず，コンクリートへの拘束効果が直線型補強筋のそれよりはるかに高い．

しかし，通常の横補強筋による拘束の場合，拘束効果を受けられるのはコアコンクリートだけであり，横補強筋間のコアコンクリートに対しては，アーチ効果（図12.15を参照）の影響で拘束効果がさらに低くなるといった欠点がある．これらの欠点を改善するために，部材の外周を鋼板で囲む鋼板拘束法が近年注目されつつある．鋼板拘束の効果は，材軸方向に沿うアーチ効果による不利の影響を受けることなく，かつ部材断面の全コンクリートに及ぶといった特徴がある．

また鋼板拘束は，RC造部材，特に柱材にかぶりコンクリートをつくらないことと，鋼板自体は柱材の型枠を兼ねることができるという二つの利点がある．部材にかぶりコンクリートをつくらないた

め，巨大地震時のかぶりコンクリートの剥離による損傷を防げるし，それに伴う改修コストの節約につながるほか，部材の耐久性の向上にも資する．

12.4.3 コンファインドコンクリートの応力-ひずみ関係

図12.16は，横補強材（普通の横補強筋と鋼板の総称）で拘束されたコンファインドコンクリートの応力-ひずみ関係と，拘束されていないコンクリートのそれとの比較を示す．拘束されていないコンクリートを無拘束（unconfined）コンクリートと呼ぶ．

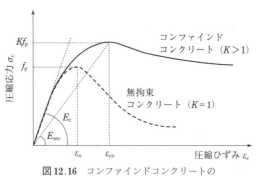

図12.16 コンファインドコンクリートの応力-ひずみ関係

コンファインドコンクリートは応力の上昇に伴って大きくなる横膨らみが横補強筋の拘束で抑制されるので，無拘束コンクリートと比して，圧縮強度f_{cc}と強度時ひずみε_{co}がともに上昇するだけではなく，応力-ひずみ関係のピーク点後の下り勾配も緩やかになっている．

コンファインドコンクリートの圧縮応力-ひずみ関係については，修正Kent-Parkモデル[19]やManderモデル[20]をはじめ多くのモデルが提案さ

れているが，適用範囲の広さから，本書では日本のNewRCモデル[7]を紹介する．

NewRCモデルによれば，任意の圧縮ひずみε_cに対応するコンファインドコンクリートの圧縮応力σ_cは次式によって求められる．

$$\sigma_c = K f_p \times \frac{AX + (D-1)X^2}{1 + (A-2)X + DX^2} \quad (12.8)$$

ここで，K：コンファインドコンクリート強度f_{cc}と無拘束コンクリート強度f_pとの比で，強度上昇率という．AとDはそれぞれ応力-ひずみ関係曲線の上昇部分と下降部分の形状を支配するパラメーターで，Xは任意のひずみε_cと強度時ひずみε_{co}との比である．

コンファインドコンクリートの強度上昇率Kに関する詳しい解説は次節に譲るが，その他のパラメーターの計算式を以下に記す．

$$A = \frac{E_c \varepsilon_{co}}{K f_p} \quad (12.9)$$

$$D = 1.5 - 0.017 f_p + \gamma \sqrt{\frac{(K-1)f_p}{23}} \geq 0.5 \quad (12.10)$$

$$\varepsilon_{co} = \varepsilon_o \times \begin{cases} 1 + 4.7(K-1), & K \leq 1.5 \\ 3.35 + 20(K-1.5), & K > 1.5 \end{cases} \quad (12.11)$$

上式中のE_cとε_oはそれぞれ式（12.5）と式（12.4）による．γは横補強材の拘束形態の影響を表す実験定数で，普通の横補強筋による拘束の場合は1.6，鋼板による拘束の場合は2.4である．

式（12.8）〜（12.11）からわかるように，NewRCモデルは二つのパラメーターのみに依存するモデルである．基準強度を表す無拘束コンクリート強度f_pと，横補強材の拘束度合いを表す強度上昇率Kの二つさえわかれば，コンファインドコンクリートの圧縮応力-ひずみ関係が完全に定まる．

図12.17はNewRCモデルによって計算された，異なる基準強度を有するコンファインドコンクリートの応力-ひずみ関係例を示す．図12.17によれば，強度上昇率Kが1.2前後となる横拘束を施せば，圧縮強度が90 N/mm²級の超高強度コンクリートにも十分な粘りをもたらせる．

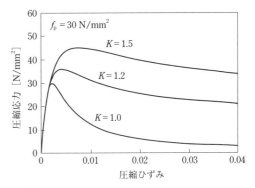

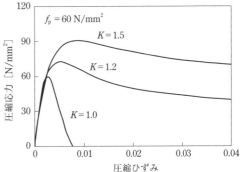

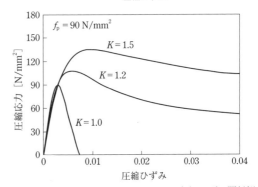

図12.17 コンファインドコンクリートの応力-ひずみ関係例

12.4.4 拘束効果の評価方法

コンファインドコンクリートの強度を定量的に評価するための研究はRichartの研究に遡る．静水圧と円形フープによって横拘束されたコンクリート柱の圧縮試験に基づき，Richartは1928年に一様な側圧f_rを受けるコンファインドコンクリートの圧縮強度f_{cc}の算定式を次のように提案した[21]．

$$f_{cc} = f_p + 4.1 f_r \quad (12.12)$$

円形型横補強材はコンクリートへ加える側圧がほぼ一様に分布するので（図12.18），式（12.12）を適用できる．式（12.12）中の円形型横補強材による側圧f_rの算定式は図12.18中の独立体の力

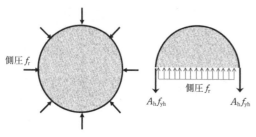

図 12.18　円形型拘束時の側圧

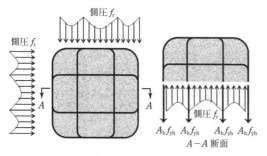

図 12.19　直線型拘束時の側圧

の釣り合い条件より次のように導かれる．

$$f_r = \frac{2 A_h f_{yh}}{D_c s} = \frac{1}{2} \rho_h f_{yh} \quad (12.13)$$

ここに，A_h：横補強材の断面積，f_{yh}：コンファインドコンクリートが強度に達するときに横補強材に生じる周方向応力，D_c：外周補強材の中心間直径，s：横補強材の間隔，ρ_h：横補強材のコアコンクリート部分に対する体積比．通常，f_{yh} は横補強材の引張降伏強度をとる．

一方，図 12.19 に示すように直線型横補強材による拘束側圧は，外周補強材の面外曲げの影響で一様に分布せず，側圧の分布状況と大きさが多くの因子の影響を受け大変複雑で，圧縮強度 f_{cc} の評価には式 (12.12) をそのまま適用できない．

直線型横補強材で拘束されたコンファインドコンクリートの強度は主に以下に記す六つの因子の影響を受ける．1) コンクリートの基準強度 f_p，2) 横補強材の量 ρ_h，3) 横補強材の周方向応力 f_{yh}，4) 横補強材の間隔 s，5) 横補強材の太さ（鋼板の厚さ），6) 横補強材の配置形式．

NewRC モデルでは**有効側圧因子**（effective lateral pressure factor）の概念を導入し，上述した六つの因子の影響をすべて考慮できる，直線型横補強材で拘束されたコンファインドコンクリートの圧縮強度 f_{cc} の算定式を以下のように提案している．

$$f_{cc} = f_p + 23 f_{re} \quad (12.14)$$

ここで f_{re} は有効側圧因子で，次のように定義される．

$$f_{re} = \frac{1}{2} \rho_h f_{yh} \left(\frac{d''}{C}\right)\left(1 - \frac{s}{2 D_c}\right) \quad (12.15)$$

ここに，d''：横補強材の公称直径（鋼板の板厚），C：横補強材の有効横支持長さ（図 12.20 参照）．

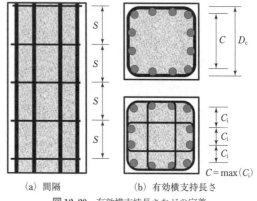

(a) 間隔　　(b) 有効横支持長さ

図 12.20　有効横支持長さなどの定義

円形型拘束の場合と同じく，式 (12.15) 中の横補強材の周方向応力 f_{yh} は降伏強度をとってよい．しかし超高強度横補強筋を用いる場合は，コンファインドコンクリートが強度 f_{cc} に達するときに外周補強筋に生じる周方向応力は材料の引張降伏強度に達さないことが多い．そのため，f_{yh} に上限を設ける必要がある．NewRC モデルでは，多数の試験研究の結果を踏まえて，直線型横補強材の f_{yh} の上限値として 687 N/mm² を設けている．

式 (12.15) よりわかるように，直線型横補強材による有効側圧因子 f_{re} は，一様に分布すると仮定した側圧 f_r を，外周補強材の面外曲げ剛性の影響を間接的に反映した項および間隔の影響を表す項で低減させたものである．外周補強材の面外曲げ剛性の影響を補強材の公称直径と有効横支持長さの比という簡単な形式で評価したのは NewRC モデルの最大の特徴である．この特徴によって，NewRC モデルはさまざまな配置形式を有する直線型補強材で拘束されたコンクリートと角形鋼板

で拘束されたコンクリートの拘束効果を統一的に評価できる．

式（12.14）と式（12.15）から，直線型横補強筋によって拘束されたコンファインドコンクリートの強度上昇率 K は次のように導かれる．

$$K = \frac{f_{cc}}{f_p} = 1 + 11.5 \frac{\rho_h f_{yh}}{f_p} \left(\frac{d''}{C}\right)\left(1 - \frac{s}{2D_c}\right) \quad (12.16)$$

また式（12.17）に示す読み替えを行えば，式（12.16）を角形鋼板による拘束の場合へ適用できる．

$$\rho_h = \left(\frac{B/t}{B/t - 2}\right)^2 - 1, \quad d'' = t, \quad s = 0 \quad (12.17)$$

横補強材による拘束効果をよりよく理解するために，図12.21に示す断面条件などを有するRC造柱におけるコンファインドコンクリートの強度上昇率 K と必要な横補強材の鋼材量（体積比）との相関関係を図12.22に示す．2種類の強度のコンクリートに対して，外周補強筋のみによる口型単純配筋，クロスタイを併用した囲字型配筋，外周角形鋼板，および内スチフナで補強された角形鋼板など計4種類の拘束形態による強度上昇率を示している．また，普通の横補強筋による拘束の場合は，配筋が物理的に可能な上限量（口型配筋の場合は，間隔が骨材の最大寸法の1.5倍と補強筋公称直径の1.0倍の合計で45mmとなるとき，囲型配筋の場合は，骨材の最大寸法の1.5倍と補強筋公称直径の3.0倍との合計で70mmとなるとき）まで配筋した時点で打ち切ってある．

60 N/mm² 級の高強度コンクリートの場合は，比較のため円形鋼板による拘束効果の予測値をも合わせて図示している．鋼板による拘束の場合は，用いうる鋼板の幅厚比（B/t）の範囲を体積比の下で記す．図12.22中の矢印つきの直線は，外周鋼板の幅厚比が等しい場合のスチフナなしとスチフナありの鋼板拘束による強度上昇率を対応させるものである．

図12.21 モデル柱の断面と材質

主筋：12-D29
帯筋：D13（SD345）（f_{yh} = 345）
鋼板：SN490（f_{yh} = 325）
断面：700×700 mm
コア：642×642 mm
F_c：30, 60
単位：mm

図12.22に例示した予測結果および式（12.12）と式（12.16）から，各種拘束形態を有する横補強材による拘束効果について，以下のことが指摘できる．

- 横補強材の用量（体積比）が同じ条件下では，複合配筋の囲型配筋形式のほうが，角形鋼板拘束よりはるかに優れている．
- 普通の横補強筋による拘束効果には，施工性からの限度がある．施工性からの限度があるがため，普通強度の横補強筋は複合配筋しても圧縮強度が 60 N/mm² 以上の超高強度コンクリートに十分な拘束効果が提供できない．
- 角形鋼板による拘束効率は普通の横補強筋のそれより悪いものの，大量の横補強材を無理なく配置でき，強力な拘束が必要な場合に適した拘束法であるといえる．
- コンクリートの圧縮強度が 120 N/mm² を超えると，超高強度の帯筋を複合配筋して拘束しても，十分な拘束効果を得ることが困難である．

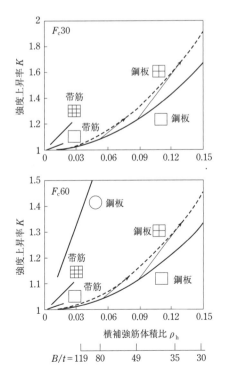

図12.22 コンファインドコンクリートの強度上昇率の予測値

スチフナつきの厚肉角形鋼板または円形鋼板による拘束を用いるべきである．

・円形型拘束は最も高い拘束効果を有する．本計算例の範囲内では，圧縮強度が150 N/mm² 級の超高強度コンクリートに対しても，径厚比が88の薄肉円形鋼板で拘束すれば，強度上昇率 K が1.2以上となりうる．

12.4.5 拘束工法の選定基準

さまざまな拘束形態の横拘束材から適切なものを選定するにあたっては，個々の拘束形態の拘束効率のほか，施工性，経済性，および設計の目標性能を総合的に考慮すべきである．拘束形態の選定の第一歩は"どの程度の強度上昇率が必要であるか"という工学的判断を下すことである．さまざまな観点からの判断基準が想定しうるが，非常時荷重下の性能目標を満足する設計の場合は，"巨大地震の激しい揺れでかぶりコンクリートがすべて剥離しても，柱のコア断面のみによる軸支持能力が健全時のそれと等しい"という判断基準がある．普通の横補強筋の拘束の場合は，かぶりコンクリートが全断面積の少なくとも2割を占めることを踏まえれば，コアコンクリートの強度上昇率 K が1.2以上であることは拘束形態の選定基準の一つとなる．

圧縮強度が 30 N/mm² 程度の普通強度コンクリートに対しては，帯筋などを複合形式に配置すれば $K=1.2$ という条件を容易に満たせる．一方，60 N/mm² を超える超高強度コンクリートに対しては，囲型配置形式を有する高強度帯筋を用いても $K=1.2$ という条件を満たすことが困難で，スチフナつきの角形鋼板または円形鋼板による拘束を選択する必要がある．

角形鋼板による拘束は鋼材量が多く，経済性が低いと指摘される．しかし，鋼板拘束は全断面のコンクリートまで及ぶので，超高強度コンクリートを用いた高層建築物の下層部柱の軸耐力を保持する観点からは，必ずしもそうではない．

図12.23は90 N/mm² 級超高強度コンクリート柱の軸耐力-ひずみ関係の比較例を示す．図中の A_c と A_g はそれぞれ図12.21に示すモデル柱

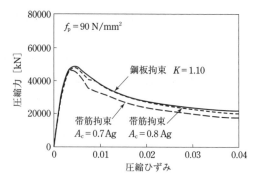

図12.23 コンクリート柱の軸耐力の比較例

のコア断面積と全断面積を表す．図中の帯筋拘束は，強度上昇率 $K=1.2$（USD685 異形鉄筋 D16 を 75 mm の間隔で囲型配置）の場合を表す．一方，鋼板拘束は $K=1.1$（SN490 鋼板，内スチフナつき）の場合を表す．同じ軸耐力を保持させる場合，角形鋼板（$B/t=80$）の体積比（0.079）は帯筋のそれ（0.039）の約2倍で高いが，一般鋼材と超高強度鉄筋の価格差および型枠材料の節約を加味すれば，鋼板拘束のコストパフォーマンスが悪いとはいえない．また，超高強度コンクリートのような強力な横拘束を要する場合，鋼板の厚さを変えるだけで簡単に必要な拘束力を提供できるので，鋼管拘束法は超高強度 RC 構造に適した拘束工法であるといえる．

[例題3] 円形型拘束の場合の式（12.13）の右の等式が成立することを証明せよ．

[証明] 体積比は一組の横補強材の体積とその拘束が及ぶコアコンクリート部分の体積との比で，

$$\rho_h = \frac{V_h}{V_c} = \frac{\pi \times D_c \times A_h}{\pi/4 \times D_c^2 \times s} = \frac{4 A_h}{D_c s}$$

となる．上式を式（12.13）に代入すれば証明完了．

演習問題

12.1 SD345 異形鉄筋 D32 の基準と上限強度，および長期許容引張とせん断応力度を求めよ．

12.2 設計基準強度 F_c が 21 のコンクリートの長期と短期許容圧縮応力度とせん断応力度を求めよ．

12.3 鋼材（鉄筋）の基準強度が高いほど，建築構造の使用性が高くなるという推測は正しいかどうかを

判別し，その理由を簡潔に述べよ．

[解答]

12.1 345, 431, 195, 195 [単位：N/mm^2]

12.2 長期：7, 0.7；短期：14, 1.05 [N/mm^2]

12.3 長期許容応力度を高く設定すると，応力が許容応力度に達するときのひずみも大きくなる．それに伴って部材のたわみも大きくなり，使用性に支障をきたす恐れがある．RC 構造の場合は，高くなった鋼材の応力と釣り合うために，コンクリートの圧縮応力とひずみも同時に大きくなり，コンクリートのひび割れや損傷を起こしてしまう．したがって，推測は正しいとはいいがたい．

■参考文献

1) 池田 茂：日本建築総合試験所，44 号，1986.10.
2) 日本建築学会：鋼構造設計規準．
3) 日本鉄鋼連盟：JIS G 3101-2010 (2010).
4) 日本鉄鋼連盟：JIS G 3112-2010 (2010).
5) 産業構造審議会産業技術分科会評価小委員会：革新的構造材料を用いた新構造システム建築物研究開発事後評価報告書(2010).
6) JFE スチール：ニュースリリース(2010).
7) 国土開発技術センター：鉄筋コンクリート造建築物の超軽量・超高強度化技術の開発，平成 4 年高強度鉄筋分科会報告書 (1993).
8) 水口和之 ほか：高強度材料を用いたコンクリート高橋脚，土木技術，**53**, 9 (1998).
9) 日本建築学会：鉄筋コンクリート構造計算規準・同解説 (2010).
10) 日本建築学会：鉄筋コンクリート造建物の靱性保証型耐震設計指針・同解説 (1999).
11) 日本建築学会：建築工事標準仕様書・同解説 JASS 〈5〉鉄筋コンクリート工事 (2009).
12) Blank, R. F.：Journal of the American Concrete Institute, pp. 280-303, Jan.-Feb. (1935).
13) 孫 玉平 ほか：コンクリート工学年次論文報告集，**21**(2), pp. 601-606 (1999).
14) Hughes, B. P., et al.：Magazine of Concrete Research, **20**(6), pp. 145-154 (1968).
15) 赤澤常雄：土木学会誌，**29**, 11 (1943).
16) 福島正人 ほか：鉄筋コンクリート構造 (第 6 版)，p. 16, 森北出版 (2008).
17) 高橋利一：日本建築総合試験所，39 号 (1985).
18) 大成建設：プレスリリース (2013).
19) Park, R., et al.：Journal of the American Concrete Institute, **79**(1), pp. 13-27, Jan.-Feb.(1982).
20) Mander, J. B., et al.：Proc. ASCE, **114**, No. ST8, pp. 1804-1826 (1988).
21) Richart, E. E.：Bulletin No. 190, University of Illinois (1928).

13. 材料の耐久設計

2007年に自由民主党政務調査会により示された「200年住宅ビジョン」や，2009年に施行された「長期優良住宅の普及の促進に関する法律」に代表されるように，建築物の長寿命化が望まれている．鉄筋コンクリート構造物の**耐久設計**（耐久性設計，durability design）は，社会の持続可能な発展（sustainable development）のために必要不可欠な考え方で，今後さらに重要視されるようになると考えられる．

13.1 耐久設計の考え方

日本建築学会の「鉄筋コンクリート造建築物の耐久設計施工指針・同解説」（以下，耐久設計指針）[1]では，耐久設計を「建築物またはその部分が要求耐用年数の期間内は要求性能を満足するように，構造体および部材が所要の耐久性能を保有するように材料・工法などを定める設計行為」と定義している．同じく日本建築学会の「建築工事標準仕様書・同解説 鉄筋コンクリート工事」（以下，JASS 5）[2]における設計方針も**計画供用期間の級**に応じた**耐久設計基準強度**を採用しており，この耐久設計という考え方を導入している．しかしながらJASS 5における設計方針は，基本的には計画供用期間の間に大規模な補修をせずに初期のコンクリートの性能で要求性能を満足するという考え方であり，条件次第では初期に不必要なエネルギーや資源を投じている可能性がある．一方，耐久設計指針では**維持保全限界状態**という考え方を導入し，必要に応じて**耐用年数**の間に維持保全を行うことも考慮しており，構造物のライフサイクルを通して合理的な設計が可能となる設計方法が提案されている（図13.1参照）．

JASS 5では，一般的な劣化作用と特殊な劣化作用に分けて設計方法が示されており，特殊な劣

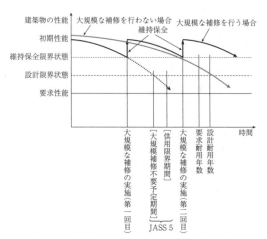

図13.1 建築物の保有性能の経時変化の概念図[1]

化作用として海水の作用および凍結融解作用を対象とし，化学的作用および熱的作用は特記事項としている．一方，耐久設計指針では，考慮する劣化要因として中性化，塩害，凍害，アルカリシリカ反応，化学的浸食およびその他を対象とし，それぞれの要因に影響を与える外力（設計劣化外力）を検討するようにしている．さらに設計方法として，標準仕様選択型設計法，性能検証型一般設計法および性能検証型特別設計法の3種類を設定し，建物が置かれる環境や規模等に応じて合理的な設計が選択できるようになっている．標準選択型設計法では，建築物の立地環境と建築主からの要求耐用年数に応じて，与えられた組合せの中から適切な仕様を選択する．性能検証型一般設計法では，建築物の立地環境と建築主からの要求耐用年数に応じて，一般に確立された信頼できる予測手法を用いて適切な仕様を決定する．性能検証型特別設計法では，劣化外力の程度が厳しすぎる場合，劣化外力が複合して作用する場合，コンクリートの使用材料や調合が特殊な場合，新開発の材料を使用する予定の場合など，性能検証型一般

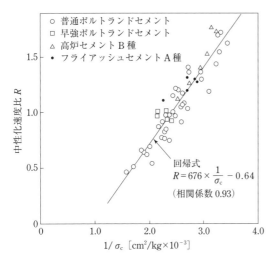

図13.2 圧縮強度の逆数と中性化速度の関係[2]
AE減水剤使用．スランプ18 cm，空気量4%，中性化速度比：普通セメント $W/C=60\%$ を1.0とした比．

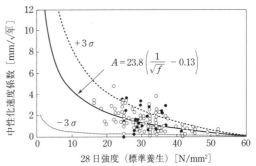

図13.3 28日標準養生の圧縮強度と中性化速度係数の関係[2]
●：養生による補正なし，○：養生による補正あり．
σ は，変数係数を0.3と仮定した値．

設計法で与えられた予測手法では予測が困難な場合に，関係者の合意のもとに性能評価項目および評価手法を決定する．その他，鉄筋コンクリート構造物の耐久設計に関する指針としては，土木学会および日本コンクリート工学会からそれぞれ『コンクリート構造物の耐久設計指針（案）』[3] および『鉄筋コンクリート構造物の耐久性設計に関する考え方』[4] が発行されているので参照されたい．

13.2 JASS 5における一般的な劣化作用環境下の耐久設計

13.2.1 中性化について

JASS 5では耐久性設計基準強度として，計画供用期間が長くなるほど耐久設計基準強度を高くしている．これは，コンクリートは強度が高いほど組織が緻密であり，コンクリートの劣化因子である CO_2 や塩化物などの侵入を抑制でき，耐久性が高くなるためである．またセメントの種類に関係なく，促進中性化試験開始時の強度が同一であれば中性化速度は同程度であり，強度の逆数と中性化速度とは直線関係になる（図13.2）．したがって使用材料に関わらず，強度を管理することでコンクリート構造物の耐久性を確保できることになる．しかしながら2001年国土交通省告示第1346号「日本住宅性能表示基準」に関する同告示第1347号「評価方法基準」では，コンクリートの水セメント比について，「フライアッシュセメントを使用する場合にあっては混合物を除いた部分を，高炉セメントを使用する場合にあっては混合物の10分の3を除いた部分をその質量として用いるものとする」と示されている．つまりフライアッシュセメントについてはそのすべてが，高炉セメントについてはその3割が中性化に対して効果がないとするもので，混和材の使用に関して厳しい基準が定められている．

一般的な劣化環境下であればコンクリート構造物の耐久性を決定付ける劣化要因は中性化であり，鉄筋腐食が生じる状態になるまで中性化が進行した時点（実際には鉄筋の腐食確率で評価される）がコンクリート構造物の維持保全の限界点となる．そのためJASS 5では，耐久設計基準強度は，図13.3に示す28日標準養生と屋外曝露試験結果に基づく中性化速度係数との関係の近似曲線である式（13.1）をもとに決定されている（表13.1参照）．計画供用期間の級が超長期では，かぶり厚さを10 mm増加することで耐久設計基準強度を3 N/mm² 減じることが可能であるが，これもこの式をもとにしている．

$$A = 23.8\left(\frac{1}{\sqrt{f}} - 0.13\right) \qquad (13.1)$$

ここに，A：屋外曝露における中性化速度係数 [mm/√年]，f：標準養生供試体の材齢28日圧縮強度 [N/mm²]．

13. 材料の耐久設計

表 13.1 中性化深さと圧縮強度の関係[2]

セメントの種類	環境	腐食確率 [%]	設計かぶり厚さ [mm]	中性化深さ [mm]	耐用年数 [年]	所要の中性化速度係数 [mm/√年]	所要の圧縮強度 [N/mm²]	耐久設計基準強度 [N/mm²]
普通ポルトランドセメント	屋外	3.0	40	13.6	200	0.96	34.4	36
					100	1.36	28.5	30
					65	1.69	24.7	24
					30	2.49	18.2	18
			50	18.6	200	1.31	29.2	30

表 13.2 各種仕上材の中性化率[2]

分　類	分類別中性化率*	仕上げの種類	種類別中性化率**
複　層　塗　材	0.32	複層塗材 E	0.22
		複層塗材 RE	0.30
		防水形複層塗材 E***	<u>0.40</u>
		防水形複層塗材 RE	0.08
		可とう形複層塗材 CE	0.00
		防水形複層塗材 RS	0.00
薄付け仕上塗材	1.02	外装薄塗材 E	1.02
		可とう形外装薄塗材 E	0.86
		防水形外装薄塗材 E	0.68
厚付け仕上塗材	0.35	外装厚塗材 C	0.31
		外装厚塗材 E	0.35
塗　膜　防　水　材	0.10	アクリルウレタン系	0.00
		アクリルゴム系	<u>0.12</u>
		アクリル系	<u>0.32</u>
		ウレタンゴム系	0.00
		外装塗膜防水材	0.09
		ウレタン系	0.00
塗　　　料	0.81	エナメル塗り	0.12
		エマルションペイント塗り	0.64
		ワニス塗り	0.81
下　地　調　整　材	0.87	セメント系 C-1	0.61
		セメント系厚塗材 CM-1, 2	0.87
		合成樹脂エマルション系 E	0.29

　＊　数字は中性化率の最大値を示す.
　＊＊　種類別中性化率のうち, 分類別中性化率で外れ値となったものには下線を引いた.
　＊＊＊　促進試験で所定の 1/2 の厚さで試験したものもあるため, 安全側の数値である.

13.2.2　表面仕上について

　JASS 5 では, 計画供用期間の級が短期を除き, 耐久性上有効な仕上材を施した場合, 屋外側の最小かぶり厚さを 10 mm 減じることができる. これは, コンクリートの表面に仕上材を施すことによって, コンクリートの劣化因子である大気中の炭酸ガスや塩分の侵入を遮断もしくは低減することができるためである. しかしながら表 13.2 に示すように, コンクリートの表面仕上材にはさまざまな種類が存在し, コンクリートの中性化の進行を抑える効果を示す中性化率 (無仕上に対する中性化速度の比. 値が 0 に近いほど抑制効果が高く, 1 に近いほど抑制効果が小さいことを意味する) は仕上材の種類によって大きく異なり, 十分な抑制効果を持たないものも存在している. JASS 5 では, 有効な仕上材として, 中性化率が 0.6 以下を目安としている.

　このように鉄筋コンクリート造の耐久性を確保する手段として, 計画供用期間の級によって異なるが, (1) コンクリートの強度を下げてかぶり厚さを増す, (2) 有効な仕上を施してかぶり厚さを減じるという手法が存在する. かぶり厚さを変化

表 13.3 飛来塩分量による塩害環境の区分[2]

塩害環境の区分	飛来塩分量（NaCl）	地域と立地条件の例*
重塩害環境	25 mdd を超える	・日本海側，沖縄県全域，伊豆諸島・奄美諸島などの離島部などの地域で，汀線から 20 m 程度の範囲．
塩害環境	13 mdd を超え 25 mdd 以下	・日本海側，沖縄県全域，伊豆諸島・奄美諸島などの離島部などの地域で，汀線から 20〜70 m 程度の範囲． ・東北地方の太平洋側の地域で，汀線から 20 m 程度の範囲．
準塩害環境	4 mdd 以上 13 mdd 以下	・日本海側，沖縄県全域，伊豆諸島・奄美諸島などの離島部などの地域で，汀線から 70〜150 m 程度の範囲． ・東北地方の太平洋側の地域で，汀線から 20〜100 m 程度の範囲． ・オホーツク海側，太平洋側，九州地方の東シナ海側の地域で，汀線から 50 m 程度の範囲．

mdd は，飛来塩分量の単位 mg/dm²/day の意味で，1 dm＝0.1 m．
* 建築物が遮蔽物で囲まれて海に面していない場合，重塩害環境は塩害環境に，塩害環境は準塩害環境に，準塩害環境は海水の作用を受けるコンクリートの対象外と考えてよい．

表 13.4 最小かぶり厚さと耐久設計基準強度[2]

塩害環境の区分	計画供用期間の級	最小かぶり厚さ[mm]	耐久設計基準強度[N/mm²]	
			普通ポルトランドセメント	高炉セメント B 種
塩害環境	短期	50 60	36 33	33 30
準塩害環境	短期	40 50*	30 24*	24 21*
	標準	40 50 60*	36 33 30*	33 30 24*
	長期	50 60*	36 33*	33 30*

* 海中にある部分に適用する．

させることは，コンクリート使用量を変化させるだけではなく建築物の重量変化を伴うため，耐震性にも影響を与えることになる．したがって，使用する材料量の変化による材料コスト（天然資源の利用や製造に伴うエネルギーの使用も含む）の変化だけでなく，耐震設計ならびに維持保全計画も含めた総合的な評価によって最適な方法を選定する必要がある．

13.3 JASS 5 における特殊な劣化作用環境下の耐久設計

JASS 5 では特殊な劣化作用として，海水の作用と凍結融解作用を受ける環境下の基準をそれぞれ設けている．その他の特殊な劣化作用は特記事項として取り扱っている．

13.3.1 海水の作用を受ける場合

海水の作用を受ける環境は，表 13.3 に示すよ

うに，飛来塩分量によって重塩害環境，塩害環境，準塩害環境に区分される．地域によって異なるが，それぞれおおよそ汀線から 20 m までの範囲，20〜70 m の範囲，70 m 以上の範囲に相当する．

塩害環境下におけるかぶり厚さは，表 13.4 に示すように耐久設計基準強度によって異なるが，一般環境下に比べて 20〜40 mm は厚くする必要がある．さらに，これらより厳しい重塩害環境の場合や表に示された以上の長期を計画する場合，①コンクリートの表面に有効な表面被覆材を施す，②鉄筋に防錆処理を施す，または耐食鉄筋を使用するという対策を行う必要がある．

コンクリートの遮塩性能は，一般に塩化物イオンの**拡散係数***によって表される．一般にコンクリートの強度が高く，組織が緻密であるほど塩化

---

* コンクリート中の塩化物イオンの拡散のしやすさを表す値．値が大きいほど塩化物イオンが内部に浸透しやすいことになる．

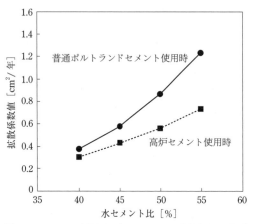

図13.4 セメント種類別の水セメント比と拡散係数の関係[2]

物イオンが侵入しにくくなるため，図13.4に示すように水セメント比が小さいほど，拡散係数は小さな値を示す．また高炉セメントは遮塩性が高く，塩害環境におけるコンクリートには適している．このように遮塩性を確保するために，塩害環境下の水セメント比の最大値は，表13.5に示すように，一般の環境下よりも低い値が定められている．

塩化物イオンの拡散係数は式 (13.2) および式 (13.3) で求めることができ，塩化物イオンの浸透量は式 (13.4) のフィック (Fick) の拡散方程式を用いて予測される．

普通ポルトランドセメントを使用する場合：
$$D = 0.65 \times 10^{(-3.9(W/C)^2 + 7.2(W/C) - 2.5)} \quad (13.2)$$

高炉セメントを使用する場合：
$$D = 10^{(-3.0(W/C)^2 + 5.4(W/C) - 2.2)} \quad (13.3)$$

ここに，D：コンクリート中での塩化物イオンの拡散係数 [cm^2/年]，W/C：水セメント（結合材）比．

$$C = C_0 \left(1 - erf\left(\frac{x}{2\sqrt{D \cdot t}}\right)\right) \quad (13.4)$$

ここに，t：経過時間 [年]，x：コンクリート表面からの距離 [cm]，C：距離 x [cm] における経過時間 t [年] での塩化物イオン量 [kg/m^3]，C_0：コンクリート表面の塩化物イオン量 [kg/m^3]，D：見かけの拡散係数 [cm^2/年]，erf：誤差関数．

13.3.2 凍結融解作用を受ける場合

凍害は，コンクリート中の水分が凍結融解を繰り返すことで，凍結時の膨張圧によるダメージが蓄積し，コンクリートが**スケーリング**や**ポップアウト**を生じて劣化する現象である．

凍害の危険度については，図13.5に示すような分布図が示されている．JASS 5では次式の凍結融解作用係数（値が大きいほど凍害の危険度が高い）という指標値を定め，対策の目安としている．

(凍結融解作用係数) = −(最低気温) × (日射係数)
                    × (部材係数) (13.5)

表13.6および表13.7にその式中の日射係数と部材係数の参考値を示す．日射に関しては鉛直面より水平面のほうが，また鉛直面では北面よりも南面のほうが係数の値が高く，凍害を生じやすいことを意味している．つまり，凍結融解を繰り返しやすい部位のほうが凍害を生じやすいといえる．部材に関しては，水が供給される箇所のほうが凍害を生じやすい．

凍害の対策としては，AEコンクリートとして適切な空気量を確保することが基本であり，空気量の下限値が 4.0％（品質基準強度が 36 N/mm^2 の場合は 3.0％）と規定されている．つまり，一般のコンクリートより 1.0〜1.5％ 高めの空気量を確保することになる．ただし凍結融解に対しては粗大な**エントラップトエア**（巻き込み空気）は効果がなく，AE剤などによる微細な**エントレインドエア**（連行空気）が有効とされ，その評価には**気泡間隔係数**[*1] が目安として使用される．また適

表13.5 塩害環境下の水セメント比の最大値[2]

塩害環境の区分	水セメント比の最大値 [%]	
	普通ポルトランドセメント	高炉セメントB種
塩害環境	45	50
準塩害環境	55	60

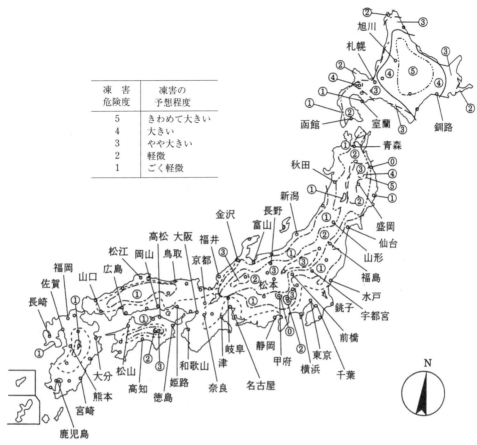

図13.5 凍害危険度の分布図[2]

丸数字は凍害危険度を表す．
凍害重み係数 $t(A)$：良質骨材，または AE 剤を使用したコンクリートの場合．
コンクリートの品質がよくない場合には，◯内の地域でも凍害が発生する．

表13.6 日射係数の参考値[2]

部材の方位		日射係数
水平面		1.5
鉛直面	南　面	1.5
	東西面	1.3
	北　面	1.0

切な空気量が確保されていれば，強度は高いほうが凍結融解抵抗性は高いため，JASS 5 では凍結融解作用を受けるコンクリートの場合，一般のコンクリートに比べて耐久設計基準強度を 3 N/mm² 高くしている*2．ただし人工軽量骨材などの吸水率が高い骨材を使用すると，耐凍害性が低下することがあるため注意が必要である．

凍結融解抵抗性の評価は，JIS A 1148「コンクリートの凍結融解試験方法」の A 法（水中凍結水中融解法）によって行われる．この凍結融解試験 300 サイクルにおける相対動弾性係数が開始時に対して 85％以上を確保する必要がある．

13.4 耐久設計指針における耐久設計

13.4.1 限界状態の設定

耐久設計指針では，前述したように，考慮する劣化現象として中性化，塩害，凍害，アルカリシリカ反応，化学的浸食およびその他があり，それらに対する劣化外力を検討し，設計耐用年数の期間内に設計限界状態を超えないことを基準にしている．その設計限界状態は表 13.8 に示すように，

---

*1 コンクリート組織中の気泡の平均的な間隔を示す値．値が小さいほど，小さな気泡が密接して存在することを意味し，耐凍害性は高い．
*2 計画供用期間の級が短期と標準のみ．その他は特記事項となる．

表 13.7 部材係数の参考値[2]

水分の供給程度による部材条件	対象となる部材，部位の例	部材係数
水と接した状態で凍結融解作用を受ける部位	軒先，ベランダ，ひさし，パラペット，笠石・笠木などの突出部，屋外階段など	1.0
比較的水分供給の多い部位	一般的な水平部材（防水押えなど），斜め外壁，開口部まわり，排気口下部など	0.8
水掛かりの少ない部位	一般的な外壁面など	0.3

表 13.8 性能と限界状態[1]

性能	評価項目	設計限界状態	維持保全限界状態
構造安全性	軸方向耐力	設計軸力以下	軸方向耐力の低下
	曲げ耐力	設計曲げモーメント以下	曲げ耐力の低下
	せん断耐力	設計せん断力以下	せん断耐力の低下
使用性	使用安全率	コンクリート・仕上材の浮き・剥落の発生	コンクリート・仕上材に浮き・剥落のおそれのあるひび割れの発生
	漏水	漏水の発生	漏水につながるおそれのあるひび割れの発生
	たわみ	設計用たわみ以上	たわみの増加
	振動	振動の限界値に到達	固有振動数・変位振幅の変化
修復性	修復費用	便益超過状態に到達	計画的な修復費用に到達

表 13.9 性能検証型一般設計法における設計および維持保全限界状態[1]

劣化要因	設計限界状態	維持保全限界状態
中性化	最外側鉄筋の 20%が腐食状態に達したとき	最外側鉄筋の 3%が腐食状態に達したとき
塩害	最外側鉄筋の 20%が腐食状態に達したとき	コンクリート中の塩化物イオン量が鉄筋を腐食させる量に達したとき（鉄筋位置の塩化物イオン量 0.6 kg/m³）
凍害	使用安全性上問題のあるスケーリング・ひび割れを生じたとき（スケーリング深さ 10 mm）	耐久性上問題のあるスケーリング・ひび割れを生じたとき（スケーリング深さ 5 mm）
アルカリシリカ反応	0.3 mm 以上の膨張ひび割れを生じたとき	膨張ひび割れを生じる状態となったとき
化学的浸食	ひび割れ，剥離，表面劣化および強度低下などを生じる状態となったとき	

括弧内は各劣化外力の影響が不明な場合の基準値

性能の区分として構造安全性，使用性および修復性があり，それぞれの評価項目ごとに基準が示されている．この設計限界状態を超えた場合は補修が困難になることから，それより以前の段階として維持保全限界状態を設定し，それに達した時点で補修を行うことになる．構造物の維持保全限界状態は，劣化の進行が各種性能に影響を与える段階に達すると，その後急激に性能の低下が進行することから，各性能が低下し始める時点とされている．

性能検証型一般設計法では，表 13.9 に示すように，劣化要因ごとに設計限界状態および維持保全限界状態を設定している．

13.4.2　コンクリートの材料および調合に関する条件

耐久設計指針では設計耐用年数は一般環境地域で 100 年（JASS 5 の計画供用期間の級の長期に相当），塩害および化学的浸食環境地域で 65 年を標準とし，JASS 5 より長めの期間を想定している．そのためコンクリートの使用材料や調合について，混合セメントを A 種に限定し，回収骨材および回収水の使用を不可とするなど，標準仕様選択型設計法においては JASS 5 の長期と同様の

条件であり，初期のコンクリートの性能に関する条件の緩和は行われていない．したがって，構造物のライフサイクルコストにおいて，コンクリートのイニシャルコストの抑制効果を生かすためには，性能検証型一般設計法または性能検証型特別設計法による設計を行う必要がある．

13.5 コンクリート構造物を長く使用していくために

以上のように，コンクリート構造物を長く使用していくためには，良質なコンクリートを使用した耐久性の高いコンクリート構造物の建築と，適切な維持保全がきわめて重要といえる．耐久性の高いコンクリート構造物の建築には，コンクリートの代表的な劣化要因に対して，AE コンクリートを密実になるように入念に施工し，表面からの劣化の因子を遮断できる有効な表面仕上を施すことが有効であるといえる．ただし上記は構造躯体を中心に述べたもので，非構造部や設備などは容易に補修や交換が行えるようにすることが重要であり，さらに時代の変化にも対応できるような**スケルトンインフィル**のようなプランニングも必要である．また，単にコンクリート構造物を長寿命化するだけではなく，環境負荷低減のためにはフライアッシュや高炉スラグなどの産業副産物を積極的に活用するとともに，再生骨材などとしてコンクリートをリサイクルしていくことが必要である．

適切な維持保全には，設計当初から保全計画を立てるとともに，構造体や仕上材に汚れ，浮き，剥離，ひび割れ，漏水，変形などの変状が生じたり進行していないかどうか日常点検および定期点検を行い，必要に応じて調査，診断，補修を行えばよい．ただし診断において設計図書，施工記録や点検記録などが貴重な判断材料になることが多く，これらの記録の保管は非常に重要といえる．

■参考文献

1) 日本建築学会：鉄筋コンクリート造建築物の耐久設計施工指針・同解説 (2016).
2) 日本建築学会：建築工事標準仕様書・同解説 鉄筋コンクリート工事 (2015).
3) 土木学会：コンクリート構造物の耐久設計指針（案）(1995).
4) 日本コンクリート工学会：鉄筋コンクリート構造物の耐久性設計に関する考え方 (1991).

14. 材料試験

建築系の大学や工業高等専門学校の授業において材料試験を実施することの大きな意義は，教室や書籍で学んだ各種の材料や測定機器に実際に触れ，それらが有する特徴を体験的に知ることにある．将来，設計や施工に関わらず建築技術者として実務に従事するようになったとき，建築材料を具体的にイメージできる能力は，どの職種であっても重宝することであろう．工学的な特性はもちろん，材料がもつ独特の質感や雰囲気は，文献を読んだり眺めたりしているだけでは十分に感じ取ることができない．実際に触れたり壊したりすることで，その理解はいっそう深まるはずである．

材料試験においては，試験を実施すること自体が目的になることはまずない．その大半は，目的に応じた材料の評価をするためである．したがって，目的に適った試験の計画を立てるのはもちろん，試験の結果や考察を報告書にまとめることによって，はじめて目的が達成されるといえる．特に材料試験を伴う卒業論文や修士論文では，試験の計画・実施・評価のほか，多くの場合は計画を修正して改めて試験をするといった改善も必要であろう．目的の達成はもちろん，研究の完成度を高めるためにも，いわゆるデミングサイクルを意識しながら試験に臨むことが求められる．

本章では，材料試験の考え方を整理するとともに，建築材料の中でも代表的な構造材料である鉄鋼材料，木材およびセメント・コンクリートに関する試験項目のうち基本的なものについて，その方法や留意すべき点のほか，第13章で述べられている耐久性に関する試験についても概説する．そのほか，報告書の作成についても述べる．

14.1 材料試験の考え方

建築に使用される材料は，すべて目的に適した化学的性質，物理的性質，力学的性質および変質現象に対する抵抗性を有するものである必要がある．ここでいう目的とは，建築物に要求される性能によって決まるものである．すなわち材料試験とは，建築物の性能設計に適った材料を選定するための基礎データを収集することであるといえる．さらに掘り下げると，規格や目的に対する適用性を調べるための試験と，使用状態における材料の諸性質を調べる試験とに大別される．これらの結果は，建築材料の用途への適否の判断のほか，選定のための比較にも利用される．

同一の建築材料であっても，試験や評価の方法によって結果が異なるのは当然のことである．これを共通の尺度とするためには，試験方法の標準化，すなわち誰がどこで実施しても同じ結果を得ることができる仕組みが必要である．わが国においては JIS（日本工業規格），JASS（日本建築学会 建築工事標準仕様書），JAS（日本農林規格）などの規定に従って実施されることが多い．現在では試験方法の国際化が急速に進められており，JIS 規格も国際規格である ISO（International Organization for Standardization）に準拠した構成になっている．

14.2 試験を実施するにあたっての準備

試験の目的を明確にすることが重要である．授業の中では，準備された材料が JIS 規格に適合するかどうかを確認することが多い．一方，ゼミナールや卒業論文などでは，研究開発のための試験や実験となるであろう．いずれにしても試験の前に結果をあらかじめ想像しておくことで，材料に対する理解や結果の分析がいっそう深まる．また建築材料の試験に限らず，試験や実験には客観性や再現性が求められることから，使用した材

料，機器，条件や手順などをあらかじめ明らかにし，事前に整理しておくことが必要である．

以下は，試験の実施にあたって必要な試料，道具および測定機器，誤差の取扱いについて重要なポイントを概説するとともに，安全に対する心構えについて述べる．

a. 試料の取扱い

試料は対象となる材料を代表するものであるため，採取については細心の注意を払わなくてはならない．粉体や粒体の場合は十分に撹拌し，四分法や縮分器を用いるなどして，極力偏りを少なくするよう心がける．たとえば，JIS A 1115：2014に規定されるフレッシュコンクリートの試料採取方法を読み込むと，サンプリングについて理解を得ることができよう．

b. 道具および測定機器の取扱い

試験の精度を決めるのは，使用する道具の精度であるといっても過言ではない．使用する道具は，使用前に変形や異物の付着がなく清浄なものを使用する．道具を大切に扱うということは，単に長持ちさせるだけではなく，精度を高めるという意味でも非常に重要なことである．

測定機器には万能試験機，精密はかり，ノギスなどさまざまなものがあるが，要求される精度にあったものを使用する．使用は正規の手順に従って行い，使用の前後に異常がないかを確認する．また，暖機やキャリブレーションを怠ると機器の精度低下や危険につながるため必ず実施する．

c. 誤差の取扱い

厳密にいえば，試験の結果には誤差が含まれる．したがって，この影響をいかに抑えるかを考えることが試験の肝となる．誤差にはさまざまな種類があり，理論的誤差，機械的誤差，個人的誤差といった系統的な誤差のほか，偶然誤差や過失誤差などがあると考えられている．理論的誤差は試験方法を見直すこと，機械的誤差は機器類の点検などによって抑えることができる．個人的誤差は，測定回数と測定者数を増やすことで少なくすることができる．信頼性の観点からは，同じ試験を最低でも 3 回以上実施することが望ましい．2回の試験では，試験値が大きく異なった場合，ど

ちらの値が真の値に近いのかを判断できない．過失誤差であれば，熟練と注意によって防止できる．しかしながら，偶然誤差のように原因不明の偶然的に生ずる誤差については，結果を平均値で表すだけでは不十分で，標準偏差や変動係数を算出するなどして，統計的に処理することが必要となる．

d. 安全対策

安全の基本は整理，整頓，清掃，清潔の 4S と呼ばれる．これらの徹底は，作業者や第三者の安全確保はもちろん，試験の精度や作業効率にも影響する．また，作業者は適切な服装（作業着，作業帽，安全靴）を身につけ，回転工具を用いる際には軍手を使わないなど，作業に応じて適切な保護具を使用する．

建設現場で日常的に行われている作業前の危険予知活動は，注意喚起の観点からも有効であるので，ぜひ実施してほしい．

14.3　各種材料の試験

以下の内容は主に JIS 規格の試験の抜粋であり，実施にあたっては最新版の JIS 規格を確認し，その内容に従って試験することが原則である．

14.3.1　鉄鋼材料

鉄鋼材料をはじめとする金属の力学的性質を調べるための基本的な試験が引張試験である．圧縮特性は，座屈がなければ引張特性と同じであるとみなしてよい．そのほか曲げ加工による変形能を調べるための曲げ試験，材料の脆性的な性質の目安を得るための衝撃試験，内部欠陥の探査を目的とする非破壊試験など，鉄鋼材料に関する試験方法は多岐にわたる．

(1) 引張試験（JIS Z 2241：2011）：棒材，板材，管材などの種類や径・厚さなど寸法に応じて試験片の形状寸法が規定されており，その一部を図 14.1 に示す．試験片は，伸びの測定の基準となる標点をポンチやけがき針で記し，規定のつかみ間隔で試験片両端部を偏心がないようにチャックで固定したうえ，一様に引張荷重を加える．

代表的な鋼材の応力度-ひずみ度曲線は図 14.2のように示される．フックの法則に従う初期の線

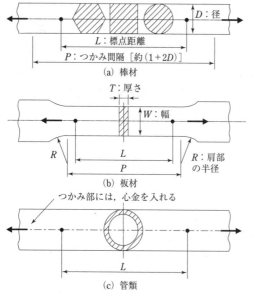

図14.1 金属の引張試験片

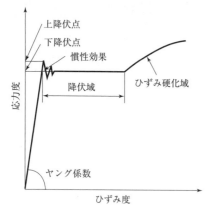

図14.2 鋼材の引張応力度-ひずみ度曲線

形弾性域，一定の応力度のままでひずみ度のみが増加する降伏域，ひずみ度の増加とともに再び応力度が上昇するひずみ硬化域を経たのち，最大応力度に達し，試験片の一部にくびれが生じて破断に至る．

評価は，降伏開始直前のピーク荷重，降伏域における一定荷重および最大荷重を原断面積（試験前の面積）で除し，それぞれ上降伏点，下降伏点および引張強度を求める．また引張試験終了後，試験片の両破断面の中心線が一直線になるように破断面を突き合わせ，そのときの標点間の距離と最小断面積を測定し，破断伸びおよび絞りを求める．なお破断伸びは，破断前後の標点距離の差（伸び）を元の標点距離で除した比［％］，絞りは，原断面積と破断後の最小断面積の差を原断面積で除した比［％］である．

載荷速度は，ひずみ度増加率を毎分20〜80％になるよう調整する．

(2) 曲げ加工における変形能を調べるための曲げ試験（JIS Z 2248：2014）：折り曲げ方により，押し曲げ法，巻き付け法，Vブロック法がある．図14.3に巻き付け法の一例を示す．規定の内側半径と曲げ角度で試験片を折り曲げたときの湾曲部外側の裂け傷やその他の欠陥の有無により，曲げ加工性を判定する．

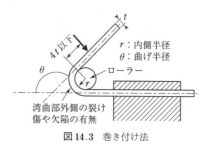

図14.3 巻き付け法

14.3.2 木 材

木材については圧縮（全体および部分圧縮），引張，曲げ，せん断試験などが規定されている．木材は含水率によって諸性質が大きく変化するため，所定の含水率を保持しながら（標準状態と気乾状態）試験する必要がある．

標準状態の試験では試験片が平衡含水率（12±1.5％）となるように，気乾状態の試験では含水率が11〜17％となるように含水率の調整と試験室内の温湿度が規定されている．また木材は繊維方向によって力学的な振舞いが異なるため，載荷方向が重要となる．圧縮・引張試験では，載荷方向と繊維方向が平行の場合を縦圧縮・縦引張，垂直の場合を横圧縮・横引張と区別している．

(1) 圧縮試験（JIS Z 2101：2009）：辺長 $a=20〜40$ mm，高さ h が縦圧縮の場合 $h=(2〜4)a$，横圧縮の場合 $h=2a$ の正方形断面の長方形の試験片を用い，鋼製の加圧板を介して両端から圧縮荷重を加える．

載荷速度は，圧縮応力度の増加率が縦圧縮の場合は毎分 9.8 N/mm² 以下，横圧縮の場合，軟材では毎分 0.49 N/mm² 以下，硬材では毎分 1.5

N/mm^2 以下に調整する．

評価は，比例限度荷重および最大荷重を断面積で除し，それぞれ圧縮比例限度および圧縮強度を求める．なお比例限度荷重や圧縮ヤング係数を求めるためには，軸方向の縮み量を変位計によって測定する必要がある．

(2) **部分圧縮試験**（JIS Z 2101：2009）：図 14.4 に示すように，圧縮荷重を受ける柱と土台などの仕口における木材のめり込み強度を評価するための試験である．辺長 $a=20\sim40$ mm，材長 $L=3a$ 以上の正方形断面の直方体の試験片を用い，その中央部上面に所定寸法の鋼製加圧板を置き，木材の繊維方向に垂直に圧縮荷重を局部的に加える．

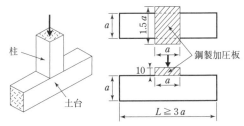

図 14.4 部分圧縮試験［単位：mm］

(3) **引張試験**（JIS Z 2101：2009）：縦および横引張で試験片の形状寸法が異なる．図 14.5 に縦引張試験片を示す．金属の引張試験と同様，両端部を偏心がないようにチャックで固定し，一様に引張荷重を加える．軟材の場合はつかみ部分のめり込みや切断を防ぐため，堅い添え木を接着剤や木ねじで取り付けておく．

載荷速度は，引張応力度増加率が縦引張の場合で毎分 20 N/mm^2 以下，横引張の場合で 0.49 N/mm^2 以下（軟材）または 1.5 N/mm^2 以下（硬材）となるように調整する．

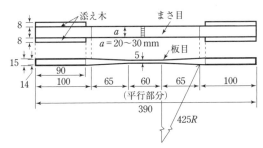

図 14.5 縦引張試験片［単位：mm］

評価は，比例限度荷重および最大荷重を試験片の最細部の断面積で除すことにより，引張比例限度および引張強度を求める．なお比例限度荷重や引張ヤング係数を求めるためには，試験片の伸び量を変位計により測定する必要がある．

(4) **曲げ試験**（JIS Z 2101：2009）：辺長 $a=20\sim40$ mm，材長 $L=16a$ の正方形断面の直方体の試験片を用い，図 14.6 に示すようにスパン中央に集中荷重を加え（二等分点曲げ），荷重-スパン中央変位曲線を測定する．なお木材の繊維方向は，載荷方向に垂直になるようにする．また載荷点のめり込みを少なくするために，鋼製加圧板の加圧面は緩やかな曲面とし，支持には局部圧縮を防ぐために鋼板を挟む．

図 14.6 曲げ試験

評価は，式 (14.1) に示す曲げヤング係数，曲げ比例限度，曲げ強度などを求める．

$$\left. \begin{array}{l} E_b = \dfrac{\Delta P l^3}{48\, I\, \Delta y} \\[4pt] \sigma_{bp} = \dfrac{\Delta P_p l}{4\, Z} \\[4pt] \sigma_b = \dfrac{P l}{4\, Z} \end{array} \right\} \quad (14.1)$$

ここに，E_b：曲げヤング係数 [N/mm^2]，σ_{bp}：曲げ比例限度 [N/mm^2]，σ_b：曲げ強度 [N/mm^2]，P_p：比例限度荷重 [N]，P：最大荷重 [N]，l：スパン長さ [mm]，Z：引張縁の断面係数 [mm^3]，I：断面二次モーメント [mm^4]，ΔP：比例域における荷重増分 [N]，Δy：ΔP に対応するたわみ増分 [mm]．

載荷速度は，曲げ応力度増加率が毎分 15 N/mm^2 以下になるよう調整する．

(5) **せん断試験**（JIS Z 2101：2009）：木材のせん断強度は圧縮や引張強度に比べて小さく，図 14.7 に示す合掌と陸梁の仕口のように，接合部のせん断破壊が問題になる場合が多く，せん断試験

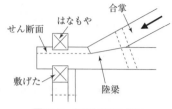

図14.7 合掌と陸梁の仕口

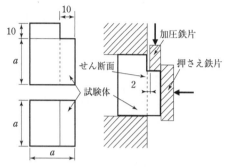

図14.8 せん断試験[単位：mm]

が重要となる．

せん断試験は，図14.8に示す形状寸法の試験片を用い，切り込みのない側の両端を固定し，せん断面から2mmのクリアランスをとって，切り込み部分に加圧鉄片を介して荷重を加える．そのとき，曲げの影響を少なくするために，側面を押さえ鉄片で締め付ける．ただし，締付けが強すぎると，摩擦力によりせん断強度が過大に評価されてしまうので留意する．試験は，せん断面がまさ目および板目のそれぞれについて実施し，最大荷重をせん断面積で除してせん断強度を求める．

載荷速度は，せん断応力度増加率が毎分5.9 N/mm² 以下（軟材），または毎分9.8 N/mm² 以下（硬材）になるよう調整する．

14.3.3 セメント・コンクリート

a. セメントおよび骨材

コンクリートの材料となるセメントおよび骨材（細骨材・粗骨材）の試験は，材料の適性を評価するためのものであるが，コンクリートの調合設計を行うために必要な物性値を測定するためにも重要である．ここでは，コンクリートの調合設計に関連する試験項目について概説する．

(1) **セメントの密度試験**（JIS R 5201：2015）：セメントの密度試験は，質量を測定したセメントを鉱油の入ったルシャトリエフラスコへ投入し，その体積の増加分から体積を求めることで算出する．ポルトランドセメントは接水することで水和反応が生じて体積が変化するため，必ず脱水した鉱油を用いる．また，鉱油は温度変化による体積変動が激しいため，試験中の水槽の水温差は0.2℃を超えてはならない．セメントをルシャトリエフラスコへ投入する際に空気を巻き込んでしまうため，フラスコ下部をゴムマットの上で弧状に往復運動させるなどして追い出すとよい．

(2) **セメントの強さ試験**（JIS R 5201：2015）：セメントの強度はコンクリートの強さに直接影響する重要なものである．

モルタルの調合は，質量比でセメント1，標準砂3，水0.5とする．練り混ぜ後，成形用型枠へテーブルバイブレーターを用いてモルタルを締め固める．試験片は翌日脱型し，試験材齢（1, 3, 7, 28および91日）まで養生した後，断面40×40 mm，長さ160mmの角柱の曲げ試験を行う．そして，曲げ試験に用いた試験片の両折片を用いて圧縮試験を行う．なお，試験片は作製したときの側面を加圧面とする．

(3) **骨材の粒度試験**（JIS A 1102：2014）：骨材のふるい分け試験は，細骨材用または粗骨材用の一組の標準網ふるいを用いて骨材の粒度分布，粗粒率および最大寸法を求める．コンクリートの調合は，使用する骨材の粒度分布によって異なる．粒度分布が適切でない骨材を使用したコンクリートは，ワーカビリティーや強度，耐久性などが劣るため，適切な粒度分布になるように粒度を調整するか，骨材を変更するなどの対応が求められる．

(4) **骨材の密度・吸水率試験**（JIS A 1109：2006・1110：2006）：骨材の密度と吸水率は互いに関連しており，強度をはじめとする品質判定の目安となる．

密度とは試料の質量を体積で除した値であり，吸水率とは絶乾状態の質量に対する吸水量の割合を示す．特に密度については，炉乾燥状態における絶乾密度および表面乾燥飽水状態（以下，表乾

状態）における表乾密度の二つを測定する．

粗骨材は粒径が大きく，容易に表面水を拭い取ることができるため，表乾状態とすることは容易である．一方，細骨材は一粒ずつ表面水を拭き取ることが困難であることから，試料をフローコーンに詰め，25回突いた後でコーンを引き抜き，はじめてスランプしたときを表乾状態と定義している．

体積の測定は，粗骨材の場合，試料を挿入した網かごを水中に沈め，吊ったときの質量を測定することで，浮力から体積を求める．細骨材の場合，表乾状態の試料をキャリブレーション済みのフラスコ内に入れ満水とし，差し引かれた水量から体積を算出する．

(5) 骨材の単位容積質量および実積率（JIS A 1104：2006）：一定の容器に骨材を満たし，その質量と容積から単位容積質量および実積率（単位容積あたりの骨材充填率）を算出する．

水セメント比説によれば，セメントペーストは骨材どうしを接着する「糊」の役目を果たし，この「糊」の強度によってコンクリート強度は決定するといわれている．したがって，糊強度（ペースト強度）以上に強い骨材を使用することにしておけば，骨材量は「増量材」のようなもので，適当量を加えておけばよいことになる．しかしコンクリートにはワーカビリティー，強度，耐久性，耐水性や耐摩耗性などの諸性能も必要になるため，適切な粒度分布や粗粒率，質量や実積率を有することも必要となる．

b．フレッシュコンクリート

実験室でコンクリートを練り混ぜる方法はJIS A 1138：2005に規定があり，材料の計量，混練時間などの取扱い方も含まれている．主な注意点は，セメントは接水した時点から水和反応が始まるので，コンクリートを練り始める前に手順や役割分担を明らかにし，円滑に試験を完了できるように前もって準備しておくことである．また，試料に接するスコップ，練り板，スランプコーンなどは，あらかじめ濡れた布で拭い，コンクリートの練混ぜ水が吸われないように管理をすることも大切である．ミキサーから練り板にあけたコンクリートは多少分離しているので，スコップで切り返し均等にすることも忘れてはならない．

(1) スランプ試験（JIS A 1101：2014）：コンクリートのコンシステンシーを測定するための試験である．一般的には，練り上がったコンクリートのスランプ試験と目視観察によってワーカビリティーを評価している．スランプ値の測定だけでなく，均質性，流動性，可塑性などを観察することも必要である．

水密性平板にスランプコーンを据え，コーンを垂直に押さえつけた状態で試料をコーンの1/3ほど入れ，突き棒で25回突く．これを3回繰り返しコーンがコンクリートで満たされたら余剰のコンクリートを撤去しコテで上面をならす．コーンを挟み込むように両足を開き，3秒間でコーンを垂直に引き抜き，上面の下がりを0.5cm単位で測定する．コンクリートが一方に傾いて崩れるようであれば，新しい試料を用いて再度試験をする．なお，スランプを測定したあとのコンクリートを突き棒で叩くことにより，分離の程度やワーカビリティーの良否を観察することができる（図10.8参照）．

(2) 空気量試験（JIS A 1128：2014）：コンクリートの空気量を測定する方法として，質量法，容積法および空気室圧力法の3種類がある．図14.9に，空気室圧力法に用いるエアメーターの一例を示す．試料容器に3層に分けて試料を詰め，それぞれ突き棒で25回突き，容器側面を木づ

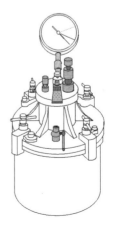

図14.9 エアメーター

ちで叩く．余剰の試料をかき取って上面を平坦にした状態で密閉するように蓋を取り付け，容器内が水で満たされるまで注水し，すべての弁を閉じる．手動ポンプで空気を送り，約5秒後に空気弁作動レバーを押し下げて十分に開く．この際，作動レバーを元の位置に戻し，容器の側面を木づちで軽く叩いてから圧力計を読み取る．この見かけの空気量から骨材修正係数を差し引いたものが空気量となる．

c. 硬化コンクリート

コンクリートの場合，圧縮強度が構造計算に用いられる代表的な特性値であり，圧縮試験が最も重要なものである．その他，曲げ試験や引張試験などの規定もある．

コンクリートの強さは乾燥・湿潤状態で変化するため，強度に関する試験では共通して，水中養生直後に試験するよう注意しなければならない．また，水中から取り出した供試体に付着した余剰水は，吸水性の高いウエスなどで拭き取ることになるが，乾燥したウエスをそのまま使うのではなく，供試体ごとに一度濡らしたウエスを毎回固く絞って使うようにすると，乾燥状態のばらつきを減らすことができる．些細なことに感じるかもしれないが，このような心がけの積み重ねが，試験精度の向上にもつながることを忘れてはならない．

(1) 圧縮試験（JIS A 1108：2006）：日本では直径と高さの比が1：2の円柱供試体を用いることになっている．そのほか，角柱供試体を用いた強度試験方法もあるが，これは曲げ試験後の折片を用いて圧縮強度を測定するものであり，この場合の供試体は立方体となる．

供試体の高さについては，同品質のコンクリートで供試体寸法が同程度の場合，立方供試体のほうが円柱供試体よりも高い圧縮強度となる．これは，加圧板と接触する供試体側面の摩擦力により端部付近で三軸圧縮応力状態となり，太短いプロポーションになると，その影響が供試体の中心部分に及び，一軸圧縮応力状態で評価されるべき圧縮強度が見かけ上大きくなるためである．

そのほか，供試体寸法，供試体上面のキャッピングや研磨による仕上げ面の平面度，載荷速度が次のように規定されている．

- 供試体の直径は，粗骨材最大寸法の3倍以上かつ100 mm以上とする．
- 仕上げ面の平面度は0.05 mm以内とし，キャッピングの場合，その厚さは極力薄くする（2～3 mm程度）．ここで平面度とは，平面部分で最も高いところと低いところの水平面間の距離をいう．
- 載荷速度は，圧縮応力度の増加が毎秒0.6±0.4 N/mm²に収まるよう載荷する．載荷速度が高くなるほど，圧縮強度は真の値より高くなる．

(2) 割裂引張試験（JIS A 1113：2006）：圧縮試験と同様に円柱供試体を用いる．図14.10に示すように供試体を横置きにし，加圧板を介して直径方向に圧縮の線荷重を加える方式の割裂引張試験が規定されている．コンクリートの場合，供試体端部をつかんで引張る方式の直接引張試験が困難なためである．

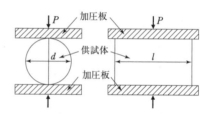

図14.10 割裂引張試験

コンクリートは，線荷重を加えた面に沿ってひび割れが入り，二つに割れて破壊する．そのとき，破断面に垂直方向の引張応力度は，線形弾性論により式(14.2)で与えられるので，最大荷重の測定値をそのままその式に代入することによって，引張強度が求められる．

$$\sigma_t = \frac{2P}{\pi dl} \quad (14.2)$$

ここに，σ_t：引張応力度[N/mm²]，P：荷重[N]，d：直径[mm]，l：長さ[mm]．

載荷速度は，引張応力度の増加が毎分0.39～0.49 N/mm²となるように調整する．

なお割裂引張試験時にかかる圧縮応力度は，線形弾性論によれば引張応力度の3倍となる．一方，コンクリートの直接引張強度は圧縮強度の1/10～1/14程度であることがわかっている．つまり

割裂引張試験では，圧縮しているにも関わらず，先に引張力で破壊に至ることがわかる．圧縮しているにも関わらず引張強度を求めることができる材料特性をうまく利用した試験方法である．

(3) 曲げ試験（JIS A 1106：2006）：正方形断面の角柱供試体を用い，図14.11に示すように支点間距離を三等分した上面の2点に載荷する方法（三等分点曲げ）により行う．供試体断面の一辺の長さは，粗骨材最大寸法の3倍以上，かつ100 mm以上とする．

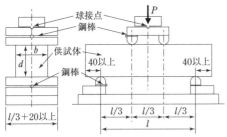

図14.11 曲げ試験[単位：mm]

純曲げ区間の引張縁曲げ応力度は，平面保持の仮定による初等曲げ理論によって，式（14.3）で与えられるので，最大荷重の測定値を同式に代入することにより曲げ強度が求められる．

$$\sigma_b = \frac{M}{Z} = \frac{Pl}{bd^2} \tag{14.3}$$

ここに，σ_b：曲げ応力度[N/mm^2]，M：純曲げ区間の曲げモーメント[N・mm]，Z：断面係数（$=bd^2/6$）[mm^3]，P：荷重[N]，b：梁幅[mm]，d：梁せい[mm]，l：スパン長さ（支点間距離＝3d）[mm]．

載荷速度は，曲げ応力度の増加が毎分0.78～0.98 N/mm^{2}となるよう調整する．

14.4 耐久性能試験

耐久性とは，材料，部材および建築物全体の性能の経時変化に対する抵抗性のことであり，劣化現象は，材料や部材の機能低下から，建築物の居住性能や構造性能の低下に至るまで多岐にわたる．

劣化因子には温湿度，熱・湿気，赤外線・紫外線などの日射，降雨・結氷，大気中の酸素・二酸化炭素・オゾンなどの気象作用，酸・アルカリ，塩類，化学薬品，大気中の亜硫酸ガス・窒素酸化物などの化学作用，菌類・かび類・バクテリア・細菌など微生物，シロアリ，ヒラタキクイムシなど昆虫類などの生物作用，粒子の衝突や物の接触などによる摩耗作用があり，これらの因子が材料の耐久性に及ぼす影響は，劣化機構や相互作用を含めて非常に複雑である．

耐久性能試験には大きく分けて屋外曝露試験と促進曝露試験がある．前者は自然環境に材料や部材を長期的に曝露し，その劣化状況をリアルタイムに調べるもので，後者は材料の種類に応じて主要な劣化因子の作用を人工的に強め，劣化現象を促進させることにより，その耐久性を短期的に調べるものである．

屋外曝露試験は，材料の耐久性の評価としては基本的な方法であるが，その判定には長期間を要すること，また自然環境は長期的に大きく変化しており，現時点までに得られた結果が将来も変わらぬ普遍性を持つかどうか，結果の再現性に乏しいなどの問題点が挙げられる．

一方，促進曝露試験は結果が短期間で得られ，結果の客観的再現性も高いが，その結果と，材料が実際に使われる状態での耐用年数がどのように関係しているかについて明確な判断基準がないこと，劣化因子の作用を強めればそれだけ劣化現象も速まるが，そのとき自然環境で実際に生じている劣化機構と異なる機構で劣化現象を生じているならば，促進曝露試験の結果は実際の状況と対応していないことになり，誤った判断を下すおそれがあるなどの問題点も挙げられる．両方法の長所・短所を十分に理解したうえで，耐久性の評価にあたっては，一方の結果に偏らず，両方の結果を総合的に考慮し適切な判断を下すことが求められる．

以下では，各種材料の耐久性試験について促進試験を中心に概説する．

a. 金属材料などの耐食性試験

金属材料の素地のほか，めっき，無機被膜・有機被膜を施したものなどの耐食性試験として，塩水噴霧試験がJIS Z 2371：2015に規定されてい

る．この試験は海洋付近の腐食性環境をシミュレートするために，温度 35 ± 2℃の試験層中で試験片に塩水を噴霧し，促進劣化により耐食性を調べるものである．塩溶液は温度 25 ± 2℃，pH 6.5〜7.2 に調整された塩化ナトリウム水溶液とする．

評価は，外観観察によるさびや膨れなどの劣化状況，試験前後の質量変化などの確認による．

b. 木材の腐朽性試験

木材の腐朽性試験が JIS Z 2101：2009 に規定されている．この試験は，オオウズラタケとカワラタケの 2 種類の菌を培養したものを供試菌とし，そのうえに試験片を載せ，温度 26 ± 2℃，相対湿度 70% RH 以上の温湿度条件で所定期間腐朽させる．試験片は乾燥材から採取し，辺長 20 ± 1 mm の二方まさの立方体とする．

試験終了後の腐朽状況，また腐朽操作終了後の供試体について，その裏面に付着した菌を丁寧にはぎ取り，乾燥質量を測定し試験前後の質量変化率を求め，評価する．

c. コンクリートの耐久性試験

コンクリートの耐久性として，鉄筋コンクリートにおける中性化や塩化物イオンによる鉄筋の腐食，凍結融解作用，アルカリ骨材反応などが挙げられる．

(1) **促進中性化試験**：温度 20℃，相対湿度 50% RH，炭酸ガス濃度 5% の雰囲気中に供試体を曝露し，経時的にコンクリート表面からの中性化深さを測定する．中性化深さは，供試体を割裂し，割裂面に 1% フェノールフタレインエタノール溶液を噴霧した際の呈色反応により，着色しない部分（中性化領域）を測定する．

(2) **凍結融解試験**：水中凍結水中融解法により，供試体中心温度を 5 ± 2℃から -18 ± 2℃に下げ凍結させ，再び 5 ± 2℃に上げ融解させるサイクルを 300 回繰り返す．1 サイクルの所要時間は 3〜4 時間，融解に要する時間を 1 サイクルの 25% 以上とする．また，水中で凍結融解を行うために，供試体表面の水膜の厚さが 3 mm となるように供試体をゴム容器に入れて保存する．

JIS A 1127：2010 に規定されているたわみ振動による 1 次共鳴振動数の測定値から動弾性係数を算出し，凍結融解試験前後の動弾性係数の比で表される相対動弾性係数とサイクル数の関係を求め，評価する．なお判定基準としては，300 サイクル時点での相対動弾性係数が 60% 以上（計画供用期間の級が短期の場合）を目安としている．

また，JASS 5 では，300 サイクル時点での相対動弾性係数が 85% 以上を標準的な値としている．

(3) **アルカリ骨材反応**：セメント中のアルカリ成分（Na_2O, K_2O）と骨材中の反応性シリカの化学反応により生成するシリカゲルが吸水膨張してコンクリートに膨張ひび割れを生ずる現象をいう．

骨材のアルカリシリカ反応性試験として，化学法とモルタルバー法の 2 種類が規定されている．

化学法は，粉砕した骨材と水酸化ナトリウム水溶液を混合し作製した試料溶液中のアルカリ濃度減少量（骨材の反応によって消費されたアルカリ量）と溶解シリカ量（骨材との反応によって溶出したシリカ量）を測定し，溶解シリカ量がアルカリ濃度減少量以上となる場合は無害でないとし，それ以外の場合は無害と判断する．

モルタルバー法は，骨材を細骨材として練り混ぜ水に水酸化ナトリウムを入れ，全アルカリが所定量になるよう調整し，寸法が $40\times40\times160$ mm のモルタル角柱試験片を作製する．試験片は温度 40 ± 2℃，相対湿度 95% RH 以上で貯蔵し，所定の材齢で試験片の膨張率を測定し，膨張率が 6 ヶ月で 0.100% 未満の場合は無害，0.100% 以上の場合は無害でないと判断する．

d. プラスチック・ゴムなどの耐候性試験

プラスチック材料について，促進曝露試験方法（JIS A 1415：2013）が規定されている．

試験装置の仕様は，キセノンアークランプ，オープンフレームカーボンアークランプおよび紫外線カーボンアークランプを光源とし，フィルタを介して紫外部，可視部，赤外部において太陽エネルギーの分光分布に近い状態で試料を照射しながら，備付けの自動降雨装置により所定の周期で水を噴霧する．

所定の曝露時間後に目視あるいは色差計による色の変化，光沢計による光沢度の変化，引張試験による引張強度および伸び率の変化を求め，評価する．

14.5　報告書のまとめ

報告書や論文の原則は，目的に対して論理的な解を与えるものである．これらの文書について起承転結は不要で，一般的には，目的，方法，結果について下記のような事項を記述する．

① 目的
② 方法（使用材料，使用機材，手順）
③ 結果（測定値，計算値，グラフ）
④ 考察（理論との比較，結果の判定）
⑤ まとめ
⑥ 引用文献，参考文献

文章の書き方のポイントは，客観的かつ読みやすい表現を心がけることである．文章は長すぎず に簡潔に表現することで，いっそう読みやすくなる．また，普遍的な事実と自分の意見は区別することが重要である．

文献の引用については，単行本や学術論文が主なものとなる．最近では，インターネットを利用してさまざまな情報を得ることができるが，これらは玉石混交であるので，使用する際には注意を要する．いずれにしても著者名，書名，該当ページ，出版社名，発行年などを記載して所在を明らかにするとともに，引用した箇所を「括弧書き」や *イタリック表記* にするなどして明確にすることが求められる．

■参考文献

1)　日本規格協会 編：JIS ハンドブック（2013）．
2)　日本建築学会 編：建築材料実験用教材（2011）．
3)　建築材料設計研究会 編著：性能からみた建築材料設計教材，彰国社（1996）．
4)　田村 恭 編著：建築材料要説，産業図書（1980）．

索　引

0.2%オフセット耐力　43

α-オレフィン無水マレイン酸樹脂接着剤　68

AE減水剤　93,100
AE剤　92,100
ALC　104
CCA　60
GRC　104
H形鋼　46
I形鋼　46
JAS　22
JASS　22
JIS　22,122,146
NewRCプロジェクト　123
NewRCモデル　133
PC鋼材　45
RC　81
SBRラテックス　68
T形鋼　46
TMCP鋼　49
U型・L型側溝　104

ア　行

亜鉛　52
アカマツ　54
アクリル樹脂　63
アクリル樹脂塗料　67
アスファルト　65
アスファルトコンパウンド　66
アスファルトプライマー　66
アスファルトルーフィングフェルト　66
アスペクト比　126
アスベスト　26
アーチ効果　132
圧延　42
圧縮応力　119
圧縮強度　7,58,95,126
圧縮試験　148,152
アドベ　33
網入り板ガラス　30

アルカリ骨材反応　154
アルカリシリカ反応　100
アルミナセメント　76
アルミニウム　51
アルミニウム合金　51
アルミニウムペイント　67
合わせガラス　30
安山岩　26
安全　147
安全率　124

異形棒鋼　45
維持保全限界状態　138
石目　25
石綿　26
石綿スレート　26
板目　55
一般構造用圧延鋼材　46
一般構造用角形鋼管　47
一般構造用軽量形鋼　47
一般構造用炭素鋼鋼管　47
いぶしがわら　37
インターロッキングブロック　104

上降伏点　43
海砂　86
うわぐすり　33

エコセメント　76
エッチングプライマー　67
エトリンガイト　72
エフロレッセンス　74
エポキシ樹脂　64
エポキシ樹脂接着剤　68
エポキシ樹脂塗料　67
エマルション系　66
エーライト　72
塩害　100
塩化ビニル樹脂　63
塩基性岩　25
円形型拘束　131
円形型横補強材　133
遠心力締固め　103
鉛丹　52

エントラップトエア　142
塩分　90

オイルステイン　67
黄銅　52
黄銅鉱　52
応力　6
応力-ひずみ関係　43,119,147
応力緩和　11
屋外曝露試験　153
オートクレーブ養生　76,104
おなま　34
温度応力　14

カ　行

加圧締固め　103
海水　141
外壁　20
化学法　154
拡散係数　141
花崗岩　26
火災　18
火災危険温度　17
かさ密度　57
火山岩　25
火成岩　25
カゼイン接着剤　61,67
加速期　73
型板ガラス　29
形鋼　121
硬さ　44
割線剛性　127
割線弾性係数　95
割裂引張試験　152
可燃性　17
かぶりコンクリート　81,131
ガラス　2,28
ガラス繊維　31
カラマツ　55
川砂利　86
川砂　86
かわら　37
間隙相物質　72

索　引

含水率　5,88
岩石　25
乾燥収縮　99
寒中コンクリート　102
岩綿　26
かんらん石　26
顔料　66
緩和　11

気乾状態　4,56,88
気乾密度　4,54
気硬性　71
素地土　33
基準強度　121
機能性　124
気泡間隔係数　142
吸音性　14
吸収率　29
吸水率　5,88
凝灰岩　26
強化ガラス　30
凝結　72
凝結時間　77
強度　7,11,118
強度上昇率　133,135
巨大地震　123
許容応力度　124,128
キーンスセメント　78
金属　41,153

空気量試験　151
空隙率　6,90
く体　19
下り勾配　126,132
屈折率　29
クリープ　11,44,59,98
クリープ限度　98
クリープ破壊　11,98
クリンカー　72
クロマツ　55
クロロプレンゴム系接着剤　68

計画供用期間　107
計画供用期間の級　138
計画調合表　108
ケイ酸カルシウム　72
ケイ酸カルシウム水和物　73
軽量骨材　86
結合水　57
結露　13
健康被害　20

減水剤　92
建設リサイクル法　22
減速期　73
建築基準法　22
建築構造用圧延鋼材　47
建築構造用圧延棒鋼　45
建築構造用炭素鋼鋼管　48
建築構造用冷間成形角形鋼管　48
建築材料学　3
建築用コンクリートブロック　104

コアコンクリート　131
鋼　41
硬石　25
硬化コンクリート　82
高強度鋼　49
高強度コンクリート　101
合金　41
鋼材　1,119
公称応力度　119
公称ひずみ度　119
剛性　9,11
合成ゴム　65
合成樹脂　63
合成樹脂調合ペイント　66
合成繊維　65
高性能 AE 減水剤　93
高性能減水剤　93
剛性率　10
硬せっこう　78
構造材料　19
構造体強度補正値　109
構造部材　19
拘束形態　136
拘束効果　131
合板　61
鋼板拘束法　132
降伏強度　120
降伏棚　120
降伏比　43,120
高分子　63
広葉樹　55
高流動コンクリート　102
高力ボルト　49
高炉　41
高炉スラグ　42
高炉スラグ微粉末　92,106
高炉セメント　76,106,139
小口　34
誤差　147
コストパフォーマンス　136

骨材　83,85,150
ゴム　65
コールドジョイント　83
コンクリート　2,81,107,125,150,
　　154
コンクリートの三要素　82
混合セメント　75
コンファインドコンクリート　119,
　　131
混和剤　91,92
混和材　91
混和材料　91

サ　行

載荷速度　98
細骨材　85
細骨材率　113
砕砂　86
砕石　86
材料強度　118
材料試験　146
材料分離　93
材齢　83
砂岩　26
左官用消石灰　77
酢酸ビニル樹脂　64
酢酸ビニル樹脂接着剤　68
座屈　123
さび　16
さび止めペイント　67
桟がわら　37
残響時間　15
三軸圧縮応力状態　97
酸性岩　25
サンドブラスト仕上げ　26

仕上げ　19
仕上げ材料　19
支圧強度　97
ジェットバーナー仕上げ　26
紫外線　16
磁器　33
磁器質　36
沈みひび割れ　94
下降伏点　43
しっくい　77
湿潤状態　87
実積率　5,90,151
指定建築材料　21
始発　77

絞り　43
遮音性　14
蛇紋岩　26
シャルピー衝撃試験　43
終局強度　118
終結　77
集成材　60
修復性　124
自由水　57
重量骨材　87
樹脂サッシ　68
出火危険温度　17
準硬石　25
消化　77
蒸気養生　104
衝撃強さ　43
上限強度　124
使用性　124
消石灰　77
初期剛性　127
初期弾性係数　95
暑中コンクリート　102
シリカセメント　76
シリカフューム　91
シリコーン樹脂　64
シリコーン樹脂塗料　67
試料　147
シロアリ　60
ジンクリッチペイント　67
ジンクロメート　52
人工石　125
人工軽量骨材　87
心材　55
心去り材　58
靱性　120
深成岩　25
人造石　27
真鍮　52
振動締固め　103
針入度　66
真密度　4,56
心持ち材　58
針葉樹　54

水系　66
水硬性　71
水酸化カルシウム　73
水成岩　25
水性高分子-イソシアネート系接着剤
　　68
水中コンクリート　103

水和熱　74
水和反応　72
スギ　54
スケーリング　142
スケルトンインフィル　145
すさ　77
スチレン-ブタジエンゴム系接着剤
　　68
スチロール樹脂　64
ステンレス鋼　48
ストレッチアスファルトルーフィン
　　グフェルト　66
ストレートアスファルト　66
スパーワニス　66
スラグウール　42
スランプ　82,94
スランプ試験　151
すり板ガラス　29
寸法効果　98,126

正規分布　128
製鋼　42
脆性材料　7,81
生石灰　77
青銅　52
石英粗面岩　26
石材　1,24
絶乾状態　4,56
絶乾密度　86,88
石灰　77
せっ器　33
せっ器質　36
設計基準強度　107,128
設計性能目標　118
せっこう　71,77
せっこうプラスター　78
せっこうボード　78
接触腐食　16
接着剤　67
設備　19
セメント　71,84,150
施ゆう　33
セラミックタイル　36
背割り　58
繊維　65
繊維板　61
繊維飽和　56
繊維飽和点　57
潜在水硬性　76,92
せん断強度　7,95
せん断試験　149

せん断弾性係数　10
銑鉄　42
潜伏期　72
線膨張係数　14,98

早強ポルトランドセメント　74
早期劣化　100
造作　19
早材　55
側圧　133
促進中性化試験　154
促進曝露試験　153
測定機器　147
粗骨材　85
塑性　10
ソーダ石灰ガラス　28
粗粒率　89

タ　行

耐火鋼　49
耐火性　18
耐火塗料　67
耐火被覆　18,81
耐久性　15,153
耐久設計　138
耐久設計基準強度　107,138
耐候性　15
耐候性鋼　49
耐候性試験　154
耐食性試験　153
耐震性　130
堆積岩　25
耐熱性　18
耐用年数　138
大理石　26
耐硫酸塩ポルトランドセメント　75
タイル　35
多機能型AE減水剤　93
たたき　26
単位細骨材量　111
単位水量　84,111
単位セメント量　84,111
単位粗骨材量　111
単位容積質量　6,151
短期荷重　118
炭酸化　16,98
弾性　10
弾性係数　9,43,58,95
弾性限度　43
炭素含有量　44

断熱性　12

虫害　16,60
鋳鋼　49
中性化　16,98
中性岩　25
鋳造　42
鋳鉄　41
中庸熱ポルトランドセメント　74
長期荷重　118
調合　107
調合管理強度　109
調合強度　83,109
超高強度鋼材　122
超高強度コンクリート　123
超高強度横補強筋　134
調合設計　83,107
超高層建築物　130
超早強ポルトランドセメント　74
超速硬セメント　76
直接せん断破壊　127
直線型拘束　131
直線型横補強材　134
直交集成板　60

つのまた　77
強さ試験　150

低降伏点鋼　49
定着長さ　121
低熱ポルトランドセメント　75
鉄　41
鉄筋コンクリート　81,138
鉄筋コンクリート管　104
鉄筋コンクリート用再生棒鋼　45
鉄筋コンクリート用棒鋼　45
鉄鋼　41,147
テラゾ　27
電食　16
展色剤　66
天然ゴム　65
天然繊維　65
でんぷんのり　67
転炉　42
転炉スラグ　42

銅　52
凍害　5,15,100,142
透過損失　15
透過率　29
陶器　33

陶器質　36
凍結融解　15
凍結融解試験　154
透明塗料　66
土器　33
特定建設資材　22
塗料　66
ドロマイト　78
ドロマイトプラスター　78

ナ　行

内壁　20
長手　34
斜めせん断破壊　127
生コン　82
鉛　52
軟鋼　41
軟石　25,90
南洋材　55

にかわ　67
二水せっこう　78
日常安全　21
ニトリルゴム系接着剤　68
尿素樹脂　61

熱可塑性樹脂　63
熱間圧延　42
熱貫流　13
熱貫流率　13
熱硬化性樹脂　63,64
熱線吸収板ガラス　30
熱線反射ガラス　30
熱伝達　12
熱伝達率　12
熱伝導　12
熱伝導率　12
熱変形　14
熱膨張率　14
熱容量　14
練混ぜ水　84
粘性　10
粘性係数　10
粘土　33
粘土塊　90
粘土がわら　37
粘土焼成品　33
粘板岩　26
年輪　55

伸び　43

ハ　行

白色ポルトランドセメント　76
働き寸法　38
白華　74
パーティクルボード　61
はな垂れ　74
パーライトモルタル　79
梁　1
晩材　55
反射率　29
半深成岩　25
半水せっこう　78

比重　4
ひずみ　8
ビッカース硬さ　44
引張応力　119
引張強度　7,58,96
引張試験　147,149
引張強さ　120
引張ひずみ能力　8
非鉄金属　51
比熱　14
ヒノキ　54
ヒバ　54
比表面積　76
日干しれんが　33
表乾状態　4,88
表乾密度　4,88
表面水率　88
ビーライト　72
ヒラタキクイムシ　60
平物　36
微粒分量　90
比例限度　43
疲労　12,97
疲労強度　12
疲労限度　12,98
疲労破壊　12,98
品確法　22
品質基準強度　83,107,142

風化　74
フェノール樹脂　64
フェノール樹脂接着剤　60,68
フェライト相　72
腐朽　16
腐朽菌　59

索　引

腐朽性試験　154
複合材料　125
複層ガラス　31
フタル酸樹脂塗料　67
付着応力　119
付着強度　96,121
普通合板　61
普通骨材　86
普通ポルトランドセメント　74
普通れんが　34
フックの法則　9
フッ素樹脂塗料　67
不透明塗料　66
不飽和ポリエステル樹脂　64
フライアッシュ　91,106
フライアッシュセメント　76,139
プライマー　67
プラスチック　63,154
ブリーディング　94
ブリーディング水　83
ブリネル硬さ　44
プレキャストコンクリート　103
プレストレストコンクリート杭　104
フレッシュコンクリート　82,93,151
フロート板ガラス　29
フロート法　28
フローリング　62
ブローンアスファルト　66
粉末度　76

平衡含水率　57
ペイント　66
ペシマム量　101
変形能力　8
辺材　55
変成岩　25
変動係数　128

ポアソン比　9,43
防火性　19
棒鋼　122
膨張材　92
防腐剤　60
飽和含水状態　57
ボーキサイト　51
北米材　55
北洋材　55
ポゾラン　91
ポゾラン反応性　76
ポップアウト　142
ポリウレタン樹脂　64

ポリウレタン樹脂塗料　67
ポリエチレン樹脂　64
ポリカーボネイト樹脂　64
ポルトランドセメント　71,74
ホルムアルデヒド　60
本葺き　38

マ 行

曲げ強度　7,58
曲げ試験　149,153
まさ目　55
マスコンクリート　102
丸鋼　45

みがき　26
見かけ密度　4,56
水セメント比　85,110
溝形鋼　46
密度　3,76
密度・吸水率試験　150
密度試験　150

無水せっこう　78
無ゆうがわら　37

目地　35
メタクリル樹脂　63
メラミン樹脂　61,64
メラミン樹脂接着剤　68

木材　54,148,154
木片セメント板　62
木毛セメント板　61
モルタル　79
モルタルバー法　154

ヤ 行

焼入れ　42
焼きせっこう　78
焼なまし　42
焼ならし　42
焼戻し　42
役物　36
屋根　20
山形鋼　46
ヤング係数　43,95
ヤング率　9

有害鉱物　90

有機不純物　90
有効側圧因子　134
有効横支持長さ　134
ゆう薬　33
ゆう薬がわら　37
床　20
床スラブ　125
油性調合ペイント　66
油性ワニス　66
ユリア樹脂　61,64
ユリア樹脂接着剤　68

溶剤　66
溶剤系　66
養生　83,97
溶接　44
溶接構造用圧延鋼材　46
洋白　52
横拘束　130
横膨らみ　131
横補強筋　131
呼び強度　107

ラ 行

ラッカー　67

力学的性質　6
リサイクル　23
リベット　49
粒度　89
流動化剤　93
粒度試験　150
粒度分布　89
リラクセーション　11

冷間圧延　42
劣化　15,153
レディーミクストコンクリート　82
れんが　33
連行空気　92,100
連続鋳造機　42

ロックウェル硬さ　44
ロールアウト法　28

ワ 行

ワーカビリティー　82,93
ワニス　66
割肌仕上げ　26

MEMO

MEMO

シリーズ〈建築工学〉6

建築材料 ［第3版］

定価はカバーに表示

2009 年 4 月 20 日	初　版第 1 刷
2014 年 9 月 25 日	改訂版第 1 刷
2018 年 3 月 10 日	第 3 版第 1 刷
2023 年 2 月 10 日	第 7 刷

著者　　小原　幸男
　　　　高本　津志
　　　　白陶　智志
　　　　高伊　幸敏
　　　　山船　敏裕
　　　　小孫　裕正
　　　　大位　正是
　　　　山田　是義
　　　　巣田　義英
　　　　川山　英玉
　　　　村藤　玉俊
　　　　田本　俊達
　　　　谷田　達造

発行者　朝倉　誠造

発行所　株式会社　朝倉書店
　　　　東京都新宿区新小川町 6-29
　　　　郵便番号　162-8707
　　　　電　話 03(3260)0141
　　　　FAX 03(3260)0180
　　　　https://www.asakura.co.jp

〈検印省略〉

© 2018 〈無断複写・転載を禁ず〉　　　　　　　Printed in Korea

ISBN 978-4-254-26878-2　C 3352

JCOPY 〈出版者著作権管理機構　委託出版物〉

本書の無断複写は著作権法上での例外を除き禁じられています．複写される場合は，そのつど事前に，出版者著作権管理機構（電話 03-5244-5088，FAX 03-5244-5089，e-mail: info@jcopy.or.jp）の許諾を得てください．

服部岑生・佐藤　平・荒木兵一郎・水野一郎・
戸部栄一・市原　出・日色真帆・笠嶋　泰著
シリーズ〈建築工学〉1

建 築 デ ザ イ ン 計 画

26871-3 C3352　　　　　B 5 判 216頁 本体4200円

建築計画を設計のための素養としてでなく，設計の動機付けとなるように配慮。〔内容〕建築計画の状況／建築計画を始めるために／デザイン計画について考える／デザイン計画を進めるために／身近な建築／現代の建築設計／建築計画の研究／他

西川孝夫・北山和宏・藤田香織・隈澤文俊・
荒川利治・山村一繁・小寺正孝著
シリーズ〈建築工学〉2

建 築 構 造 の 力 学

26872-0 C3352　　　　　B 5 判 144頁 本体3200円

初めて構造力学を学ぶ学生のために，コンピュータの使用にも配慮し，やさしく，わかりやすく解説した教科書。〔内容〕力とつり合い／基本的な構造部材の応力／応力度とひずみ度／骨組の応力と変形／コンピュータによる構造解析／他

前首都大 西川孝夫・明大 荒川利治・工学院大 久田嘉章・
早大 曽田五月也・戸田建設 藤堂正喜著
シリーズ〈建築工学〉3

建 築 の 振 動

26873-7 C3352　　　　　B 5 判 120頁 本体3200円

建築構造物の揺れの解析について，具体的に，わかりやすく解説。〔内容〕振動解析の基礎／単純な1自由度系構造物の解析／複雑な構造物（多自由度系）の振動／地震応答解析／耐震設計の基礎／付録：シミュレーション・プログラムと解説

西川孝夫・荒川利治・久田嘉章・
曽田五月也・藤堂正喜・山村一繁著
シリーズ〈建築工学〉4

建 築 の 振 動 —応用編—

26874-4 C3352　　　　　B 5 判 164頁 本体3500円

耐震設計に必須の振動理論を，構造分野を学んだ方を対象に，原理がわかるように丁寧に解説。〔内容〕振動測定とその解析／運動方程式の数値計算法／動的耐震計算／地盤と建物の相互作用／環境振動／地震と地震動／巻末にプログラムを掲載

宇田川光弘・近藤靖史・秋元孝之・長井達夫著
シリーズ〈建築工学〉5

建 築 環 境 工 学
—熱環境と空気環境—

26875-1 C3352　　　　　B 5 判 180頁 本体3500円

建築の熱・空気環境をやさしく解説。[内容]気象・気候／日照と日射／温熱・空気環境／計測／伝熱／熱伝導シミュレーション／室温と熱負荷／湿り空気／結露／湿度調整と蒸発冷却／換気・通風／機械換気計画／室内空気の変動と分布／他

萩島　哲編著　太記祐一・黒瀬重幸・大貝　彰・
日髙圭一郎・鵤　心治・三島伸雄・佐藤誠治他著
シリーズ〈建築工学〉7

都 　 市 　 計 　 画

26877-5 C3352　　　　　B 5 判 152頁 本体3200円

わかりやすく解説した教科書。〔内容〕近代・現代の都市計画・都市デザイン／都市のフィジカルプラン・都市計画マスタープラン／まちづくり／都市の交通と環境／文化と景観／都市の環境計画と緑地・オープンスペース計画／歩行者空間／他

東工大 大即信明・東工大 日野出洋文・
東工大 サリム・クリス著
シリーズ〈新しい工学〉3

材 　 料 　 科 　 学

20523-7 C3350　　　　　B 5 判 148頁 本体2800円

機械系，電子系，建設系など多岐にわたる現代の材料工学の共通の基礎を学べる入門書。〔内容〕原子構造と結合／結晶構造／固体の不完全性／拡散／状態図／電気的性質／電気化学的性質／光学的性質および超伝導材料／磁気的性質

東工大 大即信明・東工大 中崎清彦編著
シリーズ〈新しい工学〉4

工 　 業 　 材 　 料
—エンジニアリングからバイオテクノロジーまで—

20524-4 C3350　　　　　B 5 判 152頁 本体2800円

無機・金属材料から，高分子材料・生物材料まで，幅広いトピックをバランス良く記述した教科書。現代的な材料工学の各分野を一望できるよう，基礎から先端までの具体的な例を多数取り上げ，幅広い知識をやさしく解説した。

前豊橋技科大 竹園茂男著

基 　 礎 　 材 　 料 　 力 　 学

23042-0 C3053　　　　　A 5 判 216頁 本体3500円

高校の数学知識で理解できるように工夫された初学者のための教科書。章末に解答付演習問題。〔内容〕緒論／引張りと圧縮／はりのせん断と曲げのモーメント／はりたわみ／曲りはり／ねじり／組合せ応力／柱／円筒と回転円板／ひずみエネルギ

渋谷寿一・斎藤憲司・本間寛臣著

現 　 代 　 材 　 料 　 力 　 学

23051-2 C3053　　　　　A 5 判 280頁 本体4200円

多くの図，例題，演習問題を収め平易に記述。〔内容〕応力とひずみ／棒の引張りと圧縮／はりの曲げ／軸のねじり／組合せ応力／ひずみエネルギ／円筒と中空球の応力と変形／曲りはりの応力と変形／平板の曲げ／長柱の座屈／応力集中と破損

元都立大 宮川大海・首都大 吉葉正行著

金 　 属 　 材 　 料 　 通 　 論

23055-0 C3053　　　　　A 5 判 248頁 本体3900円

〔内容〕金属材料の基礎／機械的性質と強化法／疲れと低高温での機械的性質／鉄鋼の基礎／鋼の熱処理／構造用鋼／鋳鋼／展伸用銅と銅合金／展伸用Alとal合金／鋳物用非鉄金属材料／工具・軸受・ばね材料／耐食材料／耐熱材料／新材料

飯野牧夫・西田新一著

よくわかる 材 　 料 　 力 　 学

23128-1 C3053　　　　　A 5 判 128頁 本体2900円

工学系の学生のために材料力学の基礎をやさしく丁寧に解説。必要な数学の基礎もコラムで多数収録。〔内容〕材料力学とは／棒の軸力と変形／二軸応力／建物のはりと曲げ／はりのたわみ要因／自動車の軸とねじり／高層建築と柱と座屈

青山栄一・廣垣俊樹・澤井　猛・櫻井惠三・
塩田康友・恩地好晶・足立勝重・小川恒一著

材 料 加 工 学 （第2版）

23129-8　C3053　　　　　　A5判 208頁 本体3200円

除去加工の主体となる色々な加工法について，わかりやすく，実際的に解説した学生のための教科書，および若手技術者のための参考書。〔内容〕機械加工概説／切削加工／研削加工／研磨加工／特殊加工／工作物の精度評価

東北大 成田史生・島根大 森本卓也・山形大 村澤　剛著

楽しく学ぶ 材 料 力 学

23144-1　C3053　　　　　　A5判 152頁 本体2300円

機械・材料・電気系学生のための易しい材料力学の教科書。理解を助けるための図・イラストや歴史的背景も収録。〔内容〕応力とひずみ／棒の引張・圧縮／はりの曲げ／軸のねじり／柱の座屈／組み合わせ応力／エネルギー法

高知工科大 佐久間健人・前法大 井野博満著
マテリアル工学シリーズ1

材 料 科 学 概 論

23691-0　C3353　　　　　　A5判 224頁 本体3400円

〔内容〕結晶構造(原子間力，回折現象)／格子欠陥(点欠陥，転位，粒界)／熱力学と相変態／アモルファス固体と準結晶／拡散(拡散方程式，相互拡散)／組織形成(状態図，回帰，再結晶)／力学特性(応力，ひずみ，弾性，塑性)／固体物性

九大 高木節雄・金材技研 津﨑兼彰著
マテリアル工学シリーズ2

材 料 組 織 学

23692-7　C3353　　　　　　A5判 168頁 本体3000円

〔内容〕結晶中の原子配列(ミラー指数，ステレオ投影)／熱力学と状態図／材料の組織と性質(単相組織，複相組織，共析組織)／再結晶(加工組織，回復，結晶粒成長)／拡散変態(析出，核生成，成長，スピノーダル分解)／マルテンサイト変態

東工大 加藤雅治・東工大 熊井真次・東工大 尾中　晋著
マテリアル工学シリーズ3

材 料 強 度 学

23693-4　C3353　　　　　　A5判 176頁 本体3200円

基礎的部分に重点をおき，読者に理解できるようできるだけ平易な表現を用いた学生のテキスト。〔内容〕弾性論の基礎／格子欠陥と転位／応力-ひずみ関係／材料の強化機構／クリープと高温変形／破壊力学と破壊現象／繰り返し変形と疲労

北大 毛利哲雄著
マテリアル工学シリーズ5

材 料 シ ス テ ム 学

23695-8　C3353　　　　　　A5判 152頁 本体2800円

機械系・金属系・材料系などの学生の教科書。〔内容〕システムとしての材料／材料の微視構造／原子配列の相関関数と内部エネルギー／有限温度の原子配列とクラスター変分法／点欠陥の統計熱力学／不均質構造の力学／非平衡統計熱力学と拡散

前東大 相澤龍彦・早大 中江秀雄・東大 寺嶋和夫著
マテリアル工学シリーズ6

材 料 プ ロ セ ス 工 学

23696-5　C3353　　　　　　A5判 224頁 本体3800円

〔内容〕〔固体からの材料創製〕固体材料の変形メカニズム／粉体成形・粉末冶金プロセス／バルク成形プロセス／表面構造化プロセス／新固相プロセス。〔液相からの——〕鋳造／溶接・接合。〔気相からの——〕気相・プラズマプロセスの基礎／応用

前長崎大 今井康文・長崎大 才本明秀・
久留米工大 平野貞三著
基礎機械工学シリーズ1

材 料 力 学

23701-6　C3353　　　　　　A5判 160頁 本体3000円

例題とティータイムを豊富に挿入したセメスター対応教科書。〔内容〕静力学の基礎／引張りと圧縮／はりの曲げ／はりのたわみ／応力とひずみ／ねじり／材料の機械的性質／非対称断面はりの曲げ／曲りはり／厚肉円筒／柱の座屈／練習問題解答

長岡技科大 武藤睦治・長岡技科大 岡崎正和・
東京高専 黒崎　茂・東京電機大 新津　靖著
ニューテック・シリーズ

例題と演習で学ぶ 材 料 力 学

23722-1　C3353　　　　　　A5判 208頁 本体3400円

イメージと興味が湧くように実験や設計にからむ実例を示しながら解説した，材料力学を"楽しくする"教科書。〔内容〕材料力学の基礎／応力とひずみ／曲げモーメントとせん断力／はりの曲げ応力・たわみ・不静定問題／ねじり／組合せ応力

前神戸大 冨田佳宏・同大 仲町英治・大工大 上田　整・
神戸大 中井善一著
機械工学入門シリーズ2

材 料 の 力 学

23742-9　C3353　　　　　　A5判 232頁 本体3600円

材料力学の基礎を丁寧に解説。〔内容〕引張りおよび圧縮／ねじり／曲げによる応力／曲げによるたわみ／曲げの不静定問題／複雑な曲げの問題／多軸応力および応力集中／円筒殻，球殻および回転円板／薄肉平板の曲げ／材料の強度と破壊／他

坂田　勝・笠野英秋・加藤　章・木村雄二・
辻　裕一・納冨充雄・吉田　勉著
グローバル機械工学シリーズ2

材 料 力 学

23752-8　C3353　　　　　　B5判 132頁 本体2900円

理解の本質に迫る図を多用し，また随所に例題・演習・トピックスを加え読者にていねいに解説。〔内容〕力とモーメント／応力とひずみ／静定・不静定構造／組合せ応力／はりのせん断力／静定・不静定はり／ねじとばね／柱の座屈／問題と解答

中井善一編著　三村耕司・阪上隆英・多田直哉・
岩本　剛・田中　拓著
機械工学基礎課程

材 料 力 学

23792-4　C3353　　　　　　A5判 208頁 本体3000円

機械工学初学者のためのテキスト。〔内容〕応力とひずみ／軸力／ねじり／曲げ／はり／曲げによるたわみ／多軸応力と応力集中／エネルギー法／座屈／軸対称問題／骨組み構造(トラスとラーメン)／完全弾性体／Maximaの使い方

井川克也・新山英輔・堀江　皓・田中雄一・
桃野　正著

材 料 プ ロ セ ス 工 学

24013-9　C3050　　　　　　A 5 判　232頁　本体4200円

金属，セラミックス，有機材料などの素材別知識を横断した材料のプロセス＝創出に重点をおいたテキスト。〔内容〕プロセスとコンピュータ／凝固・鋳造プロセス／高強度・高機能化プロセス／溶接・接合プロセス／材料の複合化プロセス／他

村上陽太郎・亀井　清・長村光造・山根壽己編

金 属 材 料 学

24014-6　C3050　　　　　　A 5 判　216頁　本体4500円

金属・材料系学生を対象にわかりやすく解説。〔内容〕〈I 構造用材料〉Fe，Cu，Al など各種金属とその合金／〈II機能性材料〉電気・電子材料／磁性材料／アモルファス材料／超伝導材料／エネルギー関連材料／形状記憶材料／制振材料／他

松原英一郎・田中　功・大谷博司・安田秀幸・
沼倉　宏・古原　忠・辻　伸泰著

金 属 材 料 組 織 学

24018-4　C3050　　　　　　A 5 判　212頁　本体2800円

材料組織学の基礎事項を平易かつ系統的に解説する初学者向け標準的教科書。学部での2半期講義に最適。〔内容〕結晶の構造／格子欠陥／状態図／凝固／拡散／拡散変態および析出／マルテンサイト変態／回復・再結晶・粒成長／材料の複合化

前理科大 小原嗣朗著

基礎から学ぶ 金 属 材 料

24019-1　C3050　　　　　　A 5 判　272頁　本体3800円

好評の「金属材料概論」を全面的に改訂。巻末に多数の演習問題を掲載〔内容〕結晶構造／弾性・塑性・靱性／拡散・再結晶・析出・焼結／酸化・腐食／実用上重要な性質／相律および状態図／実用合金／鋼の熱処理／より理解するための100問他

巻上安爾・土屋　敬・鈴木徳行・井上　治著

土 木 施 工 法

26134-9　C3051　　　　　　A 5 判　192頁　本体3800円

大学，短大，工業高等専門学校の土木工学科の学生を対象とした教科書。図表を多く取り入れ，簡潔にまとめた。〔内容〕総説／土工／軟弱地盤工／基礎工／擁壁工／橋台・橋脚工／コンクリート工／岩石工／トンネル工／施工計画と施工管理

京大 岡二三生著

土 質 力 学

26144-8　C3051　　　　　　A 5 判　320頁　本体5200円

地盤材料である砂・粘土・軟岩などの力学特性を取り扱う地盤工学の基礎分野が土質力学である。本書は基礎的な部分も丁寧に解説し，新分野としての計算地盤工学や環境地盤工学までも体系的に展開した学部学生・院生に最適な教科書である。

西村友良・杉井俊夫・佐藤研一・小林康昭・
規矩大義・須網功二著

基礎から学ぶ 土 質 工 学

26153-0　C3051　　　　　　A 5 判　192頁　本体3000円

基礎からわかりやすく解説した教科書。JABEE審査対応。演習問題・解答付。〔内容〕地形と土性／基本的性質／透水／地盤内応力分布／圧密／せん断強さ／締固め／土圧／支持力／斜面安定／動的性質／軟弱地盤と地盤改良／土壌汚染と浄化

前北大 林川俊郎著

改訂新版 橋 梁 工 学

26168-4　C3051　　　　　　A 5 判　296頁　本体4400円

道路橋示方書の改訂や耐震基準に対応した，定番テキストの改訂版。演習問題も充実。〔内容〕総論／荷重／鋼材と許容応力度／連結／床版と床組／プレートガーダー／合成げた橋／支承と付属施設／合成げた橋の設計計算例／演習問題解答／他

東北学院大 大塚浩司・東北学院大 武田三弘・東北工大 小出
英夫・八戸工大 阿波　稔・日大 子田康弘著

コ ン ク リ ー ト 工 学 （第3版）

26171-4　C3051　　　　　　A 5 判　192頁　本体2800円

基礎からコンクリート工学を学ぶための定評ある教科書の改訂版。コンクリートの性質・施工をわかりやすく体系化。〔内容〕セメント／水・骨材／混和材料／フレッシュコンクリート／施工／強度／弾性・塑性・体積変化／耐久性／配合設計

前阪産大 西林新蔵編著
エース土木工学シリーズ

エース 建設構造材料 （改訂新版）

26479-1　C3351　　　　　　A 5 判　164頁　本体3000円

土木系の学生を対象にした，わかりやすくコンパクトな教科書。改訂により最新の知見を盛り込み，近年重要な環境への配慮等にも触れた。〔内容〕総論／鉄鋼／セメント／混和材料／骨材／コンクリート／その他の建設構造材料

田澤栄一編著　米倉亜州夫・笠井哲郎・氏家　勲・
大下英吉・橋本親典・河合研至・市坪　誠著
エース土木工学シリーズ

エース コンクリート工学 （改訂新版）

26480-7　C3351　　　　　　A 5 判　264頁　本体3600円

好評の旧版を最新の標準示方書に対応。〔内容〕コンクリート用材料／フレッシュ・硬化コンクリート／コンクリートの配合設計／コンクリートの製造・品質管理・検査／施工／コンクリート構造物の維持管理と補修／コンクリートと環境／他

富永　譲・二瓶博厚・遠藤勝勧・坂田充弘・
丸谷芳正著

建 築 製 図

26631-3　C3052　　　　　　B 5 判　168頁　本体3400円

建築を学ぶ学生のための設計製図テキスト。建築にかかわるさまざまな図面の描き方と，設計のすべてを学ぶ。〔内容〕建築という仕事／製図の基本／スケール感覚／パースを描く／模型を考える／作品研究／作品のコピー／設計のプロセス

上記価格（税別）は 2022年 7月現在